高等学校管理类专业基础课程教材

生产与运作管理
案例 习题 实验

编著 崔南方 周水银 李昆鹏

中国教育出版传媒集团
高等教育出版社·北京

内容简介

本书是配合“生产与运作管理”课程编写的学习参考书，涵盖案例、习题、实验等。内容紧密结合生产与运作管理实际应用，包括需求预测、产品开发和技术选择、生产和服务设施选址、生产和服务设施布置、综合生产计划、独立需求库存控制、物料需求计划与企业资源计划、制造业作业计划与控制、服务业作业计划、供应链管理、质量管理、精细生产、其他先进生产方式等。题型包括简述题、单项选择题、判断题、案例分析题、计算题，以及小游戏、项目实验等多种形式，并给出参考答案。

本书既可与高等教育出版社《生产与运作管理》教材配套使用，也可单独使用，供高等学校管理类专业学生学习“生产与运作管理”“运营管理”等课程时使用，还可供企业、事业单位管理人员和生产与运作一线工作人员作为参考用书。

图书在版编目（CIP）数据

生产与运作管理案例习题实验 / 崔南方，周水银，李昆鹏编著. -- 北京：高等教育出版社，2023.9

ISBN 978-7-04-060385-9

Ⅰ. ①生… Ⅱ. ①崔… ②周… ③李… Ⅲ. ①企业管理-生产管理-高等学校-教材 Ⅳ. ①F273

中国国家版本馆 CIP 数据核字（2023）第 066258 号

生产与运作管理案例习题实验

Shengchan yu Yunzuo Guanli Anli Xiti Shiyan

策划编辑 刘 荣　　责任编辑 刘 荣　　封面设计 张 志　　版式设计 杨 树

责任绘图 李沛蓉　　责任校对 任 纳 陈 杨　　责任印制 朱 琦

出版发行 高等教育出版社
社　　址 北京市西城区德外大街 4 号
邮政编码 100120
印　　刷 北京宏伟双华印刷有限公司
开　　本 787mm × 1092mm　1/16
印　　张 19.25
字　　数 370 千字
购书热线 010-58581118
咨询电话 400-810-0598

网　　址 http://www.hep.edu.cn
　　　　 http://www.hep.com.cn
网上订购 http://www.hepmall.com.cn
　　　　 http://www.hepmall.com
　　　　 http://www.hepmall.cn
版　　次 2023年 9月第 1 版
印　　次 2023年 9月第 1 次印刷
定　　价 49.00 元

物 料 号 60385-00

前言

1999 年，高等教育出版社出版了由陈荣秋教授、马士华教授编著的国家“九五”重点教材《生产与运作管理》。该教材被广泛用作国内多所大学的本科生课程教材，至今已出版了第五版。该教材于 2008 年获得教育部高等教育精品教材奖，2021 年获得首届全国优秀教材（高等教育类）二等奖。为了推动“生产运作管理”课程建设，提高课程教学质量，我们在陈荣秋教授、马士华教授的支持下编写了《生产与运作管理案例习题实验》。本书既可以与主教材配套使用，也可以独立使用。

本书包含与每章相对应的习题与案例，与部分章节相对应的游戏教学设计，以及生产运作管理综合实验指导书。习题包括简述题、选择题、判断题和计算题四种题型；游戏教学包括游戏资料、教学方法和教学实施；实验指导书包括实验原理、实验环境、实验内容与实验方法等。本书给出了全部习题的参考答案和案例使用说明，对计算题还给出了解题过程。整套教学资源的设计充分体现了以学生为中心的教学思想。

本书的编写工作是在国内生产运作管理领域的权威专家陈荣秋教授和马士华教授的指导下进行的，组成了以崔南方、周水银、李昆鹏三位作者为主体的编写小组。全书分为两篇，第一篇第一、五、六、七、八章，第二篇由崔南方编写；第一篇第二、三、九、十、十二章由周水银编写；第一篇第四、十一、十三、十四章由李昆鹏编写。崔南方负责全书统稿。书末设有模拟试题二维码，扫码可做模拟试题及查看参考答案。

教辅材料来自我们多年从事生产运作管理教学的积累，并参考了作者以往编写的教材和习题库。感谢陈荣秋教授和马士华教授的指导与支持。在编写过程中，还参考了国内外相关书籍和文献资料，并已尽量详细地在参考文献中列出，谨向有关作者表示深深的谢意；如因疏忽未指出所引用资料的出处，在此表示万分歉意。

由于编者水平有限，书中难免有不妥之处，敬请读者批评指正。

崔南方　周水银　李昆鹏

2022 年 12 月于华中科技大学管理学院

目录

第一篇　习题、案例与游戏教学……001

第一章　基本概念……003
1.1　习题与案例……003
1.2　习题答案与案例教学说明……009

第二章　需求预测……013
2.1　习题与案例……013
2.2　习题答案与案例教学说明……039

第三章　产品开发与技术选择……048
3.1　习题与案例……048
3.2　习题答案与案例教学说明……054

第四章　生产和服务设施选址……059
4.1　习题与案例……059
4.2　习题答案与案例教学说明……068

第五章　生产和服务设施布置……074
5.1　习题与案例……074
5.2　游戏教学……089
5.3　习题答案与案例教学说明……091

第六章　综合生产计划……101
6.1　习题与案例……101
6.2　游戏教学……109
6.3　习题答案与案例教学说明……113

第七章　独立需求库存控制……125
7.1　习题与案例……125
7.2　习题答案与案例教学说明……135

第八章　物料需求计划与企业资源计划……143
8.1　习题与案例……143
8.2　习题答案与案例教学说明……153

第九章　制造业作业计划与控制……166
9.1　习题与案例……166
9.2　习题答案与案例教学

说明……175

第十章　服务业作业计划……185

10.1　习题与案例……185

10.2　习题答案与案例教学说明……206

第十一章　供应链管理……209

11.1　习题与案例……209

11.2　习题答案与案例教学说明……216

第十二章　质量管理……224

12.1　习题与案例……224

12.2　习题答案与案例教学说明……233

第十三章　精细生产……243

13.1　习题与案例……243

13.2　习题答案与案例教学说明……249

第十四章　其他先进生产方式……253

14.1　习题与案例……253

14.2　习题答案与案例教学说明……261

第二篇　综合实验……271

实验项目一　需求预测实验……273

1. 实验目的及要求……273
2. 实验环境……273
3. 实验基本原理与功能……273
4. 实验内容与实验任务……274
5. 实验步骤与要求……274

实验项目二　动态库存控制实验……276

1. 实验目的及要求……276
2. 实验环境……276
3. 实验基本原理与功能……276
4. 实验内容与实验任务……277
5. 实验步骤与要求……277

实验项目三　牛鞭效应实验……280

1. 实验目的及要求……280
2. 实验环境……280
3. 实验基本原理与功能……280
4. 实验内容与实验任务……281
5. 实验步骤与要求……281

实验项目四　制造业设施设备规划……283

1. 实验目的及要求……283
2. 实验环境……283
3. 实验基本原理与功能……283
4. 实验内容与实验任务……284
5. 实验步骤与要求……284

实验项目五　学习曲线验证实验 …… 285
1. 实验目的及要求 …… 285
2. 实验环境 …… 285
3. 实验基本原理与功能 …… 285
4. 实验内容与实验任务 …… 286
5. 实验步骤与要求 …… 286
实验项目六　作业动作优化实验 …… 288
1. 实验目的及要求 …… 288
2. 实验环境 …… 288
3. 实验基本原理与功能 …… 288
4. 实验内容与实验任务 …… 291
5. 实验步骤与要求 …… 291
实验项目七　产品结构分析、组装工艺规划与装配线平衡实验 …… 293
1. 实验目的及要求 …… 293
2. 实验环境 …… 293
3. 实验基本原理与功能 …… 293
4. 实验内容与实验任务 …… 294
5. 实验步骤与要求 …… 294
参考文献 …… 297

第一篇

习题、案例与游戏教学

1

第一章　基本概念

1.1　习题与案例

一、简述题

1. 简述生产运作管理的目标。
2. 简述制造型生产和服务型运作的不同特点。
3. 单件小批生产具有哪些缺点?
4. 大量大批生产有哪些优势?
5. 简述流程型生产的特点,列举出你所知道的典型行业。
6. 简述加工装配型生产的特点,列举出你所知道的典型行业。
7. 如何提高多品种小批量生产类型效率?
8. 简述备货型生产的主要特点,列举出你所知道的典型行业。
9. 简述订货型生产的主要特点,列举出你所知道的典型行业。
10. 试分析需求的不确定性对生产运作的影响。
11. 为什么大量大批生产容易实现生产高效率、低成本?
12. 简述生产过程准时性的含义。
13. 如何提高系统的生产柔性?
14. 如何减少零件的变化?
15. 你认为超市运营成功的关键因素是什么?
16. 你认为服务业兴起的原因是什么?
17. 服务型运作有哪些分类?
18. 你如何理解服务能力的易逝性及其对服务运作的影响?
19. 简述备货型生产与订货型生产的优缺点。

二、单项选择题

1. 社会组织的三大基本职能是(　　)。

A. 生产、人事、采购　　B. 财务、人事、营销

C. 财务、生产、营销　　D. 财务、采购、研发

2. 社会组织输入的是(　　)。

A. 原材料　　B. 能源　　C. 信息　　D. 以上都是

3. 生产系统的运行涉及(　　)。

A. 生产计划　　B. 生产组织　　C. 生产控制　　D. 以上都是

4. (　　)不属于转换过程。

A. 装配　　B. 人员配备　　C. 教学　　D. 种地

5. (　　)不是备货型生产(MTS)的特点。

A. 订单驱动　　B. 有成品积压风险

C. 按照需求预测生产产品　　D. 交货期短

6. 与制造型生产相比,劳务型生产的特点是(　　)。

A. 生产率容易测定　　B. 与顾客直接接触多

C. 不提供有形产品　　D. 可用库存调节生产

7. (　　)属于生产活动。

A. 医生看病　　B. 律师辩护　　C. 投递快件　　D. 以上都是

8. (　　)不是订货型生产的特点。

A. 订单驱动　　B. 有成品积压风险

C. 按照用户要求生产产品　　D. 交货期较长

9. (　　)不是服务的特点。

A. 无形性　　B. 同步性　　C. 异质性　　D. 耐用性

10. (　　)不属于大量生产运作。

A. 飞机制造　　B. 学生入学体检

C. 快餐　　D. 中小学教育

11. 社会组织受到的环境约束包括(　　)。

A. 经济的　　B. 政治的　　C. 社会的　　D. 以上都是

12. 相对于流程式生产,加工装配式生产的特点是(　　)。

A. 品种数较多　　B. 资本密集

C. 有较多标准产品　　D. 设备柔性较低

13. 按照生产要素密集程度和与顾客接触程度划分,医院是(　　)。

A. 大量资本密集服务　　B. 大量劳动密集服务

C. 专业资本密集服务　　D. 专业劳动密集服务

14. 与加工装配式生产相比,流程式生产的特点是(　　)。

A. 能源消耗较低　　B. 对物料的协调要求更高

C. 管理更复杂　　D. 对设备可靠性要求更高

15. 流水生产的缺点是(　　)。

A. 质量不稳定　　B. 生产率低　　C. 缺乏柔性　　D. 管理复杂

16. 单件小批生产的好处是(　　)。

A. 生产周期短　　B. 效率高

C. 成本低　　D. 可“以不变应万变”

17. 订货型生产还可进一步分成按订单组装、按订单制造、按订单采购和(　　)。

A. 按订单销售　　B. 按订单工作

C. 按订单设计　　D. 按订单组织工程

18. 服务工厂的特点是(　　)。

A. 劳动力密集程度高　　B. 资本密集程度高

C. 客户定制程度高　　D. 以上都不是

19. 单件小批生产的特点是(　　)。

A. 制造周期短　　B. 生产效率高　　C. 缺乏柔性　　D. 管理复杂

20. 加大生产批量的好处在于(　　)。

A. 有利于降低库存

B. 有利于提高生产效率

C. 有利于缩短生产周期

D. 有利于下道工序及时发现问题

三、判断题

1. 如果没有服务业,就没有现代社会。(　　)

A. 正确　　B. 错误

2. 教师讲课不创造实体产品,他们从事的不是运营活动。(　　)

A. 正确　　B. 错误

3. 转移到服务业的劳动力越多,表明社会生产力水平越高。(　　)

A. 正确　　B. 错误

4. 运输只是将产品从产地移到销地,产品没增值,因此运输不算生产活动。(　　)

A. 正确　　B. 错误

5. 生产系统是一个人造系统,生产不同的产品应该设计不同的生产系统。(　　)

A. 正确　　B. 错误

6. 社会组织的所有输出都是对社会所做的贡献。 (　　)

A. 正确 B. 错误

7. 生产、理财和营销三项基本职能是相互依存的。 (　　)

A. 正确 B. 错误

8. 流程式生产可以按用户要求生产个性化的产品。 (　　)

A. 正确 B. 错误

9. 大型船舶可以实行备货型生产。 (　　)

A. 正确 B. 错误

10. 订货型生产可能消除成品库存。 (　　)

A. 正确 B. 错误

11. 流程式生产过程对生产系统的可靠性和安全性要求高。 (　　)

A. 正确 B. 错误

12. 订货型生产的缺点之一就是可能造成库存积压。 (　　)

A. 正确 B. 错误

13. 服务的异质性(波动性)使得服务的质量标准难以建立。 (　　)

A. 正确 B. 错误

14. 大量资本密集服务又称为服务工厂。 (　　)

A. 正确 B. 错误

15. 美容店改变了顾客的容貌,因此它是制造产品,而不是提供服务。 (　　)

A. 正确 B. 错误

16. 备货型生产需要进行需求预测。 (　　)

A. 正确 B. 错误

17. 顾客参与只会降低工作效率,应尽可能避免。 (　　)

A. 正确 B. 错误

18. 凡是不能存储的产品,都是服务。 (　　)

A. 正确 B. 错误

19. 顾客参与影响工作效率,应尽可能减少。 (　　)

A. 正确 B. 错误

20. 运作管理包括运作系统设计、系统运作和系统改进三大部分。 (　　)

A. 正确 B. 错误

四、案例

壹号食品股份有限公司的土猪养殖与销售业务

广东壹号食品股份有限公司成立于2004年,是一家集育种研发、养殖生产、连锁经营于一体的大型食品企业。公司创始人陈生1984年毕业于北京大学经济系,历经多次创业,2006年开始进入土猪养殖和销售市场,为其产品取名"壹号土猪"。

2006年年初,壹号食品公司启动大型生猪养殖基地建设,强调"三土":土猪种、土饲料、土养殖方法,采用"公司+农户"合作养殖模式,公司与养殖户签订合作养殖协议,由养殖户提供场地,公司提供猪苗、饲料、疫苗、技术支持等,并以定价形式回购出栏商品猪。在屠宰和配送环节上,也采取与第三方合作的模式。在市场推广方面,为其产品取名"壹号土猪",通过特定形象的专卖店销售。2007年年初,公司大做广告在广州上市。为了满足快速扩张的需要,公司招聘应届大学(大专)毕业生入职,开办全国第一所专业的屠夫培训学院,培养高水平分割师。公司将门店承包给具有经营能力的内部员工,派遣员工去门店协助承包商销售,并组建团队对门店进行监管。壹号土猪的市价为普通猪肉的2倍左右,由于上游养殖成本高,屠宰和流通环节的成本控制也处于行业中下游水平,壹号土猪连续亏损13个月,后来随着养殖环节和综合管理水平的提升,2009年开始盈利。

壹号土猪的成功吸引了各类经营者竞相加入,遭遇模仿。2011年前后,品牌猪肉市场诸侯争霸、群雄逐鹿:有模仿壹号土猪打出品牌并开办品牌连锁经营实体店的行业上下游企业,如温氏集团的"温氏黑猪"、雏鹰农牧的"雏牧香"、安康的"走地猪"、黑家宝的"黑土猪"等;也有电商企业,如网易、天猫、顺丰优选、京东生鲜等。无论是实体店还是电商,进入品牌猪肉市场的前3年,大部分企业出现不同程度的亏损,尤其是电商企业。而小企业或个体户经营者被市场淘汰了一批又一批。竞争者来自整个产业链上、中、下游三个产业环节。在我国,养殖与屠宰、流通环节割裂带来了较为严重的食品安全问题,商品猪市场价格存在较明显的波动周期,价格随行就市,大部分企业的业绩亦随着行情大起大落。

为应对竞争,公司积极探索养殖模式,最初采用"公司+农户"模式,农户解决场地、资金、环保等问题,公司仅提供猪苗、饲料及养殖技术,成品生猪由公司定价回收。此模式的好处是投资小,分散了养殖风险,农户更投入。然而,农户养殖能力参差不齐,猪品质有差异,成本居高不下,公司不得不补贴性收购。而且,在竞争对手开出高价时,有农户违约偷偷把猪卖给竞争者。

后来,公司转为采用集约养殖模式,由企业负责场地、饲料、种猪、环保配套设施等一切生产所需投入,招聘工人进行规模化、标准化生产。它的好处是有利于加强管理控制,然而农户转变成工人,又出现了缺乏责任心的问题。生猪养殖需要精细管理、科学喂养。养殖人员的责任心不到位、生猪得不到良好照顾的情况下,猪只容易出现病状,导致疫病防治费用增加、猪只生长慢，严重时会出现疫情泛滥、猪只成活率降低或大规模死亡等情况。加之公司早期的技术水平与养殖管理水平较低，养殖效益仍不理想。

2014 年后公司转向了“公司 + 基地 + 农民专业户”的养殖模式：公司出资建设养殖基地，将养殖场周边农户引入基地，按照公司的“五统一管理模式”进行饲养管理：统一供苗、统一供料、统一技术服务、统一管理、统一回购，确保猪只质量符合要求。公司与农户签订收购合同，回收价格根据生猪质量浮动，通常是在成本的基础上加上合理的利润。只要猪只成活率达标，农户收入就有保障。但如果猪只成活率未达到标准，农户则需要承担一半损失。

生猪屠宰后，越快食用，猪肉越新鲜，品质越好。为加强对中间环节的控制，壹号土猪实行终端销售市场就近屠宰，以城市为单位布局屠宰场，委托具备资质的屠宰场进行屠宰，同时派遣团队进驻屠宰场联合执行相关工作并进行全程监控。自建冷链物流团队，运输屠宰后的壹号土猪肉品。自 2011 年开始在屠宰、冷链配送及终端销售环节逐步开展基于互联网技术的可溯源监控管理体系建设，确保从屠宰到终端销售环节的猪肉品质符合公司标准。

公司还重视研发与创新，投入巨大的财力和人力进行品种和养殖技术的研发。2010 年之前，壹号土猪品种为纯本土血统，虽品质优异，但生产成本约为三元杂猪的 1.6 倍。2010 年 6 月，公司全面推进育种项目，组建了广东壹号地方猪研究院，并与科研院所开展紧密的产、学、研战略合作，重点对品种改良、动物营养提高、疾病抵抗等技术开展研究。目前壹号土猪品种瘦肉率从 35% 提高至 45%，PSY（每头母猪每年生产的断奶仔猪头数）由 16 头提高至 24 头，上述指标目前已处于国内先进水平。

2015 年下半年至 2017 年上半年，温氏集团经营的品牌猪肉历经亏损后逐步关停；雏鹰农牧关停了品牌猪肉项目，继续发力原来的主业，即三元杂猪的养殖业务；其他中小创业企业的品牌猪肉项目的平均寿命不超过 1 年。而自 2009 年结束亏损后，壹号土猪一直保持盈利至今，它的价格不随行就市，通过突出品牌、自主定价且产生溢价，整体毛利为 50%~60%（行业平均毛利率的 2 倍）。但其净利润与行业平均水平差距不大，为 12%~15%，主要是由于公司将相当一部分利润用于销售与养殖两端的高激励，保障销售商和养殖户的利润。目前，壹号土猪专卖店遍布全国 35 个大中城市，专卖店数量超过 2 000 家。

在这个行业经营，要保持持续增长并不容易，依然要面对激烈的市场竞争。

分析下列问题：

(1) 该公司土猪业务的目标顾客和价值主张是什么？

(2) 土猪业务的竞争战略是什么？

(3) 从供应链视角分析土猪业务运营管理的内容及其决策问题。

1.2　习题答案与案例教学说明

一、简述题

1. 简述生产运作管理的目标。

答:高效、低耗、灵活、准时地生产合格产品和(或)提供满意服务。

2. 简述制造型生产和服务型运作的不同特点。

答:

(1) 产出物的性质不同:有形;无形。

(2) 与顾客的接触程度不同:没有或很少接触;较多的直接或间接接触。

(3) 质量的评估方法不同:有较明确的质量标准;质量难以度量。

(4) 对生产能力利用的灵活性不同:可用库存调节生产;生产能力易逝。

3. 单件小批生产具有哪些缺点?

答:产品制造周期长,生产效率低,成本高,产品质量不易保证。

4. 大量大批生产有哪些优势?

答:从设计到生产的整个生产周期较短;大量大批生产一般是备货型生产,因此,用户的订货提前期短;生产机械化、自动化水平高,生产效率高;成本较低;产品质量稳定。

5. 简述流程型生产的特点,列举出你所知道的典型行业。

答:流程型生产的工艺过程是连续进行的,且工艺过程的顺序基本固定不变。其主要特点是:工艺过程连续;生产设施地理位置集中;生产过程自动化程度高;对生产系统的安全性与可靠性要求很高;协作与协调任务相对较少。

典型行业:石油化工、冶金、食品、造纸、水泥、电力等。

6. 简述加工装配型生产的特点,列举出你所知道的典型行业。

答:加工装配型生产的产品是由许多零部件构成的,各零件的加工过程彼此独立,所以整个产品生产工艺是离散的,制成的零件通过部件装配和总成装配最后成为产品。其主要特点是:工艺过程离散;生产设施地理位置分散;零件种类繁多,加工工艺多样化;协作关系十分复杂,生产管理任务重。

典型行业:汽车、家电、机床、计算机等。

7. 如何提高多品种小批量生产类型效率?

答:减少零件变化与提高生产系统的柔性。

8. 简述备货型生产的主要特点,列举出你所知道的典型行业。

答:备货型生产是在对市场需求进行预测的基础上,有计划进行生产,产品有库存。为防止库存积压和脱销,生产管理的重点是抓供、产、销的衔接,按量组织生产。

生产过程各环节之间保持平衡，保证全面完成生产计划。

其主要特点是：按已有的标准产品或产品系列进行生产；通过备货及时响应客户，但客户只能在有限的产品范围内选择；顾客定制程度较低；通常是标准化、大批量地进行轮番生产，生产效率比较高；生产是需求预测驱动，或库存驱动。

典型行业：家电、标准件、劳保用品等。

9. 简述订货型生产的主要特点，列举出你所知道的典型行业。

答：订货型生产是在收到顾客的订单后，才按顾客的具体要求组织生产，进行设计、采购、制造和发货等作业。

其主要特点是：按用户订单组织生产；按需生产，满足个性化需求；由于是按顾客要求定制，故产品大多是非标准化的，在规格、数量、质量和交货期等方面可能各不相同；减少以至消除成品库存，降低库存风险；顾客订货提前期较长；生产管理的重点是确保交货期，按期组织生产过程各环节的衔接平衡。

典型行业：船舶、飞机、大型工业锅炉等。

10. 试分析需求的不确定性对生产运作的影响。

答：从需求预测、库存管理、生产计划、生产柔性几个方面进行分析。

11. 为什么大量大批生产容易实现生产高效率、低成本？

答：从产品设计、工艺、产品种类、设备布置几个方面阐述。

12. 简述生产过程准时性的含义。

答：生产过程准时性指生产过程的各阶段、各工序都能按后续阶段和工序的需要生产。即在需要的时候，按需要的数量生产所需要的零部件。

13. 如何提高系统的生产柔性？

答：要提高生产系统的柔性，可以采用两种办法：硬办法和软办法。硬办法是提高机床的柔性，软办法是采用成组技术。

14. 如何减少零件的变化？

答：要减少零件的变化，可以通过三种途径：推行三化（产品系列化、零部件标准化、通用化）、推行成组技术和推行变化减少方法（variety reduction program，VRP）。

15. 你认为超市运营成功的关键因素是什么？

答：顾客满意、选址、商店布置、能力规划、库存控制、作业计划。

16. 你认为服务业兴起的原因是什么？

答：农业、工业劳动生产率提高；人们物质生活水平提高，精神生活丰富；产品技术含量提高，单纯提供产品不能满足用户要求。

17. 服务型运作有哪些分类？

答：

(1) 按照是否提供有形产品，可分为纯服务型运作和一般服务型运作。

(2) 按照劳动力密集程度以及交互与定制程度,可分为大众化服务、专业服务、服务工厂、服务作坊。

18. 你如何理解服务能力的易逝性及其对服务运作的影响?

答:服务是无形的,服务的生产与消费同时发生。所以服务不能存储,不能通过库存来调节生产以适应需求的变化。如果供应大于需求,或者顾客没能按预计出现,就会造成服务能力永远丧失,这就是服务能力的易逝性。服务能力的易逝性会造成服务资源的浪费,影响企业收益。所以,如何平衡能力与需求,是服务运作要解决的关键问题。

19. 简述备货型生产与订货型生产的优缺点。

答:备货型生产:产品标准化程度高,生产效率高,用户订货提前期短。但库存水平较高,难以满足用户个性化需求。

订货型生产:库存水平较低,对用户个性化需求的满足程度较高。但生产效率低,用户订货提前期长。

二、单项选择题

答案:1~5 CDDBA 6~10 BDBDA 11~15 DACDC 16~20 DCBDB

三、判断题

答案:1~5 ABABA 6~10 BABBA 11~15 ABAAB 16~20 ABBBA

四、案例教学说明

1. 教学目的

(1) 理解运营管理的重要性,特别是对企业竞争战略的支持作用。

(2) 加深学生对运营管理的内容及其决策问题的理解。

2. 分析思路

(1) 要求学生阅读案例资料。

(2) 分组讨论,形成小组意见。

(3) 组织全班讨论,引导学生发表意见。

3. 问题分析参考要点

(1) 客户群:追求高品质猪肉的顾客。

价值主张:提供健康安全、优质美味的产品,引领健康生活。

(2) 采用了差异化竞争战略。通过差异化的产品、保证质量和持续创新,最终形成品牌,来实现差异化。

(3) 主要运营管理内容包括以下几方面。

产品选择:黑色土猪。

运营模式:“公司 + 基地 + 农户 + 连锁店”全产业链模式。

供应链业务——养殖:公司 + 基地 + 农户;屠宰与运输。

零售:内部承包制。

(4) 主要运营管理决策问题包括以下几方面。

产品决策:黑色土猪,产品创新。

选址决策:养殖基地、屠宰场所、零售店。

运输决策:冷链运输。

业务流程设计、运行及其资源配置决策。

通过(3)(4)的讨论,进一步分析运营管理是如何匹配、支持公司竞争战略落地的。

第二章　需求预测

2.1　习题与案例

一、简述题

1. 简述需求管理的主要工作内容。
2. 简述需求管理的重要性。
3. 试比较 MTS、ATO 及 MTO 环境下需求管理的核心任务。
4. 什么是预测?
5. 简述需求预测的主要内容。
6. 简述影响需求预测的主要因素。
7. 简要介绍预测的一般步骤。
8. 管理人员的判断在预测中有哪些作用?
9. 简要说明预测的稳定性与响应性各有何特点和应用条件。
10. 什么是预测精度与成本?
11. 简述一次指数平滑预测方法中平滑系数对预测结果的影响。
12. 何为预测监控?

二、单项选择题

1. 预测能帮助经理(　　)。

A. 预期未来　　B. 对生产系统进行规划

C. 制定计划　　D. 以上都是

2. 预测是(　　)的依据。

A. 能力计划　　B. 预算　　C. 销售计划　　D. 以上都是

3. 预测(　　)。

A. 时间长的更准确　　B. 对单项产品的比对整体项目的更准

C. 是不完美的 D. 以上都对

4. 两个一般的预测方法是(　　)预测方法。

A. 数学的和统计的 B. 定性的和定量的

C. 判断的和定性的 D. 历史的和相关的

5. 下列不是主观判断的预测方法的是(　　)。

A. 主管的意见 B. 消费者调查 C. 德尔菲法 D. 时间序列分析

6. 时间序列数据可能表现为(　　)。

A. 趋势 B. 季节波动 C. 周期波动 D. 以上所有

7. 下列预测方法依赖于选择适当的人员来预测的是(　　)。

A. 时间序列分析 B. 德尔菲法 C. 加权移动平均 D. 简单移动平均

8. 下列各项中不是预测程序步骤的是(　　)。

A. 决定预测目的 B. 排除任何假设

C. 确定时间范围 D. 对预测进行监控

9. 德尔菲法不包括(　　)。

A. 挑选专家 B. 函询调查 C. 开会讨论 D. 专家修订

10. 部门主管集体讨论的优点不包括(　　)。

A. 数据充分 B. 简单易行 C. 汇集经验 D. 无须准备

11. 销售人员意见法的缺点不包括(　　)。

A. 主观偏见 B. 地区影响 C. 故意低估 D. 激励人心

12. 用户调查法的缺点不包括(　　)。

A. 难于合作 B. 耗费人力、时间 C. 期望易变 D. 刺激需求

13. 二次指数平滑是在一次指数平滑的基础上加入了(　　)。

A. 趋势因子 B. 季节因子 C. 周期因子 D. 随机因子

14. 三次指数平滑是在二次指数平滑的基础上加入了(　　)。

A. 趋势因子 B. 季节因子 C. 周期因子 D. 随机因子

15. 跟踪信号 TS 是预测误差滚动与(　　)的比值。

A. 误差滚动 B. 平均绝对偏差

C. 平均平方误差 D. 平均绝对百分误差

16. 与标准差相似的是(　　)。

A. 误差滚动 B. 平均绝对偏差

C. 平均平方误差 D. 平均绝对百分误差

17. 反映相对误差的是(　　)。

A. 误差滚动 B. 平均绝对偏差

C. 平均平方误差 D. 平均绝对百分误差

18. 不能衡量无偏性的是(　　)。

A. 误差滚动　　B. 平均绝对偏差

C. 平均平方误差　　D. 平均绝对百分误差

19. 相对而言,因果模型不将(　　)作为自变量。

A. 误差滚动　　B. 平均绝对偏差

C. 平均平方误差　　D. 平均绝对百分误差

20. 乘法模型一般通过将(　　)等几种成分相乘的方法来求出需求值。

A. 趋势成分　　B. 季节成分　　C. 周期成分　　D. 以上都是

三、判断题

1. 时间序列预测模型是以历史数据分析为基础对将来进行预测。(　　)

A. 正确　　B. 错误

2. 对一组产品的预测比对个别产品的预测要准确。(　　)

A. 正确　　B. 错误

3. 预测帮助管理者对生产系统的发展作出规划,也帮助管理者对生产系统作出计划。(　　)

A. 正确　　B. 错误

4. 预测的准确性随着预测时间范围的缩短而提高。(　　)

A. 正确　　B. 错误

5. Delphi 法就是让专家在一起讨论,以取得共识的方法。(　　)

A. 正确　　B. 错误

6. 单纯法预测只能预测没有趋势的需求问题。(　　)

A. 正确　　B. 错误

7. 当采用简单移动平均法预测时,取平均值的数据越多,则对实际变化的反应就越灵敏。(　　)

A. 正确　　B. 错误

8. 简单移动平均法实际上是给每个数据分配相等的权重。(　　)

A. 正确　　B. 错误

9. 加权移动平均法的优点是对近期数据给以更多的重视。(　　)

A. 正确　　B. 错误

10. 指数平滑法也是一种加权移动平均法。(　　)

A. 正确　　B. 错误

11. 平滑系数取 0.1 比取 0.3 将使预测值更快反映外部需求的变化。(　　)

A. 正确　　B. 错误

12. *MAD* 等于 *MSE* 的平方根。 (　　)

A. 正确　　B. 错误

13. 稳定性好的预测方法适用于受随机因素影响小的问题。 (　　)

A. 正确　　B. 错误

14. 响应性好的预测方法适用于受随机因素影响小的问题。 (　　)

A. 正确　　B. 错误

15. 按简单移动平均法预测，移动平均的时间段越长，预测的稳定性越好。 (　　)

A. 正确　　B. 错误

16. 用一次指数平滑法预测，平滑系数 α 越大，则预测的响应性越好。 (　　)

A. 正确　　B. 错误

17. 平均绝对偏差（*MAD*）可以衡量预测值的无偏性。 (　　)

A. 正确　　B. 错误

18. 时间序列中随机因素是预测的一个重要部分。 (　　)

A. 正确　　B. 错误

19. 使用 *MAD* 进行预测监控要好于 *MAPE*。 (　　)

A. 正确　　B. 错误

20. 在使用预测跟踪信号 TS 时，重要的是作出预判。 (　　)

A. 正确　　B. 错误

四、计算题

1. 某微电子企业 2001—2020 年各年微电动机的市场需求量如表 2-1 所示，用线性趋势预测法预测该公司 2021 年和 2025 年微电动机的市场需求量。

表 2-1　微电动机的市场需求量表

年份	需求量（千件）	年份	需求量（千件）
2001	50	2011	51
2002	52	2012	59
2003	47	2013	47
2004	51	2014	64
2005	49	2015	68
2006	48	2016	67
2007	51	2017	69
2008	40	2018	76
2009	48	2019	75
2010	52	2020	80

2. 表 2-2 为某计算机公司近 10 个月的实际销售量和用 A、B 两种模型进行预测的预测值。

(1) 计算两种模型的 *MAD*。

(2) 计算两种模型的 *RSFE*。

(3) 哪一种模型好一些,为什么?

表 2-2　实际销售量和预测值(单位:台)

月份	1	2	3	4	5	6	7	8	9	10
实际销售量	566	620	584	652	748	703	670	625	572	618
A 模型预测值	610	630	610	630	640	650	655	655	630	630
B 模型预测值	580	600	580	630	702	680	680	680	600	600

3. 表 2-3 为某种汽车轮胎的月销售量。

(1) 计算当 SA_0=100,α=0.2 时的一次指数平滑预测值。

(2) 计算当 SA_0=100,α=0.4 时的一次指数平滑预测值。

(3) 计算(1)(2)两种情况下的 *MAD*、*RSFE*。

表 2-3　轮胎的月销售量(单位:只)

月份	1	2	3	4	5	6	7	8	9	10	11	12
销售量	104	104	100	92	105	95	95	104	104	107	110	109

4. 表 2-4 为某城区居民平均每季猪肉消费量。试选用适当的模型预测该城区居民下一年各季平均猪肉消费量。

表 2-4　每季猪肉消费量(单位:千克)

季	春	夏	秋	冬
第一年	3.05	1.45	1.96	4.54
第二年	5.11	3.42	3.89	6.62
第三年	7.03	5.51	5.95	8.52
第四年	9.14	7.55	7.88	10.56

5. 表 2-5 为某公司过去两年按季度统计的某产品的实际需求量。

(1) 计算在 2.5、3.5、4.5、5.5、6.5 季的一年移动平均值;

(2) 通过这 5 个移动平均值,求线性回归方程;

(3) 计算每季的季节指数;

(4) 预测第三年每季的需求。

表 2-5　产品需求量(件)

第一年季度	需求	第二年季度	需求
1	26 209	1	25 390
2	21 402	2	19 064
3	18 677	3	18 173
4	24 681	4	23 866

五、案例

武进加油站

2019 年 6 月 1 日,武苏斌刚刚完成了四年工商管理本科学业,回到了他父亲老武开的武进石油公司的加油站。武苏斌需要确定加油站的采购与库存策略。过去六个月的数据显示,该公司持有的平均库存价值为 210 万元的燃料产品,以维持平均每日的销售额。面临的挑战是降低库存水平,同时保持较高的客户服务水平。

1. 加油站的背景

老武于 1998 年 3 月与中石化签订了经销合同,将全家积蓄投资成立了武进加油站。他购买了加油站的建筑,加油机由中石化安装。老武为他的家庭产业的成功感到非常自豪:“十几年来,我们公司一直表现良好! 因卓越的业绩而多次被表扬。”

汽车加油行业的需求增长迅速,也使国家一级石油公司与地方加油站之间的竞争变得激烈。武进加油站表现不错,尽管存在来自竞争站点的持续威胁以及来自中石化增加销量的压力。为了保持较高的客户服务水平,老武保持着较高的库存水平。

武进加油站没有使用任何正式的分析技术来管理订购和库存,大多数运营决策都基于简单的直觉。武进加油站销售三种主要产品:柴油、92 号汽油和 95 号汽油。2018 年 3 月,为了跟上技术发展的步伐,加油站进行了翻新,加油机进行了升级。翻新增加了库存容量和物理空间,一次可以服务更多的客户。安装了新机器可以更有效地为更多客户提供服务,从而提高销售额。

然而,老武仍然感受到竞争和客户期望不断上升的压力,正如他向武苏斌解释的那样:“我对过去一年中一直使用的运营策略持怀疑态度。我想知道是否有更好的方法来妥善处理需求,以便有效地为客户服务,并同时最大化利润。我主要关注的是应该保留的库存水平,以满足客户的需求。”

2. 石油零售业

随着经济的增长,汽油和柴油的总体消费量都在迅速增长。中石化、中石油等石油公司不断增设加油站,扩大了零售网络。像中石化这样的国有石油公司,以三种形式通过加油站销售燃料产品:公司拥有和管理,公司拥有和经销商管理,以及经销商拥有和管理。无论哪种,石油公司都负责在每个零售店安装和维护石油分配装置和地下储罐。这些设备和油罐是石油公司的财产。

中石化运营着大量中间存储燃料库。每个仓库根据需求提供给一个或一组地区。燃料产品从炼油厂直接运送到仓库,最终分配到加油站。为了弥补附近地区的需求不平衡,如果需要,产品可以在仓库之间转移。加油站通过自动订单检索系统直接向石油公司下订单,通过手机发送短信或访问供应商的基于网络的门户。此订单已自动转换为公司的销售订单。将两种主要运输燃油(汽油和柴油)运送到加油站是石油公司的责任。

3. 加油站的库存管理

武进加油站有三个独立的储罐,每个储罐具有不同的容量,适用于三种燃油。武进拥有一辆油罐车,从中石化的某炼油厂采购,距加油站约 110 千米。该业务完全以现金和运输方式运营,这意味着武进加油站的燃料供应商中石化不提供任何信贷。供应商要求在交付之前通过网上银行支付系统付款,中石化为其加油站引入了在线自动订购系统。

由于不可预见的技术故障,例如供应商端的服务器故障,每月大约一次,订单未能被执行并且油罐将无法装载所需的燃料。订单失败的另一个可能原因是订单金额。除非订单数量恰好为 12 000 升,无论是单个燃料还是三种不同燃料类型的组合订单,否则供应商将拒绝交付。中石化补偿了加油站的运输或其他与订单失败有关的费用。

加油站按月固定工资雇用油罐车司机,因此与驾驶员时间相关的费用并未计入订购费用。从下订单到补充库存大约需要一天时间。为了卸载燃油,销售必须停止大约 10 分钟。油罐的总容量与所需订单量相匹配,精确到 12 000 升。油罐有四个舱室,每个舱室可容纳 3 000 升。库存订购必须遵循被称为“预先计划的交货系统”的程序。对于第二天的要求,程序要求在下午 3 点之前下订单,订单总量为 12 000 升,可以为三种燃料类型的任意组合。每种燃料的当前价格由监管机构确定,每单位的利润率由石油公司决定,包括中国石化。

为了监督业务运营,加油站雇用了一名负责库存管理的全职经理。库存管理和订购策略都基于一系列简单假设。假设下个月的销售预测与上个月的销售额相当,并且预计平均销售额会有所增加。加油站必须在上个月的月末之前共享整个月的每日订单图表。根据中石化的促销活动和公司的预期,预计每个月的销售量会有所上升,这有助于规划目的。加油站可以选择在每月的任何一天更改或更新订单。唯一的条件是提前一天通知交付。从 2015 年 12 月底到 2016 年 5 月底,三种燃油的实际订单主要包括 92 号汽油和柴油,95 号汽油仅偶尔订购。

加油站根据两项运营策略的组合计划订单。首先,每天的期初库存(前一天的期末库存加上收到的订单)预计至少占柴油和 92 号汽油总罐容量的 40%,95 号汽油的 15%。其次,燃料类型的期初库存预计至少为1.5倍(92号汽油和柴油)和3倍(95号汽油)预计该月份该燃料的平均日需求量。该预测计算为比上个月的数据增加10%。显然,每次都很难实施这些策略。联合订购、运输能力、系统故障和其他问题等操作限制使得难以准确计划。

平均而言,如果公司订购了1 000升任何类型的燃料,预计在补充库存后,大约996升将是可供销售的最终数量。由于特定燃料在运输途中或卸载时泄漏或蒸发,导致每千升损失4升。中石化补偿加油站的损失可以达到一定数量。然而,通常情况下,公司倾向于放弃赔偿并承担损失,而不是花时间和麻烦向中石化寻求赔偿。

加油站遵循每日审查购买策略,该策略要求在下订单之前估计第二天的需求并计算可用库存,目标是尽量减少三种产品缺货的可能性,同时实现其成本最小化目标。尽管如此,上述过程并未直接计算库存持有成本。公司证实,资本成本估计为每年10%。在讨论和分享商业信息后,老武终于问武苏斌:“你学到的管理知识能用得上吗?”

武苏斌想知道如何在业务中加入一些措施和标准,以指导他的父亲做出更好的购买决策。在提出任何类型的库存管理策略之前,他还需要确定需要评估哪些关键点,以及哪种计划范围最适合此类问题。

2019年6月1日,武苏斌获得了一些数据,可以深入了解加油站的一般业务增长和未来潜力。相关数据如表2–6~表2–10所示。

分析下列问题:

(1) 武进加油站存在什么问题?要解决问题,有哪些目标?哪个目标更重要?

(2) 武进加油站需要做哪些预测?这些预测分别需要什么数据?

(3) 选择哪一个方法来预测呢?参数如何确定?方法如何选择?

表2–6 燃油价格–利润表

燃油	价格(元/升)	利润(元/升)
柴油	7.31	0.18
92号汽油	7.67	0.26
95号汽油	8.2	0.28

表2–7 油罐容量表

油罐	种类	容量(升)
1	柴油	20 000
2	92号汽油	15 000
3	95号汽油	10 000

表 2-8 武进加油站 2012—2019 年月度销售量(升)

月	95 号汽油	92 号汽油	柴油
Apr-12	31 616	31 861	149 389
May-12	33 098	33 064	165 037
Jun-12	31 780	33 568	180 344
Jul-12	27 186	28 994	130 538
Aug-12	27 286	29 333	113 378
Sep-12	26 818	29 892	113 739
Oct-12	29 399	33 126	209 108
Nov-12	28 645	33 732	182 410
Dec-12	28 637	33 220	137 201
Jan-13	27 850	32 447	146 026
Feb-13	26 478	31 754	144 851
Mar-13	29 303	35 581	168 637
Apr-13	28 238	36 011	204 371
May-13	33 479	42 948	168 354
Jun-13	31 635	41 452	204 121
Jul-13	29 053	39 148	165 381
Aug-13	27 918	37 322	119 496
Sep-13	25 092	35 216	116 634
Oct-13	28 734	39 154	215 199
Nov-13	31 381	43 104	189 619
Dec-13	28 907	42 179	167 819
Jan-14	28 295	45 558	168 677
Feb-14	26 604	41 215	179 027
Mar-14	27 291	45 586	194 278
Apr-14	27 827	45 401	223 372
May-14	31 074	49 192	238 000
Jun-14	25 253	42 026	177 494
Jul-14	24 507	39 772	135 318
Aug-14	24 558	38 536	99 716

续表

月	95 号汽油	92 号汽油	柴油
Sep-14	22 725	36 093	125 061
Oct-14	26 083	41 383	188 749
Nov-14	23 984	41 495	236 523
Dec-14	22 773	40 405	197 639
Jan-15	24 045	42 360	164 944
Feb-15	25 105	42 019	168 544
Mar-15	26 953	43 751	167 551
Apr-15	30 346	48 873	181 703
May-15	27 564	46 944	201 045
Jun-15	28 008	48 842	217 812
Jul-15	22 535	38 155	151 861
Aug-15	21 630	36 350	110 117
Sep-15	20 602	38 321	114 250
Oct-15	20 675	44 878	203 975
Nov-15	22 853	47 397	203 538
Dec-15	20 708	45 485	180 126
Jan-16	20 243	45 400	173 754
Feb-16	19 210	41 035	154 222
Mar-16	19 415	46 108	154 496
Apr-16	21 688	52 999	186 611
May-16	25 741	63 387	208 187
Jun-16	18 428	51 630	197 188
Jul-16	20 294	53 212	106 581
Aug-16	18 805	48 501	115 054
Sep-16	19 645	52 732	126 459
Oct-16	17 626	55 066	203 420
Nov-16	17 558	53 870	167 745
Dec-16	17 652	51 887	129 916
Jan-17	16 519	52 099	103 613

续表

月	95 号汽油	92 号汽油	柴油
Feb-17	16 850	52 036	106 412
Mar-17	17 090	56 911	136 289
Apr-17	17 301	61 921	146 829
May-17	20 739	66 445	149 699
Jun-17	20 827	69 795	165 751
Jul-17	17 083	60 251	121 644
Aug-17	21 815	60 853	90 240
Sep-17	21 146	56 184	114 425
Oct-17	27 604	67 258	174 737
Nov-17	24 882	60 163	173 439
Dec-17	19 496	69 133	131 073
Jan-18	17 150	77 661	104 597
Feb-18	15 201	71 273	119 503
Mar-18	11 550	64 078	112 798
Apr-18	9 505	81 857	140 505
May-18	10 110	111 832	184 527
Jun-18	11 296	122 617	206 393
Jul-18	10 944	104 650	137 973
Aug-18	13 905	100 541	128 200
Sep-18	15 029	110 441	185 919
Oct-18	14 145	126 279	232 151
Nov-18	11 367	137 375	223 190
Dec-18	11 287	112 993	160 290
Jan-19	10 846	102 289	132 146
Feb-19	9 064	97 823	133 871
Mar-19	10 626	108 273	140 204
Apr-19	7 158	118 033	143 070
May-19	7 558	104 723	142 884

表 2-9　2018 年 5—12 月三种燃油销售量(升)

日期	星期	92 号汽油	柴油	95 号汽油
5/1	Fri	3 483	5 080	264
5/2	Sat	3 450	7 727	342
5/3	Sun	3 802	5 438	355
5/4	Mon	3 744	5 567	220
5/5	Tue	3 413	4 401	200
5/6	Wed	3 197	6 293	315
5/7	Thu	3 795	5 188	364
5/8	Fri	2 706	6 022	338
5/9	Sat	4 284	7 390	220
5/10	Sun	3 500	4 488	565
5/11	Mon	3 422	8 124	502
5/12	Tue	2 853	6 615	273
5/13	Wed	2 742	5 091	303
5/14	Thu	4 867	7 010	336
5/15	Fri	4 744	4 966	274
5/16	Sat	3 132	5 178	191
5/17	Sun	2 830	4 358	178
5/18	Mon	3 636	4 696	371
5/19	Tue	4 410	6 379	382
5/20	Wed	3 356	6 374	401
5/21	Thu	2 716	5 021	261
5/22	Fri	3 462	8 913	574
5/23	Sat	3 313	6 418	270
5/24	Sun	3 248	4 102	295
5/25	Mon	4 326	6 071	260
5/26	Tue	4 605	6 174	263
5/27	Wed	3 978	4 870	311
5/28	Thu	3 325	5 697	253
5/29	Fri	3 897	6 184	373

续表

日期	星期	92号汽油	柴油	95号汽油
5/30	Sat	3 771	7 232	446
5/31	Sun	3 825	7 460	410
6/1	Mon	4 122	7 895	380
6/2	Tue	4 787	8 427	280
6/3	Wed	4 507	5 438	316
6/4	Thu	3 328	7 335	210
6/5	Fri	4 188	5 482	299
6/6	Sat	4 635	10 123	311
6/7	Sun	4 433	6 140	356
6/8	Mon	3 665	6 187	347
6/9	Tue	3 551	5 804	399
6/10	Wed	4 227	7 262	250
6/11	Thu	5 306	8 659	209
6/12	Fri	3 817	6 133	245
6/13	Sat	3 508	7 088	210
6/14	Sun	3 492	5 516	255
6/15	Mon	4 357	2 502	681
6/16	Tue	3 611	8 916	742
6/17	Wed	4 305	7 603	568
6/18	Thu	3 637	7 830	421
6/19	Fri	3 422	7 883	452
6/20	Sat	4 590	8 765	489
6/21	Sun	4 364	6 481	426
6/22	Mon	4 659	9 714	413
6/23	Tue	4 564	6 536	512
6/24	Wed	5 178	4 690	265
6/25	Thu	3 985	6 547	296
6/26	Fri	3 808	6 337	335
6/27	Sat	3 195	6 376	396

续表

日期	星期	92 号汽油	柴油	95 号汽油
6/28	Sun	3 507	6 106	310
6/29	Mon	3 482	6 298	458
6/30	Tue	4 387	6 320	465
7/1	Wed	3 320	6 563	546
7/2	Thu	3 754	4 152	235
7/3	Fri	3 208	6 358	296
7/4	Sat	3 221	4 511	278
7/5	Sun	4 267	6 017	354
7/6	Mon	5 107	5 881	229
7/7	Tue	5 344	3 676	129
7/8	Wed	4 375	5 886	362
7/9	Thu	4 023	4 263	342
7/10	Fri	3 218	3 703	366
7/11	Sat	2 886	3 105	298
7/12	Sun	3 782	3 321	235
7/13	Mon	3 912	4 192	306
7/14	Tue	3 354	4 583	353
7/15	Wed	4 145	4 779	255
7/16	Thu	2 653	2 607	269
7/17	Fri	3 222	4 140	610
7/18	Sat	2 790	3 707	519
7/19	Sun	2 907	2 609	390
7/20	Mon	2 691	4 362	435
7/21	Tue	3 292	3 103	417
7/22	Wed	3 155	4 387	502
7/23	Thu	3 009	4 324	249
7/24	Fri	2 485	3 072	353
7/25	Sat	2 412	4 891	419
7/26	Sun	2 684	3 705	234

续表

日期	星期	92 号汽油	柴油	95 号汽油
7/27	Mon	3 365	3 908	263
7/28	Tue	3 322	5 238	389
7/29	Wed	2 578	3 761	399
7/30	Thu	3 154	4 083	430
7/31	Fri	3 015	9 086	482
8/1	Sat	2 566	5 273	509
8/2	Sun	2 819	3 070	288
8/3	Mon	2 828	3 614	378
8/4	Tue	2 958	4 181	610
8/5	Wed	2 561	3 932	641
8/6	Thu	2 027	4 660	579
8/7	Fri	2 979	3 984	398
8/8	Sat	2 968	4 462	377
8/9	Sun	3 182	3 501	415
8/10	Mon	4 036	4 325	384
8/11	Tue	3 502	3 124	219
8/12	Wed	3 224	4 621	285
8/13	Thu	3 228	3 450	373
8/14	Fri	3 020	3 625	455
8/15	Sat	3 707	4 076	385
8/16	Sun	1 542	2 052	429
8/17	Mon	4 694	5 770	379
8/18	Tue	2 655	2 995	333
8/19	Wed	3 341	3 500	378
8/20	Thu	3 434	4 153	429
8/21	Fri	3 520	7 225	656
8/22	Sat	3 512	3 980	314
8/23	Sun	2 831	3 001	270
8/24	Mon	3 328	4 574	392

续表

日期	星期	92 号汽油	柴油	95 号汽油
8/25	Tue	3 732	6 521	556
8/26	Wed	3 280	3 657	528
8/27	Thu	3 412	5 536	553
8/28	Fri	4 567	4 157	559
8/29	Sat	4 183	3 612	412
8/30	Sun	3 416	3 769	676
8/31	Mon	3 489	3 800	745
9/1	Tue	3 428	3 805	821
9/2	Wed	3 721	4 307	666
9/3	Thu	4 254	5 138	411
9/4	Fri	4 335	6 332	597
9/5	Sat	3 723	4 653	305
9/6	Sun	3 316	4 667	358
9/7	Mon	3 513	4 548	477
9/8	Tue	3 000	3 770	409
9/9	Wed	3 371	4 599	393
9/10	Thu	3 435	6 301	388
9/11	Fri	3 398	4 478	304
9/12	Sat	3 172	4 661	244
9/13	Sun	2 989	4 167	220
9/14	Mon	4 623	7 319	496
9/15	Tue	3 812	6 959	457
9/16	Wed	3 912	3 740	488
9/17	Thu	3 557	8 875	344
9/18	Fri	3 490	5 568	500
9/19	Sat	3 115	8 802	528
9/20	Sun	3 221	4 618	535
9/21	Mon	3 764	9 839	486
9/22	Tue	4 081	10 541	420

续表

日期	星期	92 号汽油	柴油	95 号汽油
9/23	Wed	4 341	6 461	514
9/24	Thu	3 658	9 237	550
9/25	Fri	3 376	4 735	586
9/26	Sat	3 768	6 924	601
9/27	Sun	3 622	5 109	668
9/28	Mon	3 599	9 004	721
9/29	Tue	4 238	10 409	751
9/30	Wed	4 609	6 353	791
10/1	Thu	4 247	4 641	437
10/2	Fri	3 204	7 102	561
10/3	Sat	3 909	8 974	458
10/4	Sun	4 552	5 593	442
10/5	Mon	3 918	6 960	918
10/6	Tue	2 818	4 878	971
10/7	Wed	3 289	8 528	804
10/8	Thu	3 676	8 039	597
10/9	Fri	3 330	9 599	441
10/10	Sat	3 104	6 965	512
10/11	Sun	3 696	6 345	411
10/12	Mon	4 803	5 102	369
10/13	Tue	4 522	7 657	425
10/14	Wed	5 003	7 084	317
10/15	Thu	3 641	9 238	389
10/16	Fri	3 725	13 769	415
10/17	Sat	3 777	9 034	368
10/18	Sun	4 423	6 859	411

续表

日期	星期	92 号汽油	柴油	95 号汽油
10/19	Mon	5 412	7 750	521
10/20	Tue	5 585	9 904	359
10/21	Wed	5 175	3 860	478
10/22	Thu	4 066	5 220	488
10/23	Fri	4 158	7 377	623
10/24	Sat	3 167	5 170	351
10/25	Sun	3 355	4 775	306
10/26	Mon	3 795	8 361	307
10/27	Tue	4 531	6 283	298
10/28	Wed	4 602	5 977	205
10/29	Thu	4 532	7 190	296
10/30	Fri	4 233	11 257	355
10/31	Sat	4 031	12 660	312
11/1	Sun	3 900	7 258	265
11/2	Mon	4 168	12 037	402
11/3	Tue	4 340	14 579	458
11/4	Wed	4 850	10 608	359
11/5	Thu	4 767	9 635	366
11/6	Fri	4 916	12 165	256
11/7	Sat	4 752	9 794	298
11/8	Sun	4 169	6 392	361
11/9	Mon	5 940	5 291	222
11/10	Tue	4 510	3 947	365
11/11	Wed	3 838	2 042	199
11/12	Thu	3 847	1 763	194

续表

日期	星期	92 号汽油	柴油	95 号汽油
11/13	Fri	4 614	8 011	428
11/14	Sat	3 778	4 922	256
11/15	Sun	4 779	6 251	299
11/16	Mon	5 093	10 190	386
11/17	Tue	4 869	7 446	285
11/18	Wed	4 889	6 353	227
11/19	Thu	5 105	10 216	355
11/20	Fri	4 569	7 995	377
11/21	Sat	4 751	7 352	323
11/22	Sun	4 786	3 736	366
11/23	Mon	5 326	6 769	295
11/24	Tue	3 497	6 593	655
11/25	Wed	4 860	6 587	614
11/26	Thu	4 825	7 018	512
11/27	Fri	4 903	9 172	655
11/28	Sat	3 529	6 966	880
11/29	Sun	4 653	5 669	357
11/30	Mon	4 552	6 433	352
12/1	Tue	2 967	8 725	292
12/2	Wed	5 670	5 138	411
12/3	Thu	5 181	6 520	309
12/4	Fri	4 592	7 279	470
12/5	Sat	4 215	4 699	384
12/6	Sun	3 952	7 017	357
12/7	Mon	3255	6105	516

续表

日期	星期	92 号汽油	柴油	95 号汽油
12/8	Tue	3 911	5 209	251
12/9	Wed	4 015	5 298	303
12/10	Thu	3 580	6 433	497
12/11	Fri	3 986	5 712	358
12/12	Sat	3 893	4 592	322
12/13	Sun	3 867	5 085	376
12/14	Mon	3 549	5 881	445
12/15	Tue	3 240	3 636	582
12/16	Wed	3 657	5 761	407
12/17	Thu	2 712	4 447	376
12/18	Fri	3 555	4 176	286
12/19	Sat	3 416	5 589	355
12/20	Sun	3 446	3 635	259
12/21	Mon	3 927	4 970	305
12/22	Tue	3 621	4 447	267
12/23	Wed	3 347	4 470	257
12/24	Thu	3 004	4 208	408
12/25	Fri	3 237	5 312	280
12/26	Sat	3 104	4 662	480
12/27	Sun	2 766	4 310	371
12/28	Mon	3 365	3 754	405
12/29	Tue	3 372	4 517	338
12/30	Wed	2 754	3 741	287
12/31	Thu	3 837	4 962	333

表 2-10 2019 年 1—5 月三种燃油销售量(升)

日期	星期	92 号汽油	柴油	95 号汽油
1/1	Fri	3 769	5 540	633
1/2	Sat	3 451	4 555	387
1/3	Sun	3 237	3 515	280
1/4	Mon	3 735	5 748	192
1/5	Tue	3 111	4 762	535
1/6	Wed	3 094	4 077	441
1/7	Thu	3 236	3 987	357
1/8	Fri	3 155	3 437	212
1/9	Sat	3 503	4 385	21
1/10	Sun	2 924	4 451	543
1/11	Mon	3 231	5 319	614
1/12	Tue	3 366	4 274	352
1/13	Wed	2 613	4 361	910
1/14	Thu	2 912	5 522	1 116
1/15	Fri	3 280	3 078	391
1/16	Sat	3 437	3 441	274
1/17	Sun	3 584	3 285	149
1/18	Mon	3 185	3 661	197
1/19	Tue	2 908	4 386	146
1/20	Wed	3 499	4 355	139
1/21	Thu	3 262	4 115	264
1/22	Fri	3 321	3 782	482
1/23	Sat	3 209	3 602	227
1/24	Sun	3 727	3 775	138
1/25	Mon	3 703	3 526	160
1/26	Tue	3 081	3 862	164
1/27	Wed	2 847	5 593	363
1/28	Thu	3 809	4 505	279
1/29	Fri	3 440	4 557	158

续表

日期	星期	92 号汽油	柴油	95 号汽油
1/30	Sat	3 219	3 740	281
1/31	Sun	3 450	4 950	441
2/1	Mon	3 698	4 263	393
2/2	Tue	3 478	4 574	498
2/3	Wed	3 563	4 211	169
2/4	Thu	3 576	7 013	427
2/5	Fri	3 267	4 164	450
2/6	Sat	3 713	3 896	264
2/7	Sun	3 338	4 284	190
2/8	Mon	3 201	4 437	396
2/9	Tue	2 889	4 178	112
2/10	Wed	3 603	4 127	154
2/11	Thu	3 476	4 956	226
2/12	Fri	3 443	4 555	256
2/13	Sat	3 270	4 584	289
2/14	Sun	3 342	4 513	296
2/15	Mon	3 169	4 030	347
2/16	Tue	3 421	4 877	315
2/17	Wed	3 525	4 452	258
2/18	Thu	3 357	4 450	421
2/19	Fri	3 440	4 949	380
2/20	Sat	3 251	4 548	400
2/21	Sun	3 433	3 371	299
2/22	Mon	3 077	5 009	538
2/23	Tue	3 312	5 113	345

续表

日期	星期	92 号汽油	柴油	95 号汽油
2/24	Wed	3 235	4 462	211
2/25	Thu	3 067	5 380	502
2/26	Fri	3 414	6 244	252
2/27	Sat	3 474	4 436	200
2/28	Sun	3 171	3 717	227
2/29	Mon	3 620	4 988	249
3/1	Tue	3 806	5 267	238
3/2	Wed	3 951	4 486	371
3/3	Thu	3 229	5 135	451
3/4	Fri	3 675	5 445	520
3/5	Sat	3 531	4 671	351
3/6	Sun	3 017	3 384	522
3/7	Mon	3 661	3 995	655
3/8	Tue	3 566	5 076	222
3/9	Wed	3 136	4 071	829
3/10	Thu	3 489	5 098	480
3/11	Fri	3 389	5 238	317
3/12	Sat	3 107	4 329	108
3/13	Sun	3 226	4 534	179
3/14	Mon	3 634	4 507	452
3/15	Tue	3 162	4 847	304
3/16	Wed	2 902	4 203	272
3/17	Thu	3 305	4 088	183
3/18	Fri	3 839	4 526	85
3/19	Sat	3 456	5 434	174

续表

日期	星期	92 号汽油	柴油	95 号汽油
3/20	Sun	3 276	3 960	119
3/21	Mon	3 707	6 210	430
3/22	Tue	4 903	4 555	272
3/23	Wed	1 430	449	55
3/24	Thu	3 895	4 625	148
3/25	Fri	3 867	3 272	331
3/26	Sat	4 449	5 133	420
3/27	Sun	3 653	3 567	204
3/28	Mon	2 870	3 565	64
3/29	Tue	3 451	4 783	730
3/30	Wed	3 736	6 226	166
3/31	Thu	3 955	5 525	974
4/1	Fri	3 215	5 081	374
4/2	Sat	3 563	4 347	304
4/3	Sun	3 120	3 653	171
4/4	Mon	4 297	5 390	315
4/5	Tue	3 590	5 152	257
4/6	Wed	3 384	5 483	454
4/7	Thu	3 978	5 073	197
4/8	Fri	3 573	3 592	89
4/9	Sat	3 239	4 042	721
4/10	Sun	3 434	4 215	231
4/11	Mon	3 338	5 421	1 060
4/12	Tue	3 849	4 657	423
4/13	Wed	3 958	5 197	212

续表

日期	星期	92号汽油	柴油	95号汽油
4/14	Thu	3 914	3 406	168
4/15	Fri	3 936	5 094	212
4/16	Sat	4 459	4 905	93
4/17	Sun	4 035	3 615	42
4/18	Mon	4 765	5 490	73
4/19	Tue	4 432	3 887	180
4/20	Wed	4 609	5 140	45
4/21	Thu	4 556	6 694	72
4/22	Fri	4 818	4 920	38
4/23	Sat	3 410	4 049	95
4/24	Sun	3 871	4 610	52
4/25	Mon	4 735	5 581	67
4/26	Tue	4 641	5 107	138
4/27	Wed	3 977	5 087	314
4/28	Thu	3 750	5 060	254
4/29	Fri	3 962	4 653	195
4/30	Sat	3 625	4 469	312
5/1	Sun	3 316	4 364	239
5/2	Mon	3 961	5 269	166
5/3	Tue	3 704	4 979	200
5/4	Wed	3 306	3 713	293
5/5	Thu	3 699	5 849	111
5/6	Fri	3 327	4 713	159
5/7	Sat	3 642	3 628	219
5/8	Sun	3 793	5 678	170

续表

日期	星期	92号汽油	柴油	95号汽油
5/9	Mon	3 556	3 952	163
5/10	Tue	3 390	4 427	111
5/11	Wed	3 307	3 178	155
5/12	Thu	3 385	4 468	357
5/13	Fri	3 335	4 686	379
5/14	Sat	3 050	5 080	282
5/15	Sun	3 176	3 487	159
5/16	Mon	3 823	4 437	159
5/17	Tue	3 264	4 453	169
5/18	Wed	3 261	5 141	184
5/19	Thu	3 131	5 889	135
5/20	Fri	3 503	5 323	47
5/21	Sat	3 242	3 162	313
5/22	Sun	3 072	2 991	149
5/23	Mon	3 559	4 783	134
5/24	Tue	3 227	5 592	450
5/25	Wed	3 050	4 532	438
5/26	Thu	3 080	4 786	512
5/27	Fri	3 430	5 027	228
5/28	Sat	3 346	4 834	290
5/29	Sun	2 757	5 147	301
5/30	Mon	3 323	4 739	525
5/31	Tue	3708	4577	361

2.2 习题答案与案例教学说明

一、简述题

1. 简述需求管理的主要工作内容。

答:需求管理是企业生产计划与控制系统衔接市场、工厂、仓库和客户之间的桥梁。需求管理在收集市场信息的基础上主要完成以下工作:

(1) 预测顾客需求、输入订单、进行产品决策。

(2) 与顾客协商交货期、确认订单状态、订单变更的沟通。

(3) 确定需求的各种来源,包括服务性零部件需求、内部需求、为促销而准备的库存需求、渠道库存需求、O2O(online to offline)产生的订单需求等。

2. 简述需求管理的重要性。

答:需求管理是企业生产计划与控制系统和市场之间的一个关键桥梁,是企业生产运作系统与市场接触的最前端。需求管理承担着与顾客沟通并收集顾客需求信息的责任,将外部需求与企业的销售和经营计划(sale & operations planning,S&OP)模块及主生产计划(master production planning,MPS)建立紧密联系,为后续的采购、生产及库存管理等各项工作提供基础。

3. 试比较 MTS、ATO 及 MTO 环境下需求管理的核心任务。

答:在这三种生产模式中需求管理的不同侧重点如表 2-11 所示。

表 2-11 MTS、ATO 及 MTO 环境下需求管理核心任务的比较

任务	生产模式		
	MTS	ATO	MTO
信息处理	提供预测信息	提供产品配置管理信息	提供产品定义信息
计划	优化库存水平	交货期设置	提供工程能力需求计划
控制	确保顾客服务水平	满足交货期要求	根据需求调整工程资源

4. 什么是预测?

答:预测是对未来可能发生的情况的预计与推测。

5. 简述需求预测的主要内容。

答:需求预测是估计消费者要购买的产品或服务的数量的活动。需求预测不仅为企业提供其产品和服务在未来一段时间的需求期望值,而且为企业的计划和控制决策提供了依据。

6. 简述影响需求预测的主要因素。

答:对企业产品或服务的实际需求是市场上众多因素作用的结果。其中有些因素是企业可以影响甚至决定的，而另外一些因素则是企业无法控制的。产品或服务的需求取决于该产品或服务的市场容量以及该企业所拥有的市场份额、企业所处的社会商业周期、各种技术(包括信息技术)的社会发展水平及产品的市场寿命周期等几个主要因素。

7. 简要介绍预测的一般步骤。

答:预测是由很多相互关联的环节结合而成的有机整体,每一个环节都有其特定的使命。要使预测更加有效,必须重视每一个环节的工作。

(1) 确定预测的目的和用途,它决定了预测的详细程度、准确性和预测费用。

(2) 确定预测时间覆盖范围,明确是长期预测还是短期预测。

(3) 选择预测方法或模型。

(4) 收集和分析供预测用的数据,做好预测的准备工作。

(5) 计算并分析预测结果。

(6) 将预测结果用于实际生产计划中,并对预测进行监控,观察是否满足要求。如果预测结果不能满足实际要求,则要重新考虑所选择的预测方法及所使用的数据。

8. 管理人员的判断在预测中有哪些作用?

答:预测不能被看作类似数学、物理一样的精确的科学,而应被看作一门艺术、一种特别的技巧。因此,管理人员的判断在预测中起着十分重要的作用。

(1) 判断在选择预测方法中的作用。面对一个预测问题,首先要确定采用什么样的方法。用定性方法还是定量方法? 用哪一种具体的定性或定量方法? 是否用由多种方法组成的混合方法? 等等。要回答这些问题,必须仔细分析预测的目的、预测问题的环境以及预测者在人、财、物、信息各方面资源的情况,然后再做出判断,选出合适的预测方法。另外,当实际需求发生以后,若实际值与预测值有较大的偏差,原方法是否继续使用,应选用什么新的方法,也需要预测者按时做出选择。

(2) 判断在辨别信息中的作用。不管使用什么样的预测方法，都存在着输入信息的问题。哪些信息,比如历史数据、各种图表、影响需求的各种因素等是有价值的,是必须输入的? 所有选定的信息是否同等地影响着需求? 应如何确定各因素的重要程度? 等等。这些问题只能通过判断来解决。

(3) 判断在取舍预测结果时的作用。单个的预测值往往是不准确的,百分之几到百分之几百的偏差都不足为奇。因此,常常使用多种方法或用一种方法做出悲观、乐观等多种预测。对于各种不同的预测结果如何取舍,同样需要判断。

9. 简要说明预测的稳定性与响应性各有何特点和应用条件。

答:稳定性与响应性是对预测方法的两个基本要求。稳定性是指抗拒随机干扰,反映稳定需求的能力。稳定性好的预测方法有利于消除或减少随机因素的影响,适用于受随机因素影响较大的预测问题。响应性是指迅速反映需求变化的能力。响应性好的预测方法能及时跟上实际需求的变化，适用于受随机因素影响小的预测问题。良好的稳定性和响应性都是预测追求的目标，然而对于时间序列模型而言，这两个目标却是互相矛盾的。如果预测结果能及时反映实际需求的变化，它也将敏感地反映随机因素影响。若要兼顾稳定性和响应性，则应考虑除时间以外的内外因素的影响，运用其他的预测方法。

10. 什么是预测精度与成本？

答：在选择预测方法时，显然要在成本和精度之间权衡。精确的预测方法在实施时的成本一般较高，但它能取得精度较高即与实际需求偏离较小的预测值，从而最终使生产经营成本降低。应该注意的是：第一，不存在百分之百准确的预测方法，因而不要为了预测绝对准确而白费心机。第二，就任何一个预测问题而言，存在精度比较合理的最低费用区间。

11. 简述一次指数平滑预测方法中平滑系数对预测结果的影响。

答：预测值依赖于平滑系数的选择。一般选得小一些，预测的稳定性就比较好；反之，其响应性就比较好。在有趋势的情况下，用一次指数平滑法预测，会出现滞后现象。比较不同的平滑系数对预测的影响可知，当出现趋势时，取较大的平滑系数得到的预测值与实际值比较接近。

12. 何为预测监控？

答：预测的结果是否有效，其中一个十分重要的理论基础是：一定形式的需求模式过去、现在和将来都要服从基本相同的变化特征。然而，实践中情况却是变化多端的。过去起作用的预测模型现在不一定仍然有效。因此，这需要通过对预测的结果及实施效果进行监控，从而判断该预测模型是否仍然有效。检验预测模型是否仍然有效的一个简单方法是将最近的实际值与预测值进行比较，看偏差是否在可以接受的范围以内。如果比较的结果是在有效范围之内，则该模型可以继续使用，如果超出了预定的范围，则需要重新评估该预测模型是否能够继续使用，或经过调整某些参数之后能否继续使用。

二、单项选择题

答案：1~5　DDCBD　6~10　DBBCA　11~15　DDABB　16~20　BDCAD

三、判断题

答案：1~5　AAAAB　6~10　BBAAA　11~15　BBBAA　16~20　ABBBA

四、计算题

1. 预测方程为：

$$Y=40.51+1.51\times T$$

所以有：

$$Y_{2021}=40.51+1.51\times21=72.22\text{（千件）}$$

$$Y_{2025}=40.51+1.51\times25=78.26\text{（千件）}$$

该公司 2021 年和 2025 年的微电动机市场的需求量分别为 72.22 千件和 78.26 千件。

2. 依题意计算，结果如表 2-12 所示。

表 2-12 预测数据表

实际销售量 A_t	模型 A			模型 B		
	预测 F_t	偏差 A_t-F_t	绝对偏差 $\lvert A_t-F_t \rvert$	预测 F_t	偏差 A_t-F_t	绝对偏差 $\lvert A_t-F_t \rvert$
566	610	−44	44	580	−14	14
620	630	−10	10	600	20	20
584	610	−26	26	580	4	4
652	630	22	22	630	22	22
748	640	108	108	702	46	46
703	650	53	53	680	23	23
670	655	15	15	680	−10	10
625	655	−30	30	680	−55	55
572	630	−58	58	600	−28	28
618	630	−12	12	600	18	18
$\sum$		18	378		26	240

(1) 模型 A：

$$MAD=\frac{\sum_{t=1}^{n}\lvert A_t-F_t\rvert}{n}=378\div10=37.8$$

模型 B：

$$MAD=\frac{\sum_{t=1}^{n}\lvert A_t-F_t\rvert}{n}=240\div10=24.0$$

(2) 模型 A：

$$RSFE=\sum_{t=1}^{n}(A_t-F_t)=18$$

模型 B：

$$RSFE=\sum_{t=1}^{n}(A_t-F_t)=26$$

(3) *MAD* 能够衡量预测值与实际值的偏差，但是不能衡量预测值的无偏性；*RSFE* 可以衡量无偏性，但是不能衡量预测值与实际值的偏差。通常选择平均绝对误差 *MAD* 小的模型进行预测，按照这个原则应选择模型 B。

3. (1) SA_0=100，α=0.2，$SA_0=SF_1$。预测结果见表 2-13。

表 2-13　在(1)情况下的预测数据

月份	实际销售额 A_t	$\alpha\times$ 上月实际销售额	上月预测销售额 SF_{t-1}	$(1-\alpha)\times$ 上月预测销售额	本月平滑预测销售额 SF_t	偏差 A_t-SF_t	绝对偏差 $\mid A_t-SF_t \mid$
1	104				100	4	4
2	104	20.8	100	80	100.8	3.2	3.2
3	100	20.8	100.8	80.64	101.44	−1.44	1.44
4	92	20	101.44	81.15	101.15	−9.15	9.15
5	105	18.4	101.15	80.92	99.32	5.68	5.68
6	95	21	99.32	79.46	100.46	−5.46	5.46
7	95	19	100.46	80.37	99.37	−4.37	4.37
8	104	19	99.37	79.50	98.50	5.5	5.5
9	104	20.8	98.50	78.8	99.60	4.4	4.4
10	107	20.8	99.60	79.68	100.48	6.52	6.52
11	110	21.4	100.48	80.38	101.78	8.22	8.22
12	109	22	101.78	81.42	103.42	5.58	5.58
	$\sum$					22.68	63.52

(2) SA_0=100，α=0.4，预测结果见表 2-14。

表 2-14　在(2)情况下的预测数据

月份	实际销售额 A_t	$\alpha\times$ 上月实际销售额	上月预测销售额 SF_{t-1}	$(1-\alpha)\times$ 上月预测销售额	本月平滑预测销售额 SF_t	偏差 A_t-SF_t	绝对偏差 $\mid A_t-SF_t \mid$
1	104				100	4	4
2	104	41.6	100	60	101.6	2.4	2.4
3	100	41.6	101.6	60.96	102.56	−2.56	2.56
4	92	40	102.56	61.54	101.54	−9.54	9.54
5	105	36.8	101.54	60.92	97.72	7.28	7.28

续表

月份	实际销售额 A_t	$\alpha\times$ 上月实际销售额	上月预测销售额 SF_{t-1}	$(1-\alpha)\times$ 上月预测销售额	本月平滑预测销售额 SF_t	偏差 A_t-SF_t	绝对偏差 $\|A_t-SF_t\|$
6	95	42	97.72	58.63	100.63	−5.63	5.63
7	95	38	100.63	60.38	98.38	−3.38	3.38
8	104	38	98.38	59.03	97.03	6.97	6.97
9	104	41.6	97.03	58.22	99.82	4.18	4.18
10	107	41.6	99.82	59.90	101.50	5.5	5.5
11	110	42.8	101.50	60.90	103.70	6.3	6.3
12	109	44	103.70	62.22	106.22	2.78	2.78
	∑					18.3	60.52

(3) 在(1)情况下(α=0.2):

$$MAD=\frac{\sum_{t=1}^{n}|A_t-SF_t|}{n}=63.52\div 12=5.29$$

$$RSFE=\sum_{t=1}^{n}(A_t-SF_t)=22.68\div 12=1.89$$

在(2)情况下(α=0.4):

$$MAD=\frac{\sum_{t=1}^{n}|A_t-SF_t|}{n}=60.52\div 12=5.04$$

$$RSFE=\sum_{t=1}^{n}(A_t-SF_t)=18.3\div 12=1.525$$

4. 使用线性季节模式进行预测。

首先使用一元线性回归法预测趋势,得到趋势方程为:

$$T_t=0.503t+1.49$$

然后,估算季节系数 $\frac{A_t}{T_t}$,计算结果如表 2-15 所示。

表 2-15 季节系数估算结果

t	1	2	3	4	5	6	7	8	9	10	11	12	13	14	15	16
T_t	1.99	2.49	2.99	3.50	4.00	4.51	5.01	5.51	6.02	6.52	7.02	7.52	8.03	8.53	9.04	9.54
A_t	3.05	1.45	1.96	4.54	5.11	3.42	3.89	6.62	7.03	5.51	5.95	8.52	9.14	7.55	7.88	10.56
A_t/T_t	1.530	0.581	0.654	1.296	1.276	0.759	0.776	1.201	1.168	0.845	0.847	1.132	1.138	0.885	0.872	1.107

1、5、9、13 都是春季，求出它们的平均值作为季节系数：

$$ST(春)=\frac{\left(\frac{A_1}{T_1}+\frac{A_5}{T_5}+\frac{A_9}{T_9}+\frac{A_{13}}{T_{13}}\right)}{4}=\frac{1.530+1.276+1.168+1.138}{4}=1.278$$

同理可得：ST(夏)=0.768　　ST(秋)=0.787　　ST(冬)=1.184

最后预测结果：

春季：(0.503 × 17+1.49) × 1.278=12.832（千克）

夏季：(0.503 × 18+1.49) × 0.768=8.098（千克）

秋季：(0.503 × 19+1.49) × 0.787=8.694（千克）

冬季：(0.503 × 20+1.49) × 1.184=13.675（千克）

5.（1）根据题意计算结果如表 2-16 所示。

表 2-16　移动平均预测结果

年	季度序号 t	需求量 At	移动平均	季度中点
第一年	1	26 209		
	2	21 402		
	3	18 677		
	4	24 681	22 742.25	2.5
第二年	5	25 390	22 537.5	3.5
	6	19 064	21 953	4.5
	7	18 173	21 827	5.5
	8	23 866	21 623.25	6.5

（2）求线性回归方程（表 2-17）。

表 2-17　计 算 结 果

x	y	x^2	xy
2.5	22 742.25	6.25	56 855.625
3.5	22 537.5	12.25	78 881.25
4.5	21 953	20.25	98 788.5
5.5	21 827	30.25	120 048.5
6.5	21 623.25	42.25	140 551.125
$\sum x$=22.5	$\sum y$=110 683	$\sum x^2$=111.25	$\sum xy$=495 125

$$b=\frac{n\sum xy-\sum x\sum y}{n\sum x^2-\left(\sum x\right)^2}=\frac{[5\times 495\ 125-22.5\times 110\ 683]}{[5\times 111.25-22.5^2]}=-294.85$$

$$a=\frac{\sum y-b\sum x}{n}=\frac{110\ 683+294.85\times 22.5}{5}=23\ 463.425$$

所以有：

$$T_t=-294.85t+23\ 463.425$$

(3) 计算季节系数。

$\frac{A_t}{T_t}$的计算结果如表 2-18 所示。

表 2-18　季节系数结算结果

t	1	2	3	4	5	6	7	8
A_t	26 209	21 402	18 677	24 681	25 390	19 064	18 173	23 866
T_t	23 168.58	22 873.73	22 578.88	22 284.03	21 989.18	21 694.33	21 399.48	21 104.63
A_t/T_t	1.131	0.936	0.827	1.108	1.155	0.879	0.849	1.131

$$SI(1)=\left(\frac{A_1}{T_1}+\frac{A_5}{T_5}\right)/2=1.143 \qquad SI(2)=\left(\frac{A_2}{T_2}+\frac{A_6}{T_6}\right)/2=0.908$$

$$SI(3)=\left(\frac{A_3}{T_3}+\frac{A_7}{T_7}\right)/2=0.838 \qquad SI(4)=\left(\frac{A_4}{T_4}+\frac{A_8}{T_8}\right)/2=1.120$$

(4) 预测需求。

第三年 1 季度:$(-294.85\times 9+23\ 463.425)\times 1.143=23\ 785.573$

第三年 2 季度:$(-294.85\times 10+23\ 463.425)\times 0.908=18\ 627.552$

第三年 3 季度:$(-294.85\times 11+23\ 463.425)\times 0.838=16\ 944.423$

第三年 4 季度:$(-294.85\times 12+23\ 463.425)\times 1.120=22\ 316.252$

五、案例教学说明

1. 教学目的

该案例为学生提供了在实际业务场景中探索以下分析技术的机会：

(1) 执行定量预测，包括季节性和趋势分析中使用的模型选择和分解方法。

(2) 管理零售业务情景中多个产品的库存，包括经济订单数量（EOQ）和联合订购的定期订货策略。

(3) 应用混合整数线性规划技术，使用基于电子表格的求解器，通过在容量和分离约束下使用预测数据动态地解决库存管理问题。

2. 分析思路

(1) 要求学生阅读案例资料。

(2) 分组讨论，形成小组意见。

(3) 组织全班讨论，引导学生发表意见。

3. 问题分析参考要点

(1) 降低成本和提高服务水平。从利息和利润比较来看，提高服务水平更重要。

(2) 从加油站能力建设上，需要长期预测，结果是三类油品存储能力需求不同。从日常运营上，采购与库存决策需要短期预测。

(3) 建议按加权移动平均、一次指数、二次指数和三次指数来预测。强调现实中没有一个方法适合于所有企业，对一家企业也没有一个固定的预测方法永远有效，都需要监控和调整。

上述四个方法的参数选择，以及这四个方法的选择，是本案例的重点。引导学生编制程序，利用聚焦预测的规则－模拟的思路，使各参数在一定范围内变化，保留一部分数据作参数选择，另一部分数据作方法选择。

第三章　产品开发与技术选择

3.1　习题与案例

一、简述题

1. 简述新产品的含义。
2. 什么是改进型产品？
3. 什么是换代产品？
4. 什么是创新产品？
5. 什么是并行工程？
6. 什么是产品系列化？
7. 什么是零部件标准化？
8. 什么是零部件通用化？
9. 简述产品数据管理的含义。
10. 简述新产品开发在企业战略中的重要地位。
11. 优化组织产品开发的意义何在？
12. 为什么说满足用户需求的产品开发越来越难？
13. 产品开发过程对产品成本的形成有哪些影响？
14. 新产品开发失败的原因主要有哪些？
15. 比较分析传统的产品开发组织与并行工程的区别。
16. 并行工程的主要思想有哪些？
17. 产品数据管理的价值是什么？

二、单项选择题

1. 研究与开发是指如下活动中的（　　）：Ⅰ. 基础研究；Ⅱ. 应用研究；Ⅲ. 将应用研究的成果转化为商业上的应用。

A. Ⅰ和Ⅱ　　B. Ⅱ和Ⅲ　　C. Ⅰ和Ⅲ　　D. Ⅰ、Ⅱ和Ⅲ

2. (　　)是产品和服务设计标准化的缺点。

A. 增加库存品种数　　B. 增加培训费用

C. 减少设计费用　　D. 减少产品多样性

3. 任何产品都有它的物质寿命和(　　)寿命。

A. 使用　　B. 疲劳　　C. 市场　　D. 物理

4. 产品构思的思想来源是(　　)。

A. 市场需求分析　　B. 技术推动　　C. 竞品　　D. 以上各项都是

5. 新产品是指在技术、性能、(　　)、结构、材质等一个或几个方面具有先进性或独创性的产品。

A. 市场　　B. 用户　　C. 功能　　D. 价格

6. 以下流程单位变动成本最低的是(　　)。

A. 项目式固定布置　　B. 工艺专业化

C. 对象专业化　　D. 成组单元

7. 当今新产品开发面临着研发费用高、成功率低、(　　)、回报下降等困难。

A. 市场不稳定　　B. 用户太苛刻

C. 没有原型机　　D. 风险大

8. 以下流程产品质量最好的是(　　)。

A. 项目式固定布置　　B. 工艺专业化

C. 对象专业化　　D. 成组单元

9. 产品(服务)的设计和选择应该遵循的原则是(　　)。

A. 设计用户需要的产品　　B. 设计可制造性强的产品

C. 设计鲁棒性强的产品　　D. 以上各项都是

10. 以下流程单位变动成本最大的是(　　)。

A. 项目式固定布置　　B. 工艺专业化

C. 对象专业化　　D. 成组单元

11. 以下流程生产效率最高的是(　　)。

A. 项目式固定布置　　B. 工艺专业化

C. 对象专业化　　D. 成组单元

12. 下面不是新产品开发失败的关键原因的是(　　)。

A. 没有弄清潜在用户和需求　　B. 产品定价错误

C. 营销工作不得力　　D. 新产品不能满足当前市场需求

13. 以下流程对工人要求最高的是(　　)。

A. 项目式固定布置　　B. 工艺专业化

C. 对象专业化　　D. 成组单元

14. 以下流程管理最容易的是(　　)。

A. 项目式固定布置　　B. 工艺专业化

C. 对象专业化　　D. 成组单元

15. 以下流程管理最困难的是(　　)。

A. 项目式固定布置　　B. 工艺专业化

C. 对象专业化　　D. 成组单元

16. (　　)不是产品开发的基本环节。

A. 概念开发　　B. 价值工程　　C. 产品规划　　D. 工艺设计

17. 以下流程质量波动最大的是(　　)。

A. 项目式固定布置　　B. 工艺专业化

C. 对象专业化　　D. 成组单元

18. 以下流程要求品种单一的是(　　)。

A. 项目式固定布置　　B. 工艺专业化

C. 对象专业化　　D. 成组单元

19. 柔性制造系统可以实现(　　)。

A. 降低成本　　B. 比自动化更高的柔性

C. 快速换型　　D. 以上都是

20. 以下流程更容易适应品种的变动的是(　　)。

A. 项目式固定布置　　B. 工艺专业化

C. 对象专业化　　D. 成组单元

三、判断题

1. 产品或服务设计是影响客户需求满足、产品或服务质量、制造费用和竞争的优势的主要因素。(　　)

A. 正确　　B. 错误

2. 标准化是为了提高质量而不是为了提高生产率。(　　)

A. 正确　　B. 错误

3. 模块设计是标准化的一种形式。(　　)

A. 正确　　B. 错误

4. 模块设计比较容易处理产品失效。(　　)

A. 正确　　B. 错误

5. PDM 可以提高产品设计的工作效率。(　　)

A. 正确　　B. 错误

6. 基础研究是为了实现近期的商业应用。（　　）

A. 正确　　B. 错误

7. 并行工程就是将本来为串行的活动变成并行的技术。（　　）

A. 正确　　B. 错误

8. 应用研究是要发现物质运动的基本规律。（　　）

A. 正确　　B. 错误

9. 基础研究是企业基本的研究活动。（　　）

A. 正确　　B. 错误

10. 开发是将应用研究的成果转变为产品。（　　）

A. 正确　　B. 错误

11. 如果产品的技术、结构、性能、工艺、材料等方面没有改变,只是在产品的外包装或表面装饰装潢上进行改进,那么这种产品不能称作新产品。（　　）

A. 正确　　B. 错误

12. 产品基本原理不变,因部分采用新技术使产品性能有重大突破的产品称为换代产品。（　　）

A. 正确　　B. 错误

13. 研究与开发包括基础研究、应用研究和技术开发。（　　）

A. 正确　　B. 错误

14. 新产品是指在技术、性能、功能、结构、材质等一个或几个方面具有先进性或独创性的产品。（　　）

A. 正确　　B. 错误

15. 采用新技术、新发明所开发出的产品称为创新产品,它是创新程度最高的一类新产品。（　　）

A. 正确　　B. 错误

16. 技术开发研究是将应用研究的成果经设计、试验而发展为新产品、新系统和新工程的科研活动。（　　）

A. 正确　　B. 错误

17. 并行工程的主要内容包括:过程重构、组织重构和人员重构。（　　）

A. 正确　　B. 错误

18. 新产品开发成功首先必须满足技术与市场匹配的要求。（　　）

A. 正确　　B. 错误

19. 新产品开发的动力可分为技术推动、市场牵引和同行竞争。（　　）

A. 正确　　B. 错误

20. VRP 的核心思想是变产品的多品种为零部件的多样化,从而达到简化生产和

管理、降低成本的目的。 ( )

A. 正确 B. 错误

四、案例

华旅的在线实验

到2019年，华旅已从初创公司成长为较大规模的在线旅游公司，每天获得房间预订超过150万个，在227个国家签约160万处住宿机构。华旅以其通过在线实验(尤其是A/B测试)不懈地专注于以用户为中心的产品开发而著称。每天，员工们都会进行1 000多次严格的测试，以优化用户体验。

1. 华旅的创建与发展

1996年华旅成立，1997年上线了10家酒店。华旅采用代理模式，用户预订房间并直接付款给酒店。华旅每月通过将订房表发送到各个酒店来收取全球平均15%的佣金。

华旅建立了一个全球酒店和住宿提供商网络，让新合作伙伴可以轻松地加入，而不必经过漫长的谈判。合作伙伴可以连接到平台并管理其库存，以自己设定的价格上传其提供的房间数量。为了招募和支持合作伙伴，华旅在全球设有200个办事处，共有4 000位用户经理为合作伙伴提供支持。虽然大多数新注册都是通过自动Web链接进行的，但大的合作伙伴重视个人互动。华旅帮助合作伙伴在全球范围内销售过多的库存。华旅拥有封闭式评论系统，只有前住客才能发表评论。华旅有良好的评分系统，超过8分可以享受优先合作伙伴计划。

2. A/B测试

自成立以来，公司一直致力于优化用户体验。为了弄清用户偏好，开发人员不断尝试各种想法，以通过受控的在线实验，以及定性研究来改善产品体验。只要加速改进过程，就可以将失败视为成功的副产品。

受控实验中最简单的是A/B测试。A(控件)通常是当前的系统，即冠军，而B(改良)则是试图改善某些方面，即挑战者。将用户随机分配给AB来体验，然后比较KPI。改良可以是新功能、用户界面的更改、后端如算法的更改或不同的业务模型。KPI是团队最关心的，如销售、重复使用、点击率、转化或浏览时间等。

确定挑战者是否胜过冠军并不容易。管理人员必须就衡量标准达成共识。华旅的主要指标是用户转化(每天预订量)。但是随着业务的增长和产品的成熟，衡量预订后的行为也很重要。

接触点测试的灵感来源之一是对用户行为的定性理解。华旅建立了一个有45名研究人员的内部用户体验实验室。他们利用反馈报告、在线调查、可用性测试、街道测试和家庭访问等，来研究用户如何使用华旅产品，改进现有功能并解决用户问题。

另一个灵感来源是华旅的客服部门，该部门提供43种语言的帮助和支持，可以在线解决许多问题，例如更改或取消预订。客服中心每年接听约 1 400 万次电话，将信息反馈转发给开发人员，以便用于新的实验。

3. 实验组织

到 2017 年，华旅同时运行 1 000 多个实验，由各部门员工启动和分析，涉及从网站到移动 APP、合作伙伴使用的工具、用户服务以及内部系统等所有产品。大约 80%的测试是在“核心”上进行的——与住宿预订有关，这导致了数以百万计的登录页排列组合。

华旅建立了一个实验平台，每个人都可以轻松进行测试。公司拥有一支由 7 人组成的专用“核心实验团队”，由核心架构部门的一个小组负责，处理实验基础架构和工具，并为整个组织提供培训和支持。

华旅的平台旨在让所有人都能进行实验。为了鼓励开放性，它提供了一个中央实验数据库，包含所有实验的成功、失败、迭代和最终决策的完整描述。在标准模板上实验，只需最少的特别工作设置，并且在一组编程接口之后自动进行了诸如用户招募、随机化、行为记录和报告之类的过程。为了使实验值得信赖，通过在两个完全独立的数据管道，计算一组通用指标来监视数据的有效性，这些数据由工程师维护，以快速检测错误。该平台内置了多种保护措施，允许在实验过程中进行监控。

4. 运营

华旅的团队有明确的任务授权，可以进行高速实验。为了推动实验，必须不断提出新的想法。想法来自与用户交谈，来自使用产品预订住宿，或来自过去的实验。团队还可以要求进行调查，测试或其他定性研究，并从客服部门获得用户偏好和意见。有太多不同的渠道、运营服务和语言来优化，以至于寻找测试思路并不是主要问题。每个团队管理其想法生成过程和测试通道。华旅在 2014 年引入正式的实验流程，实验都从一个假设开始。

为了帮助人们撰写假设，卢克小组创建了一个模板。一个好的假设始于描述一种理论或信念，通常是基于先前的证据，即特定受众的特定条件可能如何改变某种机制，或者这种改变如何改善受众的体验。然后，团队应指定可以使用哪些指标来测试该理论，或者什么行为将验证测试(例如，更多的用户浏览和点击量)。最后，它应说明更改将如何帮助企业(如产生更多预订)。

要启动实验，团队需要填写对所有人可见的电子表格。该表格要求以实验命名，说明其目的、主要受益者、要更改的区域、变体的数量，并指定其在哪个平台上运行。默认系统设置遵循多年来开发的中心标准。

实验创建过程中的许多设置和过程都是自动化的。例如，平台将用户随机分为一个对照组和一个或几个变体组。随机化有助于防止系统性偏见而影响实验。

在填写电子表格时，系统将当前正在进行的类似实验告知团队。例如，测试同一产品页面的相同功能，如果有太多重叠、相互作用或潜在冲突，则要求团队调整或推迟实验。鼓励设计人员尽早与从事类似主题的同行交谈,以协调测试工作。华旅并未正式限制针对同一主题的实验数量。

华旅的平台还运行自动数据质量检查,并在出现异常情况时发送警告消息。

平均而言,十个测试中有九个失败,但这不是简单的失败,对下一步实验很有用。在实验结束时,研究小组将其结果评估为显著、中度、较差或差。经过评估,团队决定是否将改进进行扩展,成为新的基准。

华旅的高管们认为,一个真正的实验组织还需要不同的领导风格。公司已从以住宿为中心转变为建立全球体验平台,管理者负责制定战略目标和任务,员工自由运营。

分析下列问题:

(1) 华旅的成功,主要依靠的是什么?

(2) 在线实验的创新与传统创新有什么不同?

(3) CEO 在在线实验中的作用是什么?

(4) 组织在线实验的关键是什么?

3.2 习题答案与案例教学说明

一、简述题

1. 简述新产品的含义。

答:新产品是指在技术、性能、功能、结构、材质等一个或几个方面具有先进性或独创性的产品。

2. 什么是改进型产品?

答:改进型产品是指对老产品的改进与完善,使其功能、性能、质量、外观、型号上有一定的改进和提高。改进型产品是创新程度最小的一类新产品,是对现有产品的补充和延伸。

3. 什么是换代产品?

答:换代产品是指产品基本原理不变,因部分采用新技术使产品性能有重大突破的新产品。

4. 什么是创新产品?

答:创新产品是指采用科学技术的新发明所开发出的产品。它是创新程度最高的一类新产品。

5. 什么是并行工程?

答:并行工程是指对产品及其相关过程,包括制造过程和支持过程,进行并行、一体化设计的一种系统化方法。这种方法力图使产品开发者从一开始就考虑到产品全生命周期从概念形成到产品报废的所有因素,包括质量、成本、进度和用户需求。

6. 什么是产品系列化?

答:产品系列化是指对相同的设计依据、相同的结构性和相同使用条件的产品,将其基本尺寸和参数按一定的规律编排,建立产品系列型谱,以减少产品品种,简化设计。

7. 什么是零部件标准化?

答:零部件标准化是指在产品系列化的基础上,在企业内不同型号的产品之间扩大相同的通用零部件规模。在产品品种数相同的情况下,提高零部件标准化可以大大地减少零部件的种类。

8. 什么是零部件通用化?

答:零部件通用化是指在不同类型或同类型但不同规格的产品中零件可以互换使用,并给该零件设置一个通用编号进行零件数据管理。

9. 简述产品数据管理的含义。

答:产品数据管理(PDM)是指对从产品设计、工艺制造、生产、使用维护到回收整个产品生命周期中产生的所有数据进行管理。PDM 现已成为制造商整合和改进产品生命周期流程的有效工具。

10. 简述新产品开发在企业战略中的重要地位。

答:新产品开发是实现企业竞争战略的需要。技术进步和客户需求多样化使得产品生命周期不断缩短,企业面临着缩短交货期、提高产品质量、降低成本和改进服务的多重压力。这要求企业能对不断变化的市场作出快速反应,源源不断地开发出满足用户需求的、定制的"个性化产品"去占领市场以赢得竞争,市场竞争也主要围绕新产品的竞争而展开。因此,企业要高效、低耗、灵活、准时地生产/提供合格的产品和服务,参与市场竞争,就必须有满足市场需求的产品。新产品开发是企业经营战略的核心内容之一,也是生产运作战略的出发点。产品开发职能的目的就是要研究、开发、设计出能满足市场需求并具有竞争力的产品。

11. 优化组织产品开发的意义何在?

答:企业已经认识到新产品开发对企业创造收益的重要性,因此许多企业不惜工本予以投入,但是资金利用率和投入产出比却往往不尽如人意。原因包括:一是产品研制开发的难度越来越大,特别是那些大型、结构复杂、技术含量高的产品在研制中一般都需要各种先进的设计技术、制造技术、质量保证技术等,不仅涉及的学科多,而且大都是多学科交叉的产物;二是要求企业系统地考虑产品开发、设计、制造、销售乃至回收对环境的影响,使产品在整个生命周期内对环境的负面影响最小、资源利用率最高;三是产品设计时间占总开发时间的近 60%,因此,为缩短新产品上市时间,必须缩短产品设计时间,产品设计和工艺设计影响着新产品的创新速度。因此,如何成功组织好产品开发过程对企业来说具有重要意义。

12. 为什么说满足用户需求的产品开发越来越难?

答:当今用户需求呈现出非常强的多样化、个性化的特点。随着时代的发展,大众知识水平的提高和激烈竞争带给市场越来越多、越来越好的产品,使用户的要求和期望越来越高。消费者的价值观发生了显著变化,需求结构普遍向高层次发展。一是对产品的品种规格、需求数量呈现多样化、个性化要求,而且这种多样化要求具有很高的不确定性;二是对产品的功能、质量和可靠性的要求日益提高,而且这种要求提高的标准又是以不同用户的满意程度为尺度的,产生了判别标准的不确定性;三是要求在满足个性化需求的同时,产品的价格要像大量生产那样低廉;四是对产品的响应速度和便利化方面要求越来越高,用户希望在任何时间、任何地点都能享受到产品或服务。制造商发现,最好的产品不是他们为用户设计的,而是他们和用户一起设计的。因此,如果不能很好地理解并围绕上述几点原因做好产品开发组织的工作,就很难开发出用户真正需要的产品。

13. 产品开发过程对产品成本的形成有哪些影响?

答:企业的产品研发等技术活动对产品的成本构成有着很大影响。例如,福特汽车公司的研究报告表明,尽管产品设计和工艺费用只占整个产品费用的 5%,却影响了总费用的 70% 以上。此外,波音公司的实践也证明一般产品成本的 83% 以上在产品设计阶段被决定。研究还表明,除了产品成本外,产品质量问题的 40% 也可以归因于低劣的设计和工艺。由此可见:产品设计和工艺设计的过程对今后产品的成本和质量水平有重要影响。根据管理学中 ABC 分类管理的思想,抓好产品开发过程中设计、试制等活动是提高企业产品开发成功率的关键。

14. 新产品开发失败的原因主要有哪些?

答:新产品开发失败可归纳为三个关键原因:① 没有清楚地掌握潜在的用户和需求,新产品是按照设计人员的想象开发出来的。② 新产品与当前的需求不匹配,要么不能满足需求,要么功能过剩。③ 在营销方面,特别是在将产品介绍给顾客的相互沟通方面的工作不得力。新产品开发若想成功首先必须满足技术与市场匹配的原则。新产品诞生的一个基本条件是特定的技术(科学、方法、思维过程、设备等)以一种特定的方式表现出来,即它对人类的需求产生了新满足,或在更高的层次上实现了这种满足。因此,了解和确定人们的需求,将这种需求用技术实现,提高产品在研究与开发过程中的管理水平,是新产品开发成功的关键。

15. 比较分析传统的产品开发组织与并行工程的区别。

答:传统的产品开发组织工作流程是串行的:首先由熟悉顾客需求的市场人员提出产品构想,再由产品设计人员完成产品的精确定义,之后交给制造工程师确定工艺工程计划,确定产品总费用和生产周期,质量控制人员作出相应的质量保证计划。串行的产品开发过程存在着许多弊端:一是各下游开发部门所掌握的知识难以加入早期设计,发现问题的时间越晚,修改费用越大,费用随时间呈指数增加。二是各部门对其他部门的需求和能力缺乏理解,目标和评价标准的差异和矛盾降低了产品整体开发过程的效率。而并行工程的产品设计方法能够并行地集成设计、制造、市场、服务等资源,可以对产品及其相关过程,包括制造过程和支持过程,进行并行、一体化设计,力图使产品开发者从一开始就考虑到产品全生命周期从概念形成到产品报废的所有因素,包括质量、成本、进度和用户需求。因此,并行工程是一种强调各阶段领域专家共同参加的系统化产品设计方法,其目的在于将产品的设计和产品的可制造性、可维护性、质量控制等问题同时加以考虑,以减少产品早期设计阶段的盲目性,尽可能早地避免因产品设计阶段不合理因素对产品生命周期后续阶段的影响,缩短研制周期。

16. 并行工程的主要思想有哪些?

答:(1) 设计的同时考虑产品生命周期的所有因素(用户需求、可靠性、可制造性、成本等),作为设计结果,产品设计规格和相应的制造工艺与生产准备文件同时产生。

(2) 产品设计过程中各活动并行交叉进行。由于各部门的工作同步进行,各种相关的生产制造问题和用户的不满意问题,在项目研发准备阶段便能得到及时沟通和解决。

(3) 不同领域技术人员的全面参与和协同工作,实现产品生命周期中所有因素在设计阶段的集成,实现技术、资源、过程在设计中的集成。

(4) 高效率的组织结构。产品的开发过程是涉及所有职能部门的活动。通过建立跨职能产品开发小组,能够打破部门间的壁垒,降低产品开发过程中各职能部门之间的协调难度。

17. 产品数据管理的价值是什么?

答:产品数据管理(PDM)是指对从产品设计、工艺制造、生产、使用维护到回收整个产品生命周期中产生的所有数据进行管理。PDM 是在数据库基础上发展起来的一门面向工程应用的信息管理技术。它管理所有与产品有关的信息和所有与产品有关的过程,是支持企业重构、并行工程、虚拟制造、计算机集成制造、ISO9000 认证的技术。PDM 技术发展有如下特点:① 基于互联网平台的 PDM 系统,支持企业的全局化信息管理;② 面向对象技术的应用及信息模型的标准化;③ PDM 和 ERP 的功能相互渗透;④ 流程管理、项目管理和配置管理功能越来越强。PDM 打破了产品设计者、产品制造者、销售者、使用者之间进行沟通的技术桎梏,因此,PDM 的价值体现在可以让企业在产品的设计创新上突飞猛进,同时可以缩短开发周期、提高生产效率、降低产品成本。

二、单项选择题

答案:1~5 DDCDC 6~10 CDCDA 11~15 CBACA 16~20 BACDA

三、判断题

答案:1~5 ABAAA 6~10 BABBA 11~15 AAAAA 16~20 ABAAB

四、案例教学说明

1. 教学目的

(1) 了解在线旅游业的发展趋势。

(2) 掌握大规模 A/B 测试的运营。

2. 分析思路

(1) 要求学生阅读案例资料。

(2) 分组讨论,形成小组意见。

(3) 组织全班讨论,引导学生发表意见。

3. 问题分析参考要点

(1) 分析华旅的成功经验以及竞争对手最难模仿之处。

(2) 分析在线实验与传统产品开发的区别。

(3) 分析在线实验在用户体验中的作用。

(4) 分析在线实验的文化、组织与控制策略。

第四章　生产和服务设施选址

4.1　习题与案例

一、简述题

1. 为什么要从系统观点考虑选址决策问题？
2. 简述选址决策的重要性。
3. 影响选址决策的主要因素有哪些？
4. 哪些因素导致生产与服务设施应该靠近原材料供应地？
5. 哪些因素导致生产与服务设施应靠近销售市场？
6. 服务设施选址有何特殊性？
7. 简述选址决策的复杂性。
8. 选址决策的一般步骤是什么？
9. 请简述三种定量的选址决策方法。
10. 什么样的情况适合在农村设厂？

二、单项选择题

1. 火电厂的选址主要应当考虑（　　）。

A. 劳动力可获性　　B. 燃料可获性
C. 地理环境　　D. 环境保护

2. 在选址时，下列企业组织中应该建在靠近原材料市场的是（　　）。

A. 汽车制造厂　　B. 餐馆
C. 空调制造厂　　D. 水泥厂

3. 在选址时，下列企业组织中应该建在靠近消费市场的是（　　）。

A. 砖瓦厂　　B. 钢铁厂　　C. 商场　　D. 木材厂

4. 服务设施选址的特殊性表现在（　　）。

A. 重点考虑客流量　　B. 要确定仓库的位置

C. 追求成本最小化　　D. 进行物流网络优化

5. 可以考虑众多因素来评价不同选址方案的方法是（　　）。

A. 量本利分析法　　B. 评分法

C. 重心法　　D. 线性规划运输问题算法

6. 对于有多个原材料供应点的设施选址问题应采用的方法是（　　）。

A. 量本利分析法　　B. 评分法

C. 重心法　　D. 线性规划运输问题算法

7.（　　）是影响选址决策的经济因素。

A. 运输条件　　B. 生活习惯

C. 气候条件　　D. 宗教信仰

8. 选址决策在企业决策中的层级是（　　）。

A. 战略层　　B. 战术层

C. 运作层　　D. 日常决策

9. 以下不是选址决策错误导致的后果的是（　　）。

A. 厂房搬迁耗费巨大　　B. 经营成本高

C. 影响员工情绪　　D. 信息化建设难度高

10. 在钢铁行业，（　　）的选址最科学。

A. 河北钢铁　　B. 山东钢铁

C. 上海宝山钢铁　　D. 昆明钢铁

11.（　　）不是华为建设东莞松山湖基地的考虑因素。

A. 地价便宜　　B. 环境优美

C. 政府支持　　D. 员工要求

12. 芯片工厂宜选址在（　　）。

A. 德国　　B. 南非　　C. 中国　　D. 俄罗斯

13. 以下不适合在城市选址的因素是（　　）。

A. 工厂规模不大　　B. 需要大量高素质员工

C. 需要贴近市场　　D. 环境污染小

14. 大规模光伏电站宜选址在（　　）。

A. 贵州　　B. 四川　　C. 青海　　D. 上海

15. 在“一带一路”背景下，贸易服务公司宜选址在（　　）。

A. 长沙　　B. 济南　　C. 喀什　　D. 长春

16. 量本利法不考虑（　　）。

A. 销售量　　B. 净资产收益　　C. 利润　　D. 成本

17. 在(　　)中需考虑备选地址的权重。

A. 量本利法　　B. 评分法　　C. 重心法　　D. 线性规划法

18. 在(　　)中选地址的坐标需带入计算。

A. 量本利法　　B. 评分法　　C. 重心法　　D. 线性规划法

19. 城市政务中心宜选址在(　　)。

A. 火车站旁　　B. 机场旁

C. 新设城市开发区　　D. 学校旁

20. 很多城市的机场与市中心距离远,(　　)不是其选址考虑的主要因素。

A. 避免噪声污染　　B. 安全因素

C. 人力成本　　D. 带动基础设施建设

三、判断题

1. 选址只是新企业进行的一次性决策。(　　)

A. 正确　　B. 错误

2. 蔬菜加工厂的选址应该靠近消费市场,而面包厂的选址应该接近原材料产地。(　　)

A. 正确　　B. 错误

3. 重心法大多应用于在现有设施中间增加一个新设施的选址问题。(　　)

A. 正确　　B. 错误

4. 制造企业的设施选址往往以销售量最大化为目标。(　　)

A. 正确　　B. 错误

5. 服务业设施选址追求的目标主要是成本最小化。(　　)

A. 正确　　B. 错误

6. 按量本利分析法,总成本最低的选址方案一定是最好的方案。(　　)

A. 正确　　B. 错误

7. 木材厂的选址应当靠近消费市场。(　　)

A. 正确　　B. 错误

8. 非营利组织选址要考虑其服务对象的要求。(　　)

A. 正确　　B. 错误

9. 决定服务业设施选址的主导因素是与市场相关的。(　　)

A. 正确　　B. 错误

10. 评分法只能用于处理选址决策问题中数量化的信息。(　　)

A. 正确　　B. 错误

11. 经济因素是影响选址决策的基本因素。(　　)

A. 正确　　　　　　　　　　　　B. 错误

12. 评分法是定性的选址方法。 (　　)

A. 正确　　　　　　　　　　　　B. 错误

13. 政治因素在“一带一路”节点港口选址中非常重要。 (　　)

A. 正确　　　　　　　　　　　　B. 错误

14. 服务业的选址应靠近劳动力供应充足的地方。 (　　)

A. 正确　　　　　　　　　　　　B. 错误

15. 选址与员工情绪之间的关系并不是很大。 (　　)

A. 正确　　　　　　　　　　　　B. 错误

16. 研发机构宜选址在经济发达的地区。 (　　)

A. 正确　　　　　　　　　　　　B. 错误

17. 在量本利选址方法中,销售量的重要性最高。 (　　)

A. 正确　　　　　　　　　　　　B. 错误

18. 重心法选址以建设成本低为主要目的。 (　　)

A. 正确　　　　　　　　　　　　B. 错误

19. 物流园区选址应靠近市中心。 (　　)

A. 正确　　　　　　　　　　　　B. 错误

20. 评分法应用的一大难点是选址因素的权重确定。 (　　)

A. 正确　　　　　　　　　　　　B. 错误

四、计算题

1. 一个农具制造商现准备建立一家工厂。现有三个地点 A、B、C 可供选择。A 的固定成本为每月 4 000 元,可变成本为每单位 4 元;B 的固定成本为每月 3 500 元,可变成本为每单位 5 元;C 的固定成本为每月 5 000 元,可变成本为每单位 6 元。选择 A 系统运输成本每月 19 000 元,B 则 22 000 元,C 则 18 000 元。假设三地的销售量和销售价格相同,相关成本如表 4-1 所示。问:制造商应将工厂选在何处?

表 4-1　成本信息表

地点	固定成本 /(元 / 月)	可变成本 /(元 / 单位)	每月运输成本 / 元
A	4 000	4	19 000
B	3 500	5	22 000
C	5 000	6	18 000

2. 一家新成立的公司必须决定其建厂的地点，现有两个可供选择的地点：将厂建在离主要原材料地近的地方（A），将厂建在离主要顾客近的地方（B）。若将厂建在A，其固定成本和可变成本要比将厂建在B低一些，但销售额会更低。已知如表4-2所示的信息，试分析应当在何地建厂。

表4-2 成本数据表

地点	A	B
年固定成本（百万元）	1.2	1.4
每单位可变成本（元）	36	47
预计年需求量（件）	8 000	12 000

3. 一家机器工具制造商意欲迁址，并确定了两个地点以供选择。A地的年固定成本为800万元，可变成本为1.4万元/单位；B地的年固定成本为920万元，可变成本为1.3万元/单位。产品最后售价为1.7万元/单位。

(1) 当产量为多少时，两地的总成本相等？

(2) 当产量处于什么范围时，A地优于B地？当产量处于什么范围时，B地优于A地？

4. 一家制造商决定扩大其生产线，但目前的设备不足，不能满足负荷量的增加。公司正在考虑三种方案以解决这个问题：A（增加新地点）、B（转包）、C（扩大现有工厂）。方案A的固定成本较高，但相应的可变成本较低：固定成本250 000元/年，可变成本500元/件。转包平均每件的成本是2 500元，扩大现有工厂则耗费50 000元的年固定成本和可变成本1 000元/件。试分析当产量处于什么范围时，实施方案的总成本最低。

5. 一家最近正飞速发展的公司意欲在A、B、C三个城市之一租用一家小厂。已知以下信息：在A城市，厂房、设备和管理的年成本为5万元，在B城市为6万元，在C城市为10万元。预计劳动力和原材料成本在A为8元/单位，在B为5元/单位，在C为6元/单位。A的运输成本为5万元/年，B为6.5万元/年，C为4万元/年。预计工厂年产量为1.5万个单位。试对这三个地区做出经济分析。

6. 一家处理危险垃圾的公司意欲降低其将垃圾从五个接收站运至处理中心所耗的运输费用，已知接收站的地点和日装运量信息如表4-3所示，求处理中心的坐标位置。

7. 一个玩具制造商在全国的五个地区生产玩具，原材料将从一个新的中心仓库运出，而此仓库的地点还有待确定。运至各地的原材料数量相同，已建立一个坐标系统，各地的坐标位置如表4-4所示。请确定中心仓库的坐标位置。

表 4-3　接收站地理坐标和运输量表

接收站(x,y)	日运输量 / 吨	接收站(x,y)	日运输量 / 吨
10,5	26	2,6	30
4,1	9	8,7	40
4,7	25		

表 4-4　各地点地理坐标表

地点	(x,y)	地点	(x,y)
A	4,6	D	4,2
B	7,3	E	5,5
C	3,6		

8. 某服装生产商有四个生产地点生产女装。现在生产商要建设一个布匹装运中心，向各生产地运送布匹。各生产地点的地理坐标和每周的布匹消耗量如表 4-5 所示。试用重心法确定布匹运送中心的位置。

表 4-5　各生产地的位置坐标和布匹消耗量表

地点	(x,y)	每周数量	地点	(x,y)	每周数量
A	4,6	18	C	5,9	25
B	6,9	20	D	9,5	30

9. 投资者准备投资建设一个商场，现有三个地点可供选择。表 4-6 给出了三地的因素评分。试说明 A、B、C 中哪一个最适合建设商场。

表 4-6　评价分数及权重分配表

因素	比重	备选地址		
		A	B	C
便利设施	0.10	80	70	60
停车场	0.10	70	80	90
顾客交通	0.10	90	90	80
运营成本	0.16	95	90	85

续表

因素	比重	备选地址		
		A	B	C
邻近商场密度	0.16	85	85	90
人口流量	0.13	90	95	85
居民收入	0.15	90	80	95
其他因素	0.10	90	80	80

10. 经理收到一份有关在几个城市择地设立办事处的分析报告，具体数据（最高值为 10）如表 4-7 所示。

表 4-7　评价因素及得分表

因素	位置		
	A	B	C
商业服务	9	5	5
社区服务	7	6	7
不动产成本	3	8	7
建造成本	5	6	5
生活费用	4	7	8
税收	5	5	4
运输	6	7	8

试分析：

(1) 如果经理对各因素按相同比重衡量，这些地点将如何排列？

(2) 如果已知商业服务和建造成本的比重为其他因素比重的两倍，这些地点将如何排列？

11. 一个农用工具供应商正在寻求第四个商店位置，以补充已有的三个商店。现有 A、B、C 三个地点可供选择。A 的固定成本为每月 4 000 元，可变成本为每单位 4 元；B 的固定成本为每月 3 500 元，可变成本为每单位 5 元；C 的固定成本为每月 5 000 元，可变成本为每单位 6 元。选择 A 会使系统运输成本每月增加 19 000 元，选择 B 则每月 22 000 元，C 为每月 18 000 元。哪个地点会使每月能出售 800 单位，而总成本最低？

12. 利用以下因素评分(表 4-8),以最大的综合得分为标准,选择地点 A、B、C 中的哪一个?

表 4-8 各选址方案评分表

因素	比重	位置		
		A	B	C
便利设施	0.15	80	70	60
停车场	0.20	72	76	92
显示区域	0.18	88	90	90
顾客交通	0.27	94	86	80
运营成本	0.10	98	90	82
其他因素	0.10	96	85	75

13. 一个产品批发商想退掉原来的租赁场地,搬到一个新地方去。现有两处新地点可供选择:A 地固定成本为每月 8 000 元,可变成本为每单位 5 元;B 地固定成本为每月为 9 400 元,可变成本为每单位 4 元。在过去几年内每月需求量稳定在 8 800 单位,在可以预见的将来不会偏离这个数目。假设每单位售价是 6 元,求在以上条件下哪一地点的利润最高?

14. 某服装生产商有四个生产地生产女装。现在生产商要建设一个布匹装运中心,向各生产地运送布匹。各生产地的地理坐标和每周的布匹消耗量如表 4-9 所示。试用重心法确定布匹运送中心的位置。

表 4-9 各生产地的位置坐标和布匹消耗量表

地点	(x,y)	每周数量	地点	(x,y)	每周数量
A	5,7	15	C	3,9	25
B	6,9	20	D	9,4	30

15. 某公司老板计划新开一家商店以扩大其现有运作范围,生产并销售三明治。她对三个地区进行了研究,发现各地区的劳动力及材料成本(食品、服务费、餐巾纸等)大约相同,均为 1.76 元 / 个。在所有地区,每个三明治的售价均为 2.65 元。在 A 地,平均每个月的房租和设备成本为 5 000 元,在 B 地每月为 5 500 元,在 C 地则每月为 5 800 元。

(1) 求每个地区每月实现盈利 10 000 元时所需的销售量。

(2) 预计 A、B、C 三地每月分别售出 21 000 个、22 000 个、23 000 个三明治,问哪个地区盈利最多?

五、案例

特斯拉在中国选址

特斯拉(Tesla)是美国的一家电动汽车及能源公司，产销电动汽车、太阳能板及储能设备，总部位于帕洛阿托。2003 年 7 月 1 日，由马丁·艾伯哈德和马克·塔彭宁共同创立。创始人将公司命名为“特斯拉”，以纪念物理学家尼古拉·特斯拉。

特斯拉希望为每一个普通消费者提供其消费能力范围内的纯电动车辆，帮助加速全球向可持续能源的转变。实现这一宏大愿景的首要前提就是，拥有强大的生产制造能力，保证车辆供应充足。当时特斯拉共有 4 个超级工厂、2 个小型工厂：① 特斯拉第一超级工厂位于美国内华达州，于 2014 年 6 月建成并投产。主要生产动力电池、Powerwall 和 Powerback(可以理解为充电宝)。② 特斯拉第二超级工厂位于美国纽约，在 2016 年收购 Solarcity 的工厂而成，主要生产太阳能屋顶设备，其配合 Powerwall 和 Powerback 使用。③ 特斯拉第三超级工厂位于中国上海临港，于 2019 年正式投产，距离洋山港不足 20 千米，主要生产 Model 3 和 Model Y。④ 特斯拉第四超级工厂位于德国柏林，尚未投产。⑤ Fremont 工厂位于美国加州，主要生产 Model X、Model S、Model 3 和 Model Y。⑥ Tilburg 组装工厂位于欧洲荷兰，2013 年投产，主要生产 Model Y，而且以进口件的形式在工厂内组装。

上海工厂是目前特斯拉产能最高的工厂，也是支撑特斯拉在欧洲、亚太地区交付的重要出口基地。数据显示，2021 年特斯拉在中国的交付量达到 48.413 0 万辆，占特斯拉全球交付量的 51.7%。同时，特斯拉在中国 2022 年 1 月的销量达 59 845 辆，其中出口达 40 500 辆，延续上年的高产能水平。此外，中国市场也是特斯拉的第二大市场，而且这一市场规模仍在快速增长中。2021 年特斯拉在中国市场收入达 138.44 亿美元，占公司营收比例达 25.7%。在新冠疫情下，上海超级工厂通过提升零部件的本地化率，不仅生产未受影响，反而降低了造车成本。

特斯拉上海工厂取得的成功，让其加快了扩产的步伐。根据特斯拉的年报，特斯拉对未来新工厂的选址将优先考虑接近当地市场，原因是上海工厂的表现证明距离市场越近，对特斯拉的生产就越有利。

2021 年，马斯克表示，特斯拉将在亚洲布局建设第二座工厂。该消息发布后，引发各方猜测。特斯拉是否会在中国建设第二工厂？这成为各大支持新能源汽车产业的城市和相关企业界关注的热点问题。重庆、青岛、深圳、合肥、广州、沈阳等多座城市都曾加入特斯拉在华第二工厂“落户”争夺战中。尽管特斯拉方面否认了网上的选址信息，但却未否认在中国建设第二工厂的消息。

在体量、增速都非常可观的新能源市场里，为匹配全球对新能源汽车的需求，建设更多的工厂是特斯拉的必然选择。

分析下列问题：

(1) 特斯拉的选址决策需要考虑哪些因素?

(2) 试分析特斯拉选址上海的原因。

(3) 如果你作为特斯拉的管理者,是否会在中国选址建设新工厂?如果会,那么将选择哪个城市?

4.2 习题答案与案例教学说明

一、简述题

1. 为什么要从系统观点考虑选址决策问题?

答:应该从系统观点来考虑选址问题,因为整个生产活动是一个整体,每个企业不可能孤立地存在,一个企业的输出(产品)是另一个企业的输入(原料)。从采矿到冶金,从冶金到毛坯制造,到零件加工和产品装配,从产品发运到批发、到零售,最后到达顾客手中,一系列的输入和输出,一环扣一环,形成了一条生产分配链。因此,任何企业选址既要考虑供应厂家,又要考虑顾客,还要考虑产品分配。从系统观点看,选址决策应该使得整个生产分配链的成本最低;从一个企业看,选址决策应该使得它所能控制的那段生产分配链的成本最低。

2. 简述选址决策的重要性。

答:选址决策的重要性主要体现在以下几个方面:

(1) 选址决策在企业运作管理中具有十分重要的地位。它是一个战略问题,因为企业的竞争力将直接受到其地理位置和环境的影响。

(2) 企业选址决策决定了所提供的产品和服务的成本,从而影响到企业的生产管理活动和经济效益。

(3) 新建生产或服务实施是一项巨大的永久性投资,且厂房不可以移动,设施移动也较为困难。因此,一旦选址不当,则为时已晚,难以补救。

(4) 选址的问题还影响着员工的情绪、相互之间的关系以及公共关系等。

3. 影响选址决策的主要因素有哪些?

答:选址决策需要考虑很多因素,这些因素可分为成本因素和非成本因素。

(1) 成本因素包括:运输条件与费用;劳动力的可获得性与费用;能源可获性与费用;厂址条件和费用。

(2) 非成本因素包括:政治因素、社会因素和自然因素。

4. 哪些因素导致生产与服务设施应该靠近原材料供应地?

答:原材料成本往往占产品成本的比重很大。优质的原材料与合理的价格,是企业所希望的。下述情况的企业应该接近原料或材料产地:

(1) 原料笨重而价格低廉的企业,如砖瓦厂、水泥厂、玻璃厂、钢铁冶炼厂和木材厂等。

(2) 原料易变质的企业,如水果、蔬菜罐头厂。

(3) 原料笨重,产品由原料中的一部分提炼而成,如金属选矿和制糖。

(4) 原料运输不便,如屠宰厂。

5. 哪些因素导致生产与服务设施应靠近销售市场?

答:工厂区位接近消费市场的主要目的是节省运费并及时提供服务。在做选址决策时,要追求单位产品的生产成本和运输成本最低,不能追求只接近消费市场或只接近原料或材料产地。下述情况的企业应该接近消费市场:

(1) 产品运输不便,如家具厂、预制板厂。

(2) 产品易变化和变质,如制冰厂、食品厂。

(3) 大多数服务业,如商店、消防队、医院等。

6. 服务设施选址有何特殊性?

答:服务设施是指具有独立服务功能的机构。服务企业的特点是要直接面对顾客,顾客规模和顾客的消费水平直接决定服务企业的销售量和收入水平,特定的服务设施选址是影响收入的一个重要因素。因此,服务设施选址与定位必须以方便顾客来接受服务、能够吸引顾客来接受服务为原则,以保持充足的客流。服务设施选址决策的重点在于确定销售量和收入的多少,追求的是利润最大化。因此,服务设施选址除了要考虑上述因素外,还要考虑下列因素:所选地区人口情况、消费者购买力、客流量、设施质量(包括可达性、可视性、扩展性、停车位等)、已有同类服务设施情况等。

7. 简述选址决策的复杂性。

答:选址决策是企业一项重要而有难度的决策,因为它涉及不同的目标和众多复杂因素。表现为:

(1) 选址因素互相矛盾。选址涉及很多因素,而这些因素常常是互相矛盾的。如有利于营业的地方能接受较多订货,但常常地价贵、租金高。

(2) 不同因素的相对重要性很难确定和度量。

(3) 不同的决策部门利益不同,所追求的目标不同。

(4) 判别的标准会随时间变化,现在认为是好的选址,过几年可能就不一定是好的了。

这些原因导致选址问题的复杂化,企业应当选择合适的方法辅助决策。

8. 选址决策的一般步骤是什么?

答:选址没有固定不变的程序。一般步骤为:

(1) 选择某一个地区。

(2) 在同一地区选择若干适当的地点。

(3) 比较不同地点,作出决定。

9. 请简述三种定量的选址决策方法。

答:量本利法、评分法、重心法。

10. 什么样的情况适合在农村设厂?

答:工厂规模大,需要占用大量土地;生产对环境污染大;需要大量非技术性粗工;有制造机密,需与其他工厂隔离。

二、单项选择题

答案:1~5 BDCAB 6~10 DAADC 11~15 DCCCC 16~20 BBCCC

三、判断题

答案:1~5 BBABB 6~10 BBAAB 11~15 ABABB 16~20 ABBBA

四、计算题

1. 每月成本总额 = 固定成本 + 流动成本 + 运输成本

A:$4\ 000+4\times y+19\ 000=23\ 000+4y$

B:$3\ 500+5\times y+22\ 000=25\ 500+5y$

C:$5\ 000+6\times y+18\ 000=23\ 000+6y$

其中 y 为 A、B、C 三地的销售量。比较三地成本可知,无论 y 取值如何,A 的成本最低,故应该选择在 A 地建厂。

2. 年利润 = 年销售收入 − 年固定成本 − 总可变成本

A:$8\ 000(y-36)-1\ 200\ 000$

B:$12\ 000(y-47)-1\ 400\ 000$

其中,y 为单位销售价格。比较两地利润可知:当 $y<119$,选择 A 地建厂亏损较小;当 $y=119$,两地获利相等,故可在两地之间任意选择建厂;当 $y>119$,选择 B 地建厂获利较大。

3. 年总成本 = 年固定成本 + 总可变成本

A 地:$800+1.4x$

B 地:$920+1.3x$

其中 x 为产量。当 $x=1\ 200$ 万件时,两地的总成本相等。

年总利润 = 年销售收入 − 年固定成本 − 总可变成本

A 地：$1.7x-1.4x-800$

B 地：$1.7x-1.3x-920$

比较两地利润可知，当 $x<1\ 200$ 万件时，A 地优于 B 地；否则，B 地优于 A 地。

4. 年总成本 = 年固定成本 + 总可变成本

假设产量为 x，则各方案的年总成本为：

方案 A：$250\ 000+500x$

方案 B：$2\ 500x$

方案 C：$50\ 000+1\ 000x$

其中 x 为产量。比较三方案的成本可知：当 $x>400$ 时，方案 A 的总成本最低；当 $x=400$ 时，A 和 C 的总成本相等且最低；当 $x<34$ 时，方案 B 的总成本最低；当 $34\leqslant x<400$ 时，方案 C 的总成本最低。

5. 年总成本 = 年固定成本 + 可变成本 + 运输成本。

A：$5+8\times1.5+5=22$（万元）

B：$6+5\times1.5+6.5=20$（万元）

C：$10+6\times1.5+4=23$（万元）

可以看出，租用 B 地的成本最低，C 地成本最高。

6. 用重心法求得处理中心的坐标为：

$$C_x=(10\times26+4\times9+4\times25+2\times30+8\times40)/(26+9+25+30+40)=5.97$$

同理，可求得 $C_y=5.95$。

7. 用重心法求得中心仓库的坐标为：

$$C_x=(4x+7x+3x+4x+5x)/5x=4.6$$

其中 x 为运往各地的原材料数量。

同理可得，$C_y=4.4$。

8. 用重心法求得布匹运送中心的坐标为：

$$C_x=(4\times18+6\times20+5\times25+9\times30)/93=6.3$$

$$C_y=(6\times18+9\times20+9\times25+5\times30)/93=7.1$$

9. 根据评分法，计算出备选地点 A 的综合得分为：$0.1\times80+0.1\times70+0.1\times90+0.16\times95+0.16\times85+0.13\times90+0.15\times90+0.1\times90=87$（分）。

同理，可求得地点 B 的得分为 84.4 分；地点 C 的得分为 84.3 分。备选地址 A 的得分最高，故 A 地最适合。

10. (1) 各因素比重相同时，各因素的权重为 1/7，则根据评分法可得出 A 地的综合得分为：$(9+7+3+5+4+5+6)\times1/7=5.57$（分）。同理可求得 B 地、C 地的综合得分都为 6.29 分，都比 A 地的综合得分高，故可选择 B 地或者 C 地。

(2) 设其他因素的比重为 x,则商业成本和建造成本的比重皆为 $2x$,根据评分法可得出 A 地的综合得分为:$9\times2x+7x+3x+5\times2x+4x+5x+6x=53x$。同样可求得 B 地和 C 地的综合评分分别为 $55x$、$54x$,故 B 地最为适合,C 地次之,A 地最不合适。

11. 已知销售量为每月 800 单位,则:

每月成本总额 = 固定成本 + 可变成本 + 运输成本

A:4 000+4 × 800+19 000=26 200(元)

B:3 500+5 × 800+22 000=29 500(元)

C:5 000+6 × 800+18 000=27 800(元)

因此,按照这种销售量,选择 A 每月总成本最低。

12. 经过评价,选择 A。

13. 利润 = 销售收入 − 固定成本 − 可变成本,成本计算见表 4–10。

表 4–10 成本计算表(单位:元)

地点	收入	固定成本	可变成本	每月利润
A	52 800	8 000	44 000	800
B	52 800	9 400	35 200	8 200

由此看出,B 点可望取得更高的利润。

14. 用重心法求得布匹运送中心的位置为(6,7)。

15. (1) A:16 854 个;B:17 416 个;C:17 753 个。

(2) 地区 C 的盈利最多,为 14 670 元。

五、案例教学说明

1. 教学目的

(1) 理解选址对企业发展的重要性,特别是对企业发展战略的支持作用。

(2) 加深学生对选址内容及其决策问题的理解。

2. 分析思路

(1) 要求学生阅读案例资料。

(2) 分组讨论,形成小组意见。

(3) 组织全班讨论,引导学生发表意见。

3. 问题分析参考要点

(1) 企业发展战略、与市场的接近水平、与供应商和资源的接近程度、当地政策、地理位置与交通便利性、当地制造水平与制造成本等。

(2) 建议从上海工厂的定位、地理位置、政策力度等展开分析。

如：特斯拉将上海作为该公司的汽车主要出口中心，而上海超级工厂距离洋山港不足20千米，便于出口。

(3) 对于特斯拉来说，继续将新工厂落户中国有着重要的经济考量。

从以下几个角度分析：

① 中国市场不仅是特斯拉的第二大市场，也是增长速度最快的区域。

② 中国供应链完整且具有强大的韧性，可应对如新冠疫情等突发事件的影响。

③ 中国制造能力强，可满足特斯拉快速扩张的需要。

新工厂选址城市，可从公司发展战略、新工厂在公司的定位与预期作用、城市地理位置、当地政策、与上海工厂的关系等角度展开分析。

第五章　生产和服务设施布置

5.1　习题与案例

一、简述题

1. 简述影响企业生产单位构成的主要因素。
2. 简述工艺专业化原则的优缺点,说明其适用条件。
3. 简述对象专业化原则的优缺点,说明其适用条件。
4. 为什么要进行装配线平衡?
5. 简述装配线平衡的目的。
6. 简述影响设施布置决策的因素。
7. 简述装配线平衡的步骤。
8. 在装配线平衡时,怎样合理组织工作地?
9. 简述 U 形制造单元布置的优点。
10. 简述设施布置决策应遵循的基本原则。
11. 简述设施布置的典型类型。
12. 简述从至表试验法的基本步骤。
13. 简述办公室布置的主要影响因素。

二、单项选择题

1. (　　)不是按照工艺专业化原则组织生产单位的优点。

A. 可适应产品变化　　B. 生产系统可靠性较高

C. 设备管理较方便　　D. 产品生产过程的运输路线较短

2. 在分析设备布置时是需要考虑的因素是(　　)。

A. 发生事故的可能性　　B. 产品设计的变更

C. 工人的劳动热情　　D. 以上所有

3. 能够取得均衡而快速的大量生产的布置类型是(　　)。

A. 按工艺布置　　B. 按产品流水线布置

C. 固定位置布置　　D. 按制造单元布置

4. 以下各项中不是按对象专业化原则组织生产单位的优点的是(　　)。

A. 可采用专用高效设备　　B. 生产系统效率高

C. 简化了生产过程的管理　　D. 适用于多品种生产

5. 按加工工艺的相似性将机器设备布置在一起,称为(　　)。

A. 按工艺布置　　B. 按产品流水线布置

C. 固定位置布置　　D. 按制造单元布置

6. 工人和设备按生产需要移动到加工的产品处而产品不动的布置类型是(　　)。

A. 按工艺布置　　B. 按产品流水线布置

C. 固定位置布置　　D. 按制造单元布置

7. 按对象专业化原则建立生产单位,其优点是(　　)。

A. 能生产更多品种的产品　　B. 对品种变化的适应能力强

C. 生产系统的可靠性较高　　D. 可使用专用高效设备

8. 按零件族将加工所需要的机器设备编组的布置是(　　)。

A. 流水线布置　　B. 制造单元布置

C. 功能布置　　D. 固定位置布置

9. 按工艺专业化原则建立生产单位,其优点是(　　)。

A. 可缩短运输路线　　B. 对品种变化的适应能力强

C. 可使用专用高效设备　　D. 协作关系简单

10. 以下术语与单元制造最相关的是(　　)。

A. 零件族　　B. 装配线

C. 流水线　　D. 计算机辅助设计(CAD)

11. 如下布置其设备是按产品制作过程的加工顺序排列的是(　　)。

A. 单件生产布置　　B. 功能布置

C. 流水线布置　　D. 成组单元布置

12. 装配线的特点是(　　)。

A. 在制品库存多　　B. 生产效率高

C. 生产线可靠性较高　　D. 对品种变化的适应能力强

13. (　　)不是单元制造的特点。

A. 通过时间快　　B. 较少的物料搬运

C. 在制品库存多　　D. 减少调整准备时间

14. 在按产品布置的情况下,确定如何把任务分配给各工作地的过程是指(　　)。

A. 过程平衡　　B. 任务分派

C. 线平衡　　D. 工作站平衡

15. 可通过(　　)衡量产品生产的专业化程度。

A. 品种数　　B. 产品的相似性

C. 每种产品的质量　　D. 每种产品的产量

16. 完成一个工件的加工需要6道工序,其加工时间分别为4分钟、6分钟、7分钟、3分钟、5分钟和5分钟。如果装配线节拍为10分钟,那么理论上最少的工作站数为(　　)。

A. 3　　B. 5　　C. 6　　D. 8

17. 毛坯生产多采用(　　)方式布置设备。

A. 对象专业化　　B. 工艺专业化　　C. 混合布置　　D. 固定布置

18. 备货型生产多采用(　　)方式布置设备。

A. 制造单元　　B. 工艺专业化　　C. 流水线　　D. 固定布置

19. 订货型生产多采用(　　)方式布置设备。

A. 对象专业化　　B. 工艺专业化　　C. 流水线　　D. 固定布置

20. 在装配线上组装一种部件需要经过6道工序,该装配线每隔1分钟可以组装出一个部件,该时间指的是(　　)。

A. 节拍　　B. 流程时间　　C. 加工周期　　D. 工序加工时间

三、判断题

1. 对象专业化生产单位对产品品种变化的适应能力较差。(　　)

A. 正确　　B. 错误

2. 和连续生产系统比较,单件生产系统需要不太熟练的工人。(　　)

A. 正确　　B. 错误

3. 单件生产系统使用通用机器设备。(　　)

A. 正确　　B. 错误

4. 铸造车间是按对象专业化组织生产的一个例子。(　　)

A. 正确　　B. 错误

5. 一般而言,单件生产系统的生产成本较低,因为流水线连续生产系统使用昂贵的专业化设备。(　　)

A. 正确　　B. 错误

6. 产销量比较大时不应采用工艺布置,而应采取流水线布置。(　　)

A. 正确　　B. 错误

7. 重复生产系统通常为顾客订单生产而不是补充库存。 ( )

A. 正确 B. 错误

8. 固定位置布置与大量流水生产相适应。 ( )

A. 正确 B. 错误

9. 咖啡生产线是按工艺布置的一个例子。 ( )

A. 正确 B. 错误

10. 按产品布置的一个缺点是生产系统缺乏柔性。 ( )

A. 正确 B. 错误

11. 企业的协作化水平不同,相应的生产单位组成也不同。 ( )

A. 正确 B. 错误

12. 企业生产的产品品种多,工艺类型多,则生产单位的专业化程度高。 ( )

A. 正确 B. 错误

13. 按产品布置可以使劳力和设备得到较充分的利用。 ( )

A. 正确 B. 错误

14. 政府有各种按职能分工组织在一起的部门,这种组织原则是对象专业化。 ( )

A. 正确 B. 错误

15. 按产品布置比按工艺布置更容易适应产品品种的变化。 ( )

A. 正确 B. 错误

16. 各大学到了毕业季,都会从有关职能部门抽调人员集中在一起,办理毕业生的离校手续,这种组织原则是对象专业化。 ( )

A. 正确 B. 错误

17. 按产品布置的一个缺点是可能导致高昂的在制品库存费用。 ( )

A. 正确 B. 错误

18. 医院给病人做手术,这种资源组织形式属于固定布置。 ( )

A. 正确 B. 错误

19. 流水线是按产品布置的一种表现形式。 ( )

A. 正确 B. 错误

20. 重心法适用于新设施的布置。 ( )

A. 正确 B. 错误

四、计算题

1. 某公司有五个部门,目前是按下列方式布置的,如图 5-1 所示。部门间的运动是在矩形的路径上,每个矩形的长或宽为一个单位距离。每个月部门间的行程次数、每次行程的单位距离成本和每次行程的距离如表 5-1、表 5-2 和表 5-3 所示。

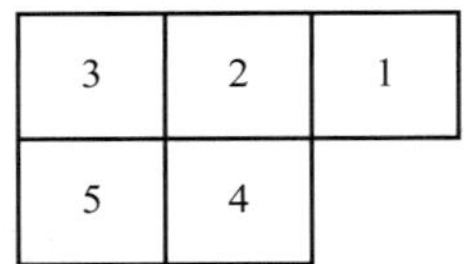

图 5-1 部门布置

表 5-1 每个月部门间的行程次数

部门	1	2	3	4	5
1	—	100	200	100	400
2		—	200	500	300
3			—	100	100
4				—	200
5					—

表 5-2 部门间每次行程的单位距离成本

部门	1	2	3	4	5
1	—	12	34	56	34
2		—	57	25	17
3			—	43	63
4				—	52
5					—

表 5-3 部门间每次行程的距离

部门	1	2	3	4	5
1	—	1	2	2	3
2		—	1	1	2
3			—	2	1
4				—	1
5					—

(1) 计算部门间移动的月总成本。

(2) 如果部门 1 和部门 3 交换位置,计算部门间移动的月总成本。

(3) 部门 1 和部门 3 交换位置的一次性成本为 22 500 元。如果部门交换位置的成本必须在两个月或更短的时间内收回,值得做出这样的变化吗?

2. 把图 5-2 所示的活动相关图中的某单位九个部门分配到布局为 3×3 的九个位置中去,要求满足相应的接近程度,部门 4 必须安排在这一地块的右上角。

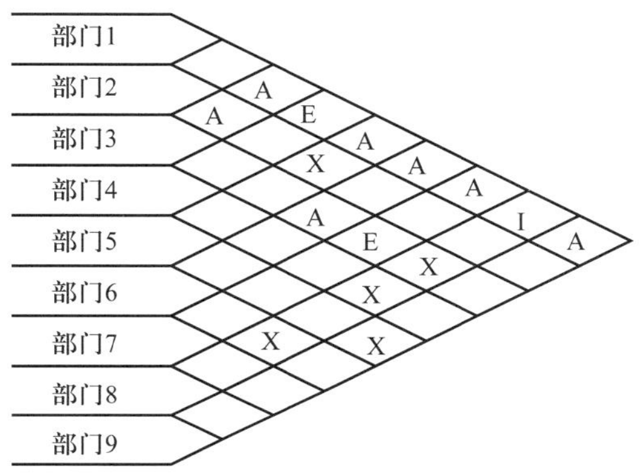

图 5-2 部门间作业相关图

3. 一个制造厂计划在某车间旁增加一侧房,建一条新的生产线,可生产五种型号的产品:A、B、C、D、E。现有两个备选布置方案,显示于图 5-3 中。五种产品在六个部门间的移动距离和移动次数见表 5-4。两种布置方案哪一种月运输量最小?

图 5-3 新建侧房内生产线设备布置方案

表 5-4 部门间移动距离与移动次数统计表

产品型号	产品工艺路线	月产量(件)	移动方向	设备间的距离(米)	
				方案 A	方案 B
A	1-2-3	2 000	1-2	15	25
B	4-5-6	2 000	1-5	30	10
C	1-5-6	3 000	2-3	15	35
D	2-5-6	1 000	2-4	20	10

续表

产品型号	产品工艺路线	月产量（件）	移动方向	设备间的距离（米）	
				方案 A	方案 B
E	2-4-3	3 000	2-5	15	15
			3-4	35	25
			4-5	15	25
			5-6	10	10

4. 某小型印刷厂拟把 7 个车间都布置在一个单层建筑里，面积是 60 m × 75 m，各车间的面积要求见表 5-5，各车间之间的平均年货物运输量预计见表 5-6。试画出一个块状区划图。

表 5-5　各车间的面积要求

车间	长（m）	宽（m）
1. 编排	15	15
2. 切纸	30	15
3. 发运	15	15
4. 储存	30	22.5
5. 印刷	37.5	30
6. 装订	30	30
7. 美工	30	30

表 5-6　各车间之间的平均年货物运输量

	1	2	3	4	5	6	7
1. 编排							
2. 切纸				200		800	
3. 发运				1 000			
4. 储存		1 200	200		800	200	
5. 印刷						2 400	200
6. 装订		200	2 000		400		
7. 美工		200			200		

5. 有一个家电用品仓库，共有 M 个货区（如图 5-4 所示），分别储存 7 种家电。仓库有一个出入口，进出仓库的货物都要经过该口。假设该仓库的货物搬运次数如表 5-7 所示，应该如何布置不同物品的货区，使总搬运量最小？

图 5-4　仓库平面示意图

表 5-7　货物搬运次数表

存储物品	搬运次数（每周）	所需货区
1. 电烤箱	280	1
2. 空调	160	2
3. 微波炉	360	1
4. 音响	375	3
5. 电视	800	4
6. 收音机	150	1
7. 其他	100	2

6. 假设需要布置某玩具厂的八个部门，使各部门间的物料搬运费最少。建筑物面积为 80 m × 160 m。为了简化，所有的部门面积相同，为 40 m × 40 m。假设所有物料用标准尺寸的柳条箱运输，用铲车将柳条箱逐个装上卡车；邻近部门之间的运输费是搬动一个装载量为 1 元，每隔一个部门增加 1 元；对角线之间可以移动，并认为均相邻。各部门之间的月搬运量如表 5-8 所示。试按照搬运费尽量小的原则确定合理的布置方案。

7. 将五个部门分配到如图 5-5 所示的分布位置 B-F（由于技术的原因，部门 6 必须分到位置 A）。运输费用是每米 2 元，目标是使总运输费用最低。有关各部门间的距离情况和工作流量如表 5-9 和表 5-10 所示。要求先分配相互间工作流量最大的部门。

表 5-8 部门间的月搬运量

项目	1	2	3	4	5	6	7	8
1. 涂漆		175	150	0	60	200	40	75
2. 塑料铸造与冲压成型			0	100	75	90	80	180
3. 金属成型				51	88	250	99	180
4. 塑料融合部门					40	5	0	75
5. 发货与收货						0	180	187
6. 小玩具装配							374	206
7. 大型玩具装配								7
8. 机械装配								

A 部门6	B	C
D	E	F

图 5-5 部门分布位置图

表 5-9 位置间的距离(米)

从\至	A	B	C	D	E	F
A	—	50	150	50	80	130
B		—	50	90	40	70
C			—	140	60	50
D				—	50	120
E					—	50
F						—

表 5-10 部门间每天的行程次数

从\至	1	2	3	4	5	6
1	—	90	25	23	11	18
2	35	—	8	5	10	16
3	37	2	—	1	0	7
4	41	12	1	—	4	0
5	14	16	0	9	—	3
6	32	38	13	2	2	—

8. 某咨询公司有 A、B、C、D 四个部门，每个部门处理不同的问题。四个办公室安排在四个房间，每个房间的面积为 20 m×20 m。目前四个部门的安排如图 5-6 所示。一个办公室咨询员与其他办公室咨询员的接触次数为：AB=10，AC=20，AD=30，BC=15，BD=10，CD=20。以接触次数和行走距离来表示工作负荷，相邻部门的距离为一个单位距离，不在相邻的部门，其距离相应地加倍。试以工作负荷评估原来的布置方案，并提出改进建议。

A	B	C	D

图 5-6 咨询公司办公室布置

9. 某铅笔刀生产线各工序的工作时间和顺序关系如表 5-11 所示，试进行生产线平衡。

表 5-11 各工序加工时间与顺序

工序	时间 / 分钟	紧后作业
a	0.2	b
b	0.4	d
c	0.3	d
d	1.3	g
e	0.1	f
f	0.8	g
g	0.3	h
h	1.2	—

(1) 假定节拍是可能最小的节拍，完成下列各项：

① 按先分配后续作业数最多的作业这一方法将作业分配到各工作地。

② 求出闲置时间百分比。

③ 在假定一天工作 420 分钟的情况下计算可达到的产量。

(2) 若只能使用两个工作地，回答下列问题：

① 最小节拍是多少？这一节拍可行吗？确定每一工作地分配的作业。

② 求闲置时间百分比。

③ 假定一天工作 420 分钟，日产量是多大？

10. 某产品的加工要经过 12 道工序，各工序的作业时间及先后顺序如表 5-12 所示。已知节拍为 1.5 分钟，试进行装配线平衡。

表 5-12　各工序作业时间及顺序

工序	时间 / 分钟	紧前作业
a	0.1	—
b	0.2	a
c	0.9	b
d	0.6	c
e	0.1	—
f	0.2	d,e
g	0.4	f
h	0.1	g
i	0.2	h
j	0.7	i
k	0.3	j
l	0.2	k

(1) 按先分配后续作业数最多的作业的原则，将各工序分配到相应的工作地。

(2) 计算闲置时间百分比。

11. 某公司生产玩具卡车，最后的组装环节要在装配线上完成。组装工序及其作业时间、先后关系如表 5-13 所示。为满足预期需求，这条装配线每天必须工作 8 小时，生产 600 个产品。

表 5-13　各工序作业时间及顺序

工序	时间 / 秒	紧前作业
a	28	—
b	13	–
c	35	b
d	11	a
e	20	c
f	6	d,e
g	23	f
h	25	f
i	37	g
j	11	g,h
k	27	i,j
共计	236	

完成下列装配线设计：

(1) 计算装配线节拍。

(2) 确定最少工作地数。

(3) 按最长作业时间优先的规则，将各工序分配到相应的工作地。

(4) 按后续作业数最多且最短作业时间优先的规则，将各工序分配到相应的工作地。

12. 某公司需要建立一条新的装配线系统，必须解决下列问题：

(1) 每个班次工作 7.5 小时，需要生产 900 件产品。组装产品要通过 4 个工作站，每个工作站的作业时间为 30 秒。该装配线的节拍为多少？装配线效率为多少？

(2) 如果工作站 3 的作业时间为 45 秒，为了满足生产需要，应采取什么办法（假定班次生产时间仍然为 7.5 小时）？新装配线的效率为多少？

五、案例

DZ 公司笔记本电脑装配线的设计

DZ 公司生产部张经理正在查看最新超小型笔记本电脑装配流程表（见表 5–14）。由于每月都有新产品导入，管理者觉得有必要提高装配线的生产率并降低成本，从而需要对装配流程做出变更。在设计一款新产品时，应当尤其关注如何减少所需要的零部件并简化生产和装配要求。这款新产品是高科技和低成本创新的结果，会在即将来临的秋冬销售季节为公司带来竞争优势。

表 5–14 超小型笔记本电脑装配流程表

作业	作业时间（秒）	紧前作业
1. 准备覆盖	75	无
2. 将液晶显示屏安装到覆盖上	61	作业 1
3. 准备基座	24	无
4. 将主印刷线路板安装到基座上	36	作业 3
5. 安装中央处理器	22	作业 4
6. 安装并测试备用电池	39	作业 4
7. 安装指取设备和腕托	32	作业 4
8. 安装喇叭和耳机	44	作业 4
9. 将辅助印刷线路板安装到主印刷线路板上	29	作业 4
10. 键盘的准备和安装	26	作业 9

续表

作业	作业时间(秒)	紧前作业
11. DVD 和硬盘驱动器的准备和安装	52	作业 10
12. 电池组的安装	7	作业 11
13. 插入内存卡	5	作业 12
14. 启动软件安装	11	作业 2、5、6、7、8、13
15. 软件安装	310	作业 14
16. 测试视频播放器	60	作业 15
17. 测试键盘	60	作业 16

超小型笔记本电脑的生产在 10 天之内就要启动。刚开始新产品每天生产 150 台,一星期后产量增加到每天 250 台(管理层希望最终每天能生产 300 台)。通常,在工厂 14.4 米长的装配线上安排有 10 名装配工人。装配线为直线型,工人在装配线上肩并肩工作。如果需要,装配线上最多可安排 12 名装配工人。装配线一般每天运作 7.5 个小时(工人从早上 8:15 工作到下午 5 点,中间包括 1 小时免费午餐的时间和 15 分钟的休息时间)。装配线运行允许最多加班 3 小时,但是至少需要提前 3 天通知员工。

一、装配线

在装配线前端显示着当天的生产安排,包括要生产的产品型号以及相应的计划装配批量。型号不同的产品只是在硬盘型号、内存以及电池上稍有差别。通常,一天会安排七八种型号产品的生产,每种批量为 10~100 台。各型号产品按顺序进行装配:首先完成所有第 1 种型号产品的装配,然后装配第 2 种型号的产品,以此类推。装配线前端还显示了装配线当天待完成的工作量,以指导物料搬运人员向装配线供应零部件。

附近的配件集配中心也能看到这个日生产安排。有需求时,零部件会在 2 小时内从配件集配中心运至工厂。这个物料供应系统协作紧密,运行情况良好。

装配线上有一条 14.4 米长的传送带,用于传送物料。传送带每隔 1.2 米就会被一个白色条纹隔开。装配工人肩并肩站在传送带的同一边,对传送过来的电脑部件进行组装。除了这 10 名装配工人,每条装配线上还分派了 1 名称为辅导员的熟练技工。这名辅导工人沿着装配线巡查,帮助进度落后的工人,或者顶替需要休息的工人工作。当装配过程中出现问题(比如出现次品)时,辅导工人还需要作出应对。由于生产需求的变化、工人的熟练程度以及可用人数不同,装配线的速度和工人数量每天都会有所变化,尽管装配线上有 12 个工位,但实际上并非 12 个工位全部使用。

工程师对这条装配线进行了初步设计。设计装配线节拍为2分钟,9个工作地,即9名装配工人每2分钟装1台电脑。表5-15给出了装配线设计的细节。各个工作地的工作内容简单描述如下。

工作地1:第1名操作工在传送带上相邻的白线间放上电脑装配所需要的主要零部件。然后,操作工通过安装紧固件,固定线缆,为后面安装液晶显示屏准备覆盖。

工作地2:第2名操作工执行两项不同的作业。首先将液晶显示屏安装到覆盖上,该作业必须在安装了覆盖后(作业1)才可进行。该操作工执行的第2项独立作业是为主印刷线路板准备基座。

工作地3:第3名操作工将主印刷线路板安装到基座上。然后安装、测试中央处理器和备用电池。

工作地4:第4名操作工安装指取设备(触摸板)、腕托、喇叭、耳机以及辅助印刷线路板。

工作地5:该工作地的作业按以下次序进行。首先,安装键盘,然后安装DVD和硬盘驱动器、电池组、内存卡。接着,启动计算机,一个用于装入计算机测试软件的程序被启动。

随后,传送带上的计算机会经过工作地6、7、8安装软件,软件安装耗时310秒。不能正常工作的计算机会被送到返修区进行返修。有1%的计算机会出现无法正常启动的情况,这时通常辅导工人会快速将其修好。

表5-15　工程师设计的初始装配线

工作地	作业	工作时间(秒)
1	1. 准备覆盖(75)	75
2	2. 将液晶显示屏安装到覆盖上(61)	61+24=85
	3. 准备基座(24)	
3	4. 将主印刷线路板安装到基座上(36)	36+22+39=97
	5. 安装中央处理器(22)	
	6. 安装并测试备用电池(39)	
4	7. 安装指取设备和腕托(32)	32+44+29=105
	8. 安装喇叭和耳机(44)	
	9. 将辅助印刷线路板安装到主印刷线路板上(29)	
5	10. 键盘的准备和安装(26)	26+52+7+5+11=101
	11. DVD和硬盘驱动器的准备和安装(52)	

续表

工作地	作业	工作时间(秒)
5	12. 电池组的安装(7)	
	13. 插入内存卡(5)	
	14. 启动软件安装(11)	
6	软件安装(120)	120
7	软件安装(120)	120
8	软件安装(70)	70
9	15. 测试视频播放器(60)	120
	16. 测试键盘(60)	
10	空	
11	空	
12	空	

工作地9:测试视频播放器和键盘。

装配完成后,电脑会被送到独立于装配线之外的老化测试区。放置在老化测试架子上的电脑会在25摄氏度下,对电路元件进行24小时的老化测试。老化测试后,电脑会被再次测试,然后进行软件安装,最后装配好的笔记本电脑包装完成之后,放置在托盘上等待运送到世界各地的配送中心。

二、调整初始装配线的设计

根据以往的经验,张经理发现工程师提供的装配线设计方案通常都需要稍作调整。请分析一下张经理需要考虑的问题。

(1) 假定从装配的第一天开始,装配线所有工位上都有计算机。工程师初步设计的装配线的日产能为多少?

(2) 当工程师设计的装配线以最大产能运行时,装配线上劳动力利用率为多少(不包括辅导工人)?

(3) 如果以每天生产250台产品为目标,安排10个工作地,装配线正常运转。该如何对装配线进行重新设计?新设计方案的劳动力利用率又为多少?假定不允许加班。

(4) 如果每天需要生产300台,又该如何对装配线进行重新设计,劳动力利用率为多少?若仍使用工程师的原始设计,但允许加班工作,那么每天装配线需要运行多长时间?

(5) 当提高新装配线的生产速度时,张经理还应该考虑哪些问题?

5.2　游戏教学

1. 教学目的

在讲授流程概念、组织流程的基本原则、设施布置决策方法的基础上，通过游戏教学，来帮助学生达成以下学习目的：

(1) 了解装配线的概念与特点；

(2) 掌握流程时间、节拍的概念和计算方法；

(3) 掌握装配线平衡的目的和方法。

2. 教学设计

(1) 教学内容。主要包括：装配线的概念与特点、节拍的概念与计算方法、装配线平衡的目的、装配线平衡方法、装配线平衡效果的度量。

(2) 教学方法设计。此部分内容具有很强的实践性特点，本科生一般不了解装配线，对装配线没有直观认识。如果只讲解理论与方法，学生很难理解，往往达不到预期教学效果。因此，我们设计了游戏教学方法，让学生干中学、从错误中学习。从这个目的出发，设计了一个可以在教室操作的绘图装配线，旨在通过现场操作与观察，让学生获得流水线的感性认识，并学会测量流程时间，理解装配线平衡的重要性，更好地掌握装配线平衡的方法。

(3) 游戏设计。该游戏为印度豹公司的产品生产，假设原材料供应充足。

① 原材料与产成品。原材料是如图 5-7 所示的卡片(或纸片)。

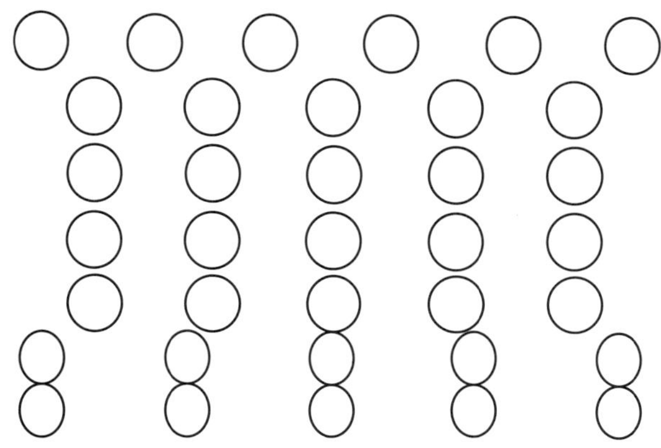

图 5-7　原材料图

产成品是如图 5-8 所示的卡片(或纸片)。

② 装配线初始设计。每件产品的生产在装配线上完成，初始设计的装配线有 5 道工序：

- 工序 1：拿起一件材料，在最下二行从左至右依次写上数字 1~10，写完后立即传给工序 2,接着做下一件产品。

- 工序 2 :在工序 1 传来的材料上,在第一行从左至右依次写上字母 A~F,写完后立即传给工序 3,接着做下一件产品。
- 工序 3 :在工序 2 传来的材料上,从第二行开始,从左至右依次写上字母 G~Z,写完后立即传给工序 4,接着做下一件产品。
- 工序 4 :在工序 3 传来的材料上,在数字 1~5 上画一条左斜杠,在数字 6~10 上画一条右斜杠,完成后立即传给工序 5,接着做下一件产品。
- 工序 5 :质量检查。在合格的表上签名,折叠后放在左边。若有次品,把次品放右边。

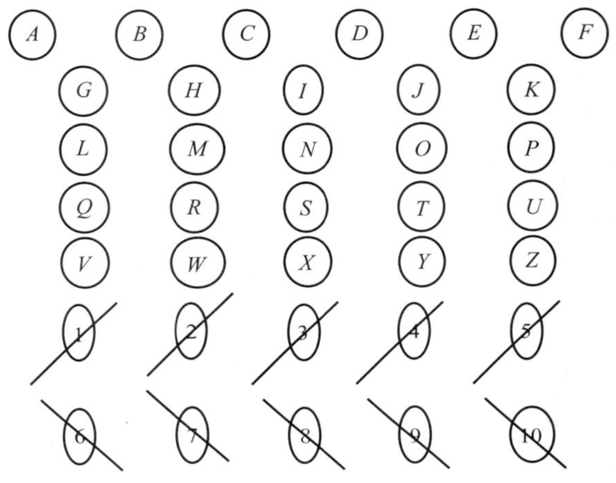

图 5-8　产成品图

生产出来的产品交给顾客,最后由顾客检查每一件成品,统计成品出产的平均间隔时间,统计合格品数量和废品数量。

③ 质量检验标准。

- 英文字母必须大写,从第一行开始,从左到右、从上到下,按 A~Z 的顺序排列。
- 数字从倒数第二行开始,从左到右、从上到下,按 1~10 的顺序排列。
- 所有字母、数字必须清楚,不能超出圆圈范围。
- 斜杠必须是直线。
- 质检员必须签名,并折叠产品。

④ 游戏执行。游戏按小组进行,共执行二轮。

第一轮基于初始设计的装配线,学生在规定时间(5 分钟)内操作装配线,各小组统计合格产品数、废品数、在制品数,记录装配线操作中存在的问题。

然后再通过对问题的分析,提出流程改进策略,对装配线进行重新设计。任务是:

生产10分钟,交付30件合格产品。要求以最少的资源投入完成生产任务为目标,各小组优化生产组织,按优化的方案重新组织工序及各工序的任务,设计新的装配线。接着进行第二轮现场操作,各小组统计合格产品数、废品数、在制品数,分析还有什么问题。

最后,通过第二轮游戏的总结,讲解装配线、流程时间、节拍等概念,引出装配线平衡的目的,讲解装配线平衡的方法。

3. 教学实施

(1) 教师展示原材料和顾客需要的最终产品,介绍产品生产的工艺步骤,询问学生可能的制造流程,以巩固上一节课"流程类型"的概念。

(2) 进行第一轮游戏。

- 组建小组,最多6人;分配角色。
- 各小组准备好原材料,放在工序1的旁边。
- 老师下达开始生产指令:各小组生产5分钟。
- 第一轮游戏总结:与学生互动,讨论装配线操作中存在的问题,找出流程瓶颈。

(3) 进行第二轮游戏。

- 布置任务:生产10分钟,交付30件合格产品。
- 要求以最少的资源投入完成生产任务为目标,各小组优化生产组织,按优化的方案重新组织工序及各工序的任务。
- 引导学生现场测量流程时间,并针对流程中存在的问题,按照新的任务和要求,让学生进行改进设计,确定优化方案。
- 组建小组,最多6人;按优化后的装配线重新分配角色和相应的任务。
- 第二轮现场操作,老师下达开始生产指令:各小组生产10分钟。
- 第二轮游戏总结:各小组的优化方案、运作结果、存在的问题等。

(4) 老师讲解相关概念和装配线平衡方法。

4. 教学效果评估与改进

老师提出一些简单的习题,与学生互动,检验学生对相关知识的掌握程度,以评估学习效果,发现存在的不足,以进一步改进教学。比如,提问学生:节拍是指零件从开始加工到完成加工所经历的时间,对还是错?再比如:布置装配线平衡的作业,让学生当场做。

5.3 习题答案与案例教学说明

一、简述题

1. 简述影响企业生产单位构成的主要因素。

答:

(1) 产品的结构与工艺特点;

(2) 企业的专业化与协作化水平;

(3) 企业的生产规模;

(4) 生产单位的专业化原则与形式。

2. 简述工艺专业化原则的优缺点,说明其适用条件。

答:按照工艺特征建立的生产单位,形成工艺专业化车间。工艺专业化形式的生产单位内集中了完成相同工艺的设备和工人,可以完成不同产品上相同工艺内容的加工,如制造业企业中的机械加工车间、锻造车间、车工工段、铣工工段等生产单位。

工艺专业化生产单位具有对产品品种变化适应能力强、生产系统可靠性高、工艺管理方便的优点,但由于完成整个生产过程需要跨越多个生产单位,因而也有加工路线长、运输量大、运输成本高、生产周期长、组织管理工作复杂等缺点,由于变换品种时需要重新调整设备,耗费的非生产时间较多,生产效率低。

它适用于单件生产或多品种小批量生产类型。

3. 简述对象专业化原则的优缺点,说明其适用条件。

答:按照产品(或零件、部件)建立生产单位。对象专业化形式的生产单位内集中了完成同一产品生产所需的设备、工艺装备和工人,可以完成相同产品的全部或大部分的加工任务,如汽车制造厂的发动机车间、曲轴车间、齿轮工段等生产单位。

对象专业化生产单位便于采用高效专用设备组织连续流水作业,可缩短运输路线、减少运输费用,有利于提高生产效率、缩短生产周期,同时还简化了生产管理,但是,对象专业化生产单位只固定了生产一种或很少几种产品的设备,因而对产品品种变化的适应能力差。

它适用于大量大批生产类型。

4. 为什么要进行装配线平衡?

答:装配线不平衡会导致:浪费时间资源;忙闲不均,引起矛盾;浪费人力资源。因此有必要对装配线的工序进行新的组合分析,重新组织工作地。

5. 简述装配线平衡的目的。

答:

(1) 使所设计的装配线所需的工作地数最少;

(2) 使各工作地作业时间尽可能接近节拍;

(3) 使各工作地负荷尽量均衡;

(4) 使装配线符合高效率、按节奏生产的要求。

6. 简述影响设施布置决策的因素。

答:影响设施布置决策的主要因素包括:产品生产过程、生产单位间的协作关系、现有的运输条件、产品生产性质、防火与环保要求等。

7. 简述装配线平衡的步骤。

答:装配线平衡的一般步骤为:

(1) 确定工序优先顺序图。

(2) 计算装配流水线的节拍。

(3) 计算装配线上需要的最少工作地数。

(4) 合理组织工作地。

(5) 计算工作地时间损失系数和平滑系数。

8. 在装配线平衡时,怎样合理组织工作地?

答:在合理组织工作地时应遵循下列原则:

(1) 保证各工序之间的先后顺序;

(2) 每个工作地分配到的小工序作业时间之和不能大于节拍;

(3) 各工作地的作业时间应尽量接近或等于节拍;

(4) 应使工作地数目尽量少。

9. 简述 U 形制造单元布置的优点。

答:适应在作业现场灵活变更作业人数的需要;利于调整生产率,适应产量的变化;使一个人同时处理入口和出口的作业成为可能,这样就能使生产线内的在制品数量保持一定;利于培养多能工,实现少人化;利于作业人员之间的相互帮助;利于减少作业人员的行走路线。

10. 简述设施布置决策应遵循的基本原则。

答:应满足生产过程的要求;尽量使运输距离最短;关系密切的车间应尽量相互靠近;尽可能布置紧凑,使面积最小;充分利用现有运输条件;合理划分厂区;考虑有扩建余地。

11. 简述设施布置的典型类型。

答:按产品布置、按工艺布置、固定布置、成组制造单元布置。

12. 简述从至表试验法的基本步骤。

答:通过统计设备 / 设施点之间的相对距离和物料运输量,找出物料总运输量最小的布置方案。基本步骤为:选择典型零件,制定典型零件的工艺路线,确定所用设备;制定设备布置的初始方案,统计设备之间的移动距离;确定出零件在设备之间的移动次数和单位运量成本;计算物流强度;划分物流强度等级;用试验法确定满意的布置方案。

13. 简述办公室布置的主要影响因素。

答:信息传递与交流;人员的劳动生产率。

二、单项选择题

答案:1~5　DDBDA　6~10　CDBBA　11~15　CBCCA　16~20　ABCBA

三、判断题

答案:1~5 ABABB 6~10 ABBBA 11~15 ABABB 16~20 ABAAA

四、计算题

1. (1) 将表中对应的各个项相乘可得到各个部门间的移动成本,如表 5-16 所示。

表 5-16 各部门的移动成本

部门	1	2	3	4	5
1	—	1 200	13 600	11 200	40 800
2		—	11 400	12 500	10 200
3			—	8 600	6 300
4				—	10 400
5					—

将各个部门的费用相加得到月移动总成本:

1 200+13 600+11 200+40 800+11 400+12 500+10 200+8 600+
6 300+10 400=126 200(元)

(2) 部门 1 和部门 3 交换位置后,部门间的移动距离如表 5-17 所示。再计算各个部门间的移动成本,如表 5-18 所示。

表 5-17 部门 1 和 3 交换位置后各部门的移动距离

部门	1	2	3	4	5
1	—	1	2	2	1
2		—	1	1	2
3			—	2	3
4				—	1
5					—

表 5-18 各部门的移动成本

部门	1	2	3	4	5
1	—	1 200	13 600	11 200	13 600
2		—	11 400	12 500	10 200
3			—	8 600	18 900
4				—	10 400
5					—

将表 5-18 中的费用相加，得到交换位置后，部门间移动的月总成本为：

1 200+13 600+11 200+13 600+11 400+12 500+10 200+8 600+
18 900+10 400=111 600（元）

（3）交换位置后，每月节约的成本为：126 200−111 600=14 600 元。由于两个月节约的成本为 29 200 元，大于交换位置增加的一次性成本 22 500 元，所以值得将部门 1 和部门 3 交换位置。

2. 由图 5-2 可知，部门 1 有很多 A 类别，因此，部门 1 应分配到中心位置。找出与之相互应接近的一组部门：1—3，1—4，1—5，1—6，1—7，1—8，1—9。

这些部门应安排在部门 1 的四周。

应接近的部门还包括：3—2，3—6。

相互可不接近的部门包括：5—2，5—9；8—6，8—4，8—3。

经过反复检验，得出如图 5-9 所示的部门布置。经与作业相关图对照，可知该布置满足接近程度的要求。

部门2	部门3	部门4
部门7	部门1	部门6
部门8	部门9	部门5

图 5-9　部门布置图

3. 计算过程见表 5-19。

表 5-19　计算结果表

产品		A	B	C	D	E	总距离
月产量		2 000	2000	3 000	1 000	3 000	
方案 A	单位距离	30	25	40	25	55	
	累计距离	60 000	50 000	120 000	25 000	165 000	420 000
方案 B	单位距离	60	35	20	25	35	
	累计距离	120 000	70 000	60 000	25 000	105 000	380 000

两个方案的移动总距离为：方案 A 是 420 000 米，方案 B 是 380 000 米。

4. 根据表 5-6 统计出部门之间的货物运输量，将之作为部门之间的物流强度，并划分出强度等级，见表 5-20。

将物流强度大的部门尽量安排在相邻位置，不断调整后得到以下布置，如图 5-10 所示。

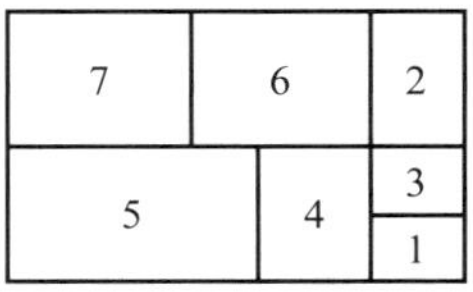

7　6　2
5　4　3
1

图 5-10　部门布置图

表 5-20　部门之间货物运输量及物流强度等级

部门	物流强度	等级
5—6	2 800	A
6—3	2 000	A
4—2	1 400	E
3—4	1 200	E
2—6	1 000	I
4—5	800	I
5—7	400	O
4—6	200	O
7—2	200	O

5. 计算各种物品每个货区每周的搬运次数，按由大到小的顺序排列（括号中为搬运次数）：3（360），1（280），5（200），6（150），4（125），2（80），7（50）。将搬运次数大的物品布置在靠近仓库出入口处。图 5-11 是根据这种排列所作出的布置方案。

6. 给定一个初始布置方案，根据上述给出的搬运量数据和成本数据，按照搬运量大的部门尽量安排在相邻位置的原则，经综合分析、调整，得到一个合理可行的布置方案，如图 5-12 所示。

图 5-11　布置好的仓库平面示意图

5	7	1	2
4	3	6	8

图 5-12　合理的布置方案

7. 首先求出两两部门间的工作流量（例如，1—2，即部门 1 与部门 2 之间，工作流量为 90+35=125）。接着按工作流量由大到小的顺序将两两部门列出来。

部门 1 和部门 2 之间的工作量最大，因此它们应当靠近布置，也许在 B 和 E 处。接下来两部门间的工作流量最大的是 1—3，1—4。注意，3—4 的工作流量小，说明部门 3 与部门 4 不需要距离太近。相反，我们应将它们安置在部门 1 的两边。也要注意 3—4 的工作流量仅为 2，5—3 的是 0。因而，把部门 3 安排到 D 的位置，部门 4 在 F 的位置，部门 5 在 C 的位置。最终的布置结果如图 5-13 所示。

8. 原始布置方案下的工作负荷为：AB=10 × 1=10；AC=20 × 2=40；AD=30 × 3=90；

BC=15×1=15；BD=10×2=20；CD=20×1=20。总工作负荷为：195。

改进方案：将接触次数多的部门尽量安排在相邻位置以利于降低工作负荷，可按这一原则调整办公室布置，将A与D、C，C与D，B与C安排在相邻位置，调整后的布置如图5-14所示。

A 部门6	B 部门2	C 部门5
D 部门3	E 部门1	F 部门4

图5-13　部门最终布置图

D	A	C	B

图5-14　调整后的办公室布置

调整后的工作负荷为：AB=10×2=20；AC=20×1=20；AD=30×1=30；BC=15×1=15；BD=10×3=30；CD=20×2=40。总工作负荷为：155。

9.（1）可能最小的节拍为最长的工序加工时间，即工序d的时间，为1.3分钟。

$$\text{最小工作地数 } S_{\min}=\left[\frac{\sum t_i}{r}\right]=[4.6\div 1.3]=4$$

工作地Ⅰ：a　b　c　e；工作地Ⅱ：d；工作地Ⅲ：f　g；工作地Ⅳ：h。

$$\text{时间损失率}=\frac{1.3\times 4-4.6}{1.3\times 4}\times 100\%=11.54\%$$

$$\text{日产量}=420/1.3=323$$

（2）若使用两个工作地：

节拍=4.6/2=2.3分钟，这一节拍是可行的。

工作地Ⅰ：a　b　c　e　d；工作地Ⅱ：f　g　h。

$$\text{时间损失率}=(2.3\times 2-4.6)/(2.3\times 2)=0$$

$$\text{日产量}=420/2.3=183$$

10. 最小工作地数 $S_{\min}=\left[\frac{\sum t_i}{r}\right]=[4\div 1.5]=3$

工作地Ⅰ：a　b　c　e；工作地Ⅱ：d　f　g　h　i；工作地Ⅲ：j　k　l。

$$\text{时间损失率}=\frac{1.5\times 3-4}{1.5\times 3}\times 100\%=11.1\%$$

11.（1）装配线节拍=(8×60×60)/600=48（秒）。

（2）最少工作地数=236/48=4.92，取5个。

（3）按最长作业时间优先的规则分配作业：

工作地Ⅰ：a　b；工作地Ⅱ：c　d；工作地Ⅲ：e　f；

工作地Ⅳ：h　g；工作地Ⅴ：i　j；工作地Ⅵ：k。

（4）按后续作业数最多且最短作业时间优先的规则分配作业：

工作地Ⅰ:b a;工作地Ⅱ:d c;工作地Ⅲ:e f;

工作地Ⅳ:g h;工作地Ⅴ:j i;工作地Ⅵ:k。

12. (1) 节拍 =(7.5×60×60)÷900=30(秒);装配线效率 =100%。

(2) 增加一个工作站,并重新分配作业。新装配线效率 = $\frac{120}{150}\times 100\% = 80\%$。

五、案例教学说明

1. 教学目的

通过本案例教学,学生能:

(1) 列举出装配线平衡的三个主要目的。

(2) 解释装配线节拍的概念及其计算方法。

(3) 对具体的装配线进行平衡和优化设计。

2. 分析思路

(1) 要求学生阅读案例资料。

(2) 分组讨论,形成小组编制的装配线平衡方案。

(3) 组织全班讨论。

3. 问题分析参考要点

(1)、(2)、(3) 计算节拍 =(7.5×60×60)/250=108(秒),安排 10 个工作地,工作地作业分配方案如表 5-21 所示(假设作业 15 可以分拆)。

表 5-21 装配线方案(节拍 =108 秒)

工作地编号	作业	工作时间(秒)
1	1. 准备覆盖(75)	75+24=99
	3. 准备基座(24)	
2	2. 将液晶显示屏安装到覆盖上(61)	61+36=97
	4. 将主印刷线路板安装到基座上(36)	
3	5. 安装中央处理器(22)	22+39+32=93
	6. 安装并测试备用电池(39)	
	7. 安装指取设备和腕托(32)	
4	8. 安装喇叭和耳机(44)	44+29+26=99
	9. 将辅助印刷线路板安装到主印刷线路板上(29)	
	10. 键盘的准备和安装(26)	

续表

工作地编号	作业	工作时间(秒)
5	11. DVD 和硬盘驱动器的准备和安装(52) 12. 电池组的安装(7) 13. 插入内存卡(5) 14. 启动软件安装(11)	52+7+5+11=75
6	软件安装(100)	100
7	软件安装(100)	100
8	软件安装(100)	100
9	软件安装(10) 15. 测试视频播放器(60)	10+60=70
10	16. 测试键盘(60)	60

这时,劳动力利用率 $=\dfrac{893}{108\times10}\times100\%=82.7\%$。

(4) 节拍 =(7.5×60×60)/300=90(秒)。

最少工作地数 =893/90=9.92,即最小工作地数为 10。

工作地作业分配方案如表 5-22 所示(假设作业 15 可以分拆),需要 11 个工作地。

表 5-22　装配线方案(节拍 =90 秒)

工作地编号	作业	工作时间(秒)
1	1. 准备覆盖(75)	75
2	2. 将液晶显示屏安装到覆盖上(61) 3. 准备基座(24)	61+24=85
3	4. 将主印刷线路板安装到基座上(36) 6. 安装并测试备用电池(39)	36+39=75
4	7. 安装指取设备和腕托(32) 8. 安装喇叭和耳机(44)	32+44=76
5	5. 安装中央处理器(22) 9. 将辅助印刷线路板安装到主印刷线路板上(29) 10. 键盘的准备和安装(26)	22+29+26=77

续表

工作地编号	作业	工作时间(秒)
6	11. DVD和硬盘驱动器的准备和安装(52)	52+7+5+11+10=85
	12. 电池组的安装(7)	
	13. 插入内存卡(5)	
	14. 启动软件安装(11)	
	15. 软件安装(10)	
7	软件安装(90)	90
8	软件安装(90)	90
9	软件安装(90)	90
10	软件安装(30)	30+60=90
	15. 测试视频播放器(60)	
11	16. 测试键盘(60)	60

这时,劳动力利用率 $=\dfrac{893}{90\times 11}\times 100\% = 90.2\%$。

若使用原设计,需要运行10小时,加班2.5小时。

(5) 还需要考虑:工人的作业效率、装配质量、物料供应、设备稳定性等。

第六章　综合生产计划

6.1　习题与案例

一、简述题

1. 简述企业计划系统的层次及其内容。

2. 简述编制综合生产计划的目的。

3. 简述编制综合生产计划的主要内容。

4. 简述综合生产计划的作用。

5. 处理非均匀需求有哪几种策略？其应用条件及限制如何？

6. 简述滚动计划方法的优点。

7. 编制综合生产计划时，需要明确应对非均匀需求的策略。试分析在什么情况下适合采用改变生产率策略。

8. 试分析在什么情况下适合采用改变库存水平策略来应对非均匀需求。

9. 在需求不确定性很大的环境中，如何使用综合生产计划？

10. 转包的可获性如何影响综合生产计划？

11. 如何进行生产负荷与生产能力的平衡？

12. 服务业的服务能力计划同制造业的生产能力计划有什么差异？

13. 调节需求的策略有哪些？其应用条件及限制如何？

14. 适合采用收益管理策略的企业一般具有什么特点？

二、单项选择题

1. (　　)属于中期计划的决策。

A. 确定需维持的库存量　　B. 决定购买何种设备

C. 厂址选择　　D. 以上都是

2. 综合生产计划确定之后，制造的任务就是完成计划。如果完成了计划，但出现实际库存水平与计划库存水平不一致，(　　)不是该问题的起因。

A. 销售问题　B. 需求管理问题　C. 制造问题　D. 预测问题

3. 综合计划是涉及(　　)产能规划。

A. 长期的　B. 中期的

C. 短期的　D. 一般是一到三个月的

4. 企业的计划可以分成若干层次，即战略层、战术层和(　　)。

A. 规划层　B. 计划层　C. 执行层　D. 作业层

5. 编制综合计划要考虑(　　)。

A. 作业排序　B. 订货量大小　C. 库存水平　D. 选址

6. 收益管理适用于服务型企业，这些企业一般应具有的特征是(　　)。

A. 服务具有时效性　B. 服务具有较高可变成本

C. 服务不可以预订　D. 顾客需求不能有大的变动

7. (　　)属于产品出产计划的输入。

A. 期初库存　B. 每期预测　C. 产能信息　D. 以上都是

8. 当市场需求有波动时，企业维持稳定的生产能力，这样做的好处是(　　)。

A. 降低库存水平　B. 稳定产品质量

C. 快速响应需求　D. 减少缺货

9. 油漆生产企业编制综合计划时，计划制定者最可能采用的计划单位是(　　)。

A. 多少升的油漆，而不管具体什么颜色

B. 不同颜色的油漆各生产多少升

C. 不同品种的油漆采用不同的计量单位

D. 以上均采用

E. 以上都不采用

10. 生产系统的生产能力，往往取决于(　　)。

A. 瓶颈环节的生产能力　B. A类设备的生产能力

C. 关键设备的生产能力　D. 关键员工的技能

11. 编制综合计划需要以下信息：(　　)。

A. 需求预测　B. 当前库存水平

C. 雇用员工数量的政策　D. 以上都是

12. 综合生产计划的主要指标是(　　)。

A. 产量　B. 设备利用率　C. 在制品量　D. 质量要求

13. (　　)不是通过调整产能使其满足期望需求的策略。

A. 转包　B. 改变劳动力数量

C. 加班加点　D. 改变库存量

14. 应对非均匀需求时,采用平稳生产策略的好处是(　　)。

A. 有利于降低设备调整准备时间　　B. 缩短了产品制造周期

C. 有利于设备稳定可靠运行　　D. 提高了生产系统的柔性

15. 制定综合生产计划时,处理非均匀需求的策略可以是(　　)。

A. 维持均衡生产　　B. 加强质量控制

C. 编制滚动计划　　D. 扩大生产能力

16. 在实际生产中,最常用的综合计划方法是(　　)。

A. 线性规划方法　　B. 试错法

C. 线性决策法则　　D. 仿真模型

17. 企业自身能够控制的影响需求的因素有:广告、推销努力和(　　)。

A. 本企业的产品质量　　B. 商业周期

C. 竞争对手的产品价格　　D. 以上都是

18. (　　)体现了准时生产的思想。

A. 改变生产率,使之与需求率同步　　B. 推迟交货

C. 改变库存水平　　D. 既改变库存水平,又推迟交货

19. (　　)不属于调节需求的办法。

A. 通过调节价格转移需求　　B. 开发预约系统

C. 刺激低谷需求　　D. 改变劳动力数量

20. 对于单件小批生产的机械产品,一般考虑采用的定价方法是(　　)。

A. 成本导向法　　B. 市场导向法　　C. 需求导向法　　D. 竞争导向法

三、判断题

1. 滚动计划的连续性和应变性好,但严肃性差。(　　)

A. 正确　　B. 错误

2. 我们通常所说“某企业年产电视机多少台”,是指假定产品。(　　)

A. 正确　　B. 错误

3. 综合计划通常覆盖 1~3 个月的计划期。(　　)

A. 正确　　B. 错误

4. 编制综合生产计划的关键是在供需之间实现平衡。(　　)

A. 正确　　B. 错误

5. 综合生产计划属于长期计划。(　　)

A. 正确　　B. 错误

6. 通过改变生产率来处理非均匀需求,是准时生产(JIT)思想。(　　)

A. 正确　　B. 错误

7. 综合计划用于确定中期的产出、员工雇用和库存的总体水平。 ( )

A. 正确 B. 错误

8. 用收入利润顺序法确定品种,收入少、利润低的产品不应再生产。 ( )

A. 正确 B. 错误

9. 确定机器负荷、进行任务分派都是进行综合计划的例子。 ( )

A. 正确 B. 错误

10. 综合计划的目标是提供覆盖 2~12 个月的详细的企业营运计划。 ( )

A. 正确 B. 错误

11. 用改变库存水平的策略处理非均匀需求,对劳务性生产不适用。 ( )

A. 正确 B. 错误

12. 确定综合计划策略要考虑的首要因素是总成本。 ( )

A. 正确 B. 错误

13. 外部的市场需求是波动的,企业不能直接控制需求,在企业经营中供需失衡是常见的。当需求大于供给时,企业不能及时提供顾客所需数量的产品,致使服务水平下降,顾客不满意度上升。 ( )

A. 正确 B. 错误

14. 在综合生产计划下,确定运作计划之后,制造的任务就是完成计划。如果完成了计划,但出现实际库存水平与计划库存水平不一致,这就是制造过程中出现了问题。 ( )

A. 正确 B. 错误

15. 产品出产计划(主生产计划)表示产品出产的时间和数量,而不是产品何时进行生产的计划。 ( )

A. 正确 B. 错误

16. 综合生产计划可以帮助企业稳定生产率、稳定产品质量、控制库存,以及提高顾客服务水平。 ( )

A. 正确 B. 错误

17. 生产系统的生产能力往往取决于关键设备的生产能力。 ( )

A. 正确 B. 错误

18. 企业生产系统的生产能力不仅跟设备的能力有关,还取决于生产组织条件与方式。 ( )

A. 正确 B. 错误

19. 收益管理的实质是合理分配生产能力以最大化企业的收益,因此对需求的管理能力是十分关键的。 ( )

A. 正确 B. 错误

20. 编制综合生产计划是企业内部的事情,与下游经销商无关。 ( )

A. 正确 B. 错误

四、计算题

1. 某公司的管理人员已知今后 6 个月的需求预测及相关生产费用(见表 6-1)。

表 6-1 某产品计划编制数据

周期(月)	1	2	3	4	5	6	总计
预测(件)	200	200	300	400	500	200	1 800
成本信息:							
正常生产时间:	2 元 / 件						
加班生产时间:	3 元 / 件						
转包合同:	6 元 / 件						
库存:	1 元 / 件 · 月(按平均库存水平计算)						
缺货:	5 元 / 件 · 月(缺货延迟到下一期交付)						

现在他们想制定一个综合生产计划,有两种思路:

第一种思路是:用库存吸收需求波动,在正常工作日内按稳定的出产率生产产品,但是允许缺货。他们希望初始库存为零,最后的库存也为零。现该公司有 15 名工人,每名工人每期可以生产 20 件。

第二种思路是:有 1 名工人将要退休,管理人员不想再招工,而是采用加班的方法弥补生产不足。正常出产量变成 280 件 / 月,最大加班产量是 40 件 / 月。

请比较两种计划方案,为其选择一个合理的综合生产计划,计算出总生产费用。

2. 某生产微波炉的企业,对下一计划年度的需求作出预测,其他相关资料如表 6-2 所示。

表 6-2 某型号微波炉需求量与生产能力参数

季度	需求量(千台)	各种可利用生产能力的最大产量(千台)		
		正常生产	加班生产	外包生产
1	80	80	15	10
2	70	60	10	10
3	100	70	15	5
4	90	80	20	10

该产品的期初库存为 10 000 台，要求到期末保持库存 30 000 台。各种能力的成本为：

正常生产 =50 元 / 台　　加班生产 =75 元 / 台

外包生产 =130 元 / 台　　库存成本 =5 元 / 台·季

此外，季度产量水平每增加 1 000 台的劳动力变化成本为 1 200 元，每减少 1 000 台的劳动力变化成本为 1 800 元。期初的生产能力为 9 万台 / 季。试为该企业制定保证成本最低的生产计划方案。

3. 表 6-3 是某食品公司未来 4 个月的需求预测，期初库存是 10 件。

表 6-3　食品公司的预测

月份	需求量
1	120
2	160
3	20
4	70

回答下列问题：

(1) 如果希望完成一个没有延期的均衡化运作计划，每月应该生产多少？

(2) 在这个计划下，第 4 个月月末的库存是多少？

(3) 如果制定一个均衡化生产、固定雇员人数、计划期末库存为 0 的综合生产计划，每月该生产多少？有延期交付吗？如果库存费用为 5 元 / 件·月，延期罚款为 8 元 / 件·月，计算计划方案的库存费用和延期费用。

4. 一位计划经理正在编制一份 9 个月的综合计划，她已经获得了一份计划期内的期望需求预测，如表 6-4 所示。计划必须反映季节性特征很强的需求。部门现有 20 名全职员工，每人每期都能以每单位 6 元的成本生产 10 单位的产出。每期的存货持有成本为每单位 5 元，每期延迟交货成本为每单位 10 元。经理考虑了一个计划，其中需要聘用 1 名员工从第 1 期开始工作，另聘 1 名临时工，只工作到第 5 期即可，如此一来就要增加 500 元的劳动力变更成本。假设期初库存为 0。

表 6-4　计划期期望需求预测

时期	1	2	3	4	5	6	7	8	9
预测	190	230	260	280	210	170	160	260	180

(1) 试分析其计划方案。

(2) 计算该计划方案的总成本，包括生产、存货和延迟交货成本。

5. 某汽车制造厂 2001 年 1—6 月大型轿车预计的市场需求量分别为 3 000 辆、

3 600 辆、5 200 辆、6 000 辆、5 000 辆、4 400 辆，共计 27 200 辆，1 月份期初库存量为零。该厂在三种不同的生产方式下的生产能力和相应的单位制造成本数据如表 6-5 所示。单位产品每月的储存成本为 200 元，不允许延迟交货，请确定该厂 2001 年 1—6 月的综合生产计划。

表 6-5 三种不同生产方式下的生产能力和相应的单位制造成本

生产方式	生产能力（辆）	单位制造成本（元）
1. 正常生产	4 000	20 000
2. 加班生产（可多生产）	600	21 000
3. 分包生产（可多生产）	1 000	22 000

6. 某公司生产 A、B 二种产品，产品的加工要用到 X、Y、Z 三种机床，每种机床都有 12 台。公司预测了今后 6 个月的产品需求，见表 6-6。A、B 产品每月的库存成本分别为 2 元和 4 元。公司每月工作 22 天，每天的一个班次，制度工作时间为 8 小时。设备有效利用率为 90%，A、B 产品的工时定额如表 6-7 所示。试分析下列问题。

表 6-6 A、B 产品 6 个月的需求预测（件）

月份	1	2	3	4	5	6
A	800	650	800	900	800	850
B	425	300	500	500	400	500

表 6-7 A、B 产品的工时定额（小时 / 件）

产品	机床		
	X	Y	Z
A	1.4	0.7	1.1
B	1.5	1.3	0.8

(1) 按照预测生产 A、B 产品，计算并分析 X 机床的工作负荷。

(2) 为制定一个工作负荷尽量均衡的生产计划，考虑到 A 产品的库存费用为 B 的 2 倍，所以计划制定者决定按 B 产品的预测量进行生产，并合理安排 A 产品的生产，以使 X 机床的工作负荷始终高于 6 个月的平均负荷。制定一个生产计划来满足此目标。

(3) 针对 (2) 中所制定的计划，计算 Y、Z 机床的工作负荷。

(4) 为什么计划制定者优先选择机床 X，而不是另外的机床来制定负荷均衡的生产计划？

五、案例

力峰公司的综合计划

力峰公司是一家设计、制造和销售园林工具的企业，生产和销售六个系列的产品。每个系列产品的成本、收益、生产时间、生产批量等信息如表 6-8 所示。其中，单位产品净生产时间为分摊到每单位产品的调整准备时间与单位产品生产时间之和。

表 6-8　各产品系列的成本和生产时间等信息表

产品系列	材料成本（元 / 件）	销售单价（元 / 件）	调整准备时间（小时 / 批）	平均批量（件）	单位产品生产时间（小时）	单位产品净生产时间（小时）	销售量占比（%）
A	150	540	8	50	5.6	5.76	10
B	70	300	6	150	3	3.04	25
C	90	390	8	100	3.8	3.88	20
D	120	490	10	50	4.8	5	10
E	90	360	6	100	3.6	3.66	20
F	130	480	5	75	4.3	4.37	15

公司产品需求的季节性强，一般春季是销售旺季。为应对季节性需求，公司会采用各种策略，包括：在旺季增加员工数量、将任务转包出去、在淡季建立库存、积压订单延迟交货等。具体采用什么策略，需要通过编制综合生产计划来确定。所以，公司供应链总监一直重视需求预测和计划编制工作。公司计划部门对未来 6 个月的产品需求进行了预测，预测数据见表 6-9。

表 6-9　各产品系列的需求预测信息（件）

产品系列	1 月份	2 月份	3 月份	4 月份	5 月份	6 月份
A	160	300	320	380	220	220
B	400	750	800	950	550	550
C	320	600	640	760	440	440
D	160	300	320	380	220	220
E	320	600	640	760	440	440
F	240	450	480	570	330	330

下一步，供应链管理部需要编制一个优化的综合生产计划，目标是在满足客户需求（可以延迟交货）的前提下，使公司在 6 个月的计划期内能够获得尽量多的利润，也就是尽量使成本最小。公司 1 月初有 80 名员工，初始库存为 1 000 件假定产品。工厂每月工作 20 天，

每名员工每天工作8小时，其他为加班时间，但每名员工每个月的加班时间不能超过10小时。要求6月底至少有500单位假定产品库存。其他成本信息见表6-10，其中外包成本包括了原材料成本。

分析下列问题：

（1）计算假定产品的材料成本、销售价格、净生产时间和销售预测。

（2）以假定产品为计划对象，采用平稳生产策略，编制综合生产计划，使总成本尽量小。总成本包括材料成本、正常时间成本、加班成本、外包成本、员工变更成本、延迟交货成本、库存成本。

（3）分析需求波动、员工变更成本对综合生产计划的影响。

表6-10　成本信息表

成本项目	成本
原材料成本	100元/单位
库存成本	20元/(单位·月)
延迟交货成本	50元/(单位·月)
雇用员工成本	3 000元/人
解雇员工成本	5 000元/人
正常工作时间成本	40元/小时
加班成本	60元/小时
外包成本	300元/单位

6.2　游戏教学

1. 教学目的

（1）理解综合生产计划的主要内容。

（2）掌握编制综合生产计划的主要策略与方法。

（3）加深理解综合生产计划的作用。

2. 教学设计

（1）教学内容。主要包括：综合生产计划的概念、内容与作用，综合生产计划的编制方法及其所需的信息，综合生产计划的评估。

（2）教学方法设计。此部分内容难以理解，如果只讲解理论与方法，学生会觉得枯燥、乏味，教学效果不好，难以达到教学目的。因此，我们设计了游戏教学方法，让学生从干中学、从错误中学习。

(3) 游戏设计。该游戏为某公司综合生产计划的编制。

① 背景资料。某公司生产A、B两种产品,产品每年的销售量都呈现一种类似的变化趋势(如图6-1所示)。已知去年12个月中A产品的最大月销售量为4 500件,B产品的最大月销售量为2 000件,预计今年的销售量可能比曲线中的预期水平多或少25%。

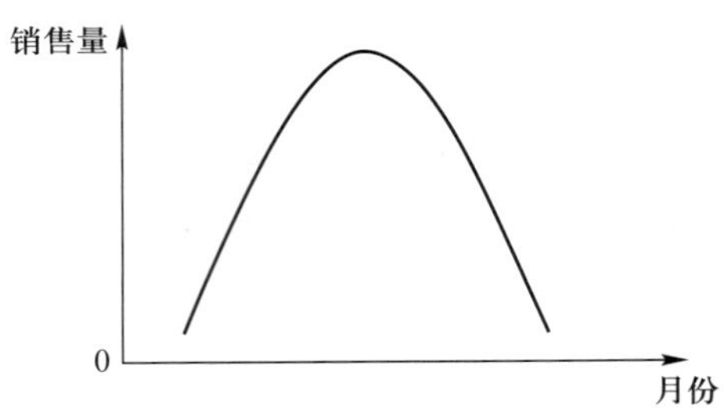

图6-1 产品需求趋势

受生产能力的约束,在产量上,两种产品有九种可能的组合,见表6-11。

表6-11 某公司生产能力表

正常生产能力下(件/月)		50%加班的生产能力下(件/月)	
A	B	A	B
6 000	0	9 000	0
4 000	600	7 000	600
2 000	1 200	5 000	1 200
0	1 800	3 000	1 800

涉及的成本见表6-12。

表6-12 产品相关成本信息

产品	A	B
库存成本(元/件·月)	2	6
缺货成本(元/件)	20	60
加班成本(元)	20 000	
计算错误罚金(元)	25 000	

期初库存信息:A为400件,B为100件。

② 游戏规则。以小组为单位编制综合生产计划。每月开始时,每个小组从表6-11中选择一种可能的产品组合。当所有小组做出决策后,老师宣布该月实际的订货量。然后,各小组计算出期末库存量以及库存、缺货和加班成本等信息,填入表6-13中。12个月结束后,进行游戏总结,累计成本最低的小组为优胜者。

表 6-13　生产决策与成本计算表

小组：　　　　成员：　　　　时间：

月份	A 产品								B 产品								总计				
	生产产量	期初库存量	可供销售量	需求	期末库存量	库存成本	期末缺货量	缺货成本	生产产量	期初库存量	可供销售量	需求	期末库存量	库存成本	期末缺货量	缺货成本	总库存成本	总缺货成本	加班成本	当月总成本	累计成本
1																					
2																					
3																					
4																					
5																					
6																					
7																					
8																					
9																					
10																					
11																					
12																					

计算说明：

- A、B 产品的生产产量只能从产品组合中选择，容许停产。
- 当月期初库存量 = 前月期末库存量。
- 可供销售量 = 期初库存量 + 生产数量。
- 期末库存量 = 可供销售量 – 需求量(不容许为负数)。
- 缺货量 = 需求量 – 可供销售量(不容许为负数)。
- 库存成本 =(期初库存量 + 期末库存量) ÷ 2 × 单位库存费用。
- 总存货成本 =A 产品库存成本 +B 产品库存成本。
- 总缺货成本 =A 产品缺货成本 +B 产品缺货成本。
- 如果选择产品组合是在 50% 加班情况下，加班费用为 20 000 元。
- 当期总成本 = 总存货成本 + 总缺货成本 + 加班成本；当期累计成本 = 前期累计成本 + 当期总成本。

3. 教学实施

(1) 老师介绍游戏背景资料和游戏规则。

(2) 组建小组，每组一般为 4~5 人，并要求学生组内分配角色。

(3) 要求各小组就 1 月份的生产量做出决策，也就是从表 6–11 中选择一种产品组合，要求学生将决策结果写在小纸条上(如表 6–14 所示)，并交给老师。

表 6–14 决 策 结 果

组	是否加班	是□ 否□
1 月份	A 产量	
	B 产量	

当所有小组做出决策后，老师宣布该月实际的订货量。然后，各小组计算与计划相关的各种信息，填入表中。

(4) 要求各小组就 2 月份的生产量做出决策。重复(3) 的内容，一次做完 12 个月。

(5) 游戏总结：展示各个小组的计划方案，并与学生互动，讨论以下问题：采用了什么策略？有什么失误？如何做得更好？等等。然后，老师总结以下内容：综合生产计划的含义；编制综合生产计划的内容、方法和策略；编制综合生产计划所需的信息；综合生产计划的比较与选择等。

4. 教学效果评估与改进

老师提出一些问题与学生互动，检验学生对相关知识的掌握程度，以评估学习效果，发现存在的不足，进一步改进教学。

6.3　习题答案与案例教学说明

一、简述题

1. 简述企业计划系统的层次及其内容。

答：企业里有各种各样的计划，一般可以分成战略层计划、战术层计划与作业层计划三个层次。战略层计划涉及产品发展方向、生产发展规模、技术发展水平、新生产设备的建造等。战术层计划是确定在现有资源条件下所从事的生产经营活动应该达到的目标，如产量、品种、产值和利润。作业层计划是确定日常的生产经营活动的安排。从战略层到作业层，计划期越来越短，计划的时间单位越来越细，覆盖的空间范围越来越小，计划内容越来越详细，计划中的不确定性越来越小。

2. 简述编制综合生产计划的目的。

答：在计划期内，最大限度地利用现有设施，满足不确定的需求，并使利润最大化。

3. 简述编制综合生产计划的主要内容。

答：根据计划期内每个时期的需求预测和各种产能、成本、员工政策、外包政策等信息，确定各个时期合适的生产水平、劳动力、加班量、产能水平、外包量、延迟交付量、库存水平，使计划期内企业利润最大化。

4. 简述综合生产计划的作用。

答：综合生产计划是实现最佳供需匹配的主要工具；综合生产计划对供应链绩效有显著影响；综合生产计划为生产运营提供了蓝图，为生产、供应和分销决策提供了必要参数；对供应商来说，综合生产计划决定了预期订单，而对顾客而言，它决定计划的供给。

5. 处理非均匀需求有哪几种策略？其应用条件及限制如何？

答：一般来说，处理非均匀需求有三种策略：改变库存水平、改变生产率和混合策略。

(1) 改变库存水平，就是通过库存来调节生产，而维持生产率和工人数量不变。这种策略可以不必按最高生产负荷配备生产能力，节约了固定资产投资，是处理非均匀需求常用的策略。成品库存的作用好比水库，可以蓄水和供水，既防旱又防涝，保证水位正常。但是，通过改变库存水平来适应市场的波动，会产生维持库存费。同时，库存也破坏了生产的准时性。

(2) 改变生产率，就是要使生产率与需求率匹配，需要多少就生产多少，因而可以减少库存。忙时加班加点，闲时把工人调到其他生产单元或做清理工作。当任务超出太多时，可以采取转包或变制造为购买的办法。这种策略引起的问题是生产不均衡，同时会多付加班费。

(3) 混合策略,就是同时考虑改变库存水平和改变生产率这两种策略,即在一个计划期内的不同时段采用不同的生产率,而在同一时段内采用稳定的生产率。这样,可以在一定程度上维持生产的均衡,同时又能降低库存。

6. 简述滚动计划方法的优点。

答:滚动计划方法有以下优点:

(1) 使计划的严肃性和应变性都得到保证。因执行计划与编制计划的时间接近,内外条件不会发生很大变化,可以基本保证完成,体现了计划的严肃性;预计计划允许修改,体现了应变性。如果不是采用滚动计划方法,第一期实施的结果出现偏差,以后各期计划如不作出调整,就会流于形式。

(2) 提高了计划的连续性。

7. 编制综合生产计划时,需要明确应对非均匀需求的策略。试分析在什么情况下适合采用改变生产率策略。

答:改变生产率策略就是调整产能应对需求的不确定性,实现供需协调。而调整产能的常用办法是改变劳动力数量或扩充产能、忙时加班和转包。所以在下列情况下采用这种策略:库存成本高(否则可以通过改变库存水平来应对需求的不确定性);改变劳动力数量或扩充产能的成本相对较低;允许加班;外包具有可获性。

8. 试分析在什么情况下适合采用改变库存水平策略来应对非均匀需求。

答:改变库存水平策略就是通过维持均衡生产来应对需求的不确定性:当需求小于能力时,由于生产率维持不变,库存就会上升;当需求大于能力时,将消耗库存来满足需求,库存水平就会下降,甚至会出现缺货或延迟交货的情况。总体来说,库存量会比较高。所以,这种策略适用于库存成本相对较低,或缺货与延迟交货成本相对较低的情况。

9. 在需求不确定性很大的环境中,如何使用综合生产计划?

答:如果需求波动增大,供给与需求保持同步就更加困难,从而导致库存或缺货、延迟交货增加,就会增加总成本。在这种情况下编制综合生产计划时,应当尽量采用改变生产率、增加产量柔性的策略,使供应与需求更好地匹配,减少库存和缺货,从而降低总成本。

10. 转包的可获性如何影响综合生产计划?

答:转包就是把部分生产任务转给其他企业去做,利用其他企业的产能加工本企业的产品,相当于扩大了本企业的产能。但转包会增加质量控制和交付控制的难度,使本企业丧失部分控制权。所以,如果这些控制的成本太高,就不适合采用转包策略。

11. 如何进行生产负荷与生产能力的平衡?

答:生产能力与生产负荷平衡就是通过计算计划期内的生产能力和生产负荷,分

析产能与负荷的平衡情况,继而采取保证二者平衡的措施的过程。它是制造企业编制生产能力计划的重要内容,包括三个方面内容:

(1) 将生产负荷与生产能力进行比较。

(2) 分析二者的平衡情况,并采取措施。如果总体产能不足,就要安排加班或转包,或者扩建新设施;如果总体产能充足但不均衡,就要调整产品出产计划,使负荷尽量均衡。

(3) 计算生产能力利用指标,如生产能力综合利用系数,它等于生产负荷与生产能力之比。

12. 服务业的服务能力计划同制造业的生产能力计划有什么差异?

答:服务能力计划对时间和空间的依赖性更大。由于服务不能存储,所以服务能力具有易逝性,必须提供及时服务。服务能力一般要布置在顾客周围,离服务对象越近越好。由于服务的随机性,服务能力必须大于服务需求,服务能力的闲置便不可避免,因此,编制服务能力计划就要权衡顾客的等待成本和公司的服务成本。

13. 调节需求的策略有哪些? 其应用条件及限制如何?

答:(1) 通过调节价格转移需求。适用于需求价格弹性大的产品和服务。

(2) 延迟交货。适用于顾客接受延迟交货,且成本相对较低的情况。该策略有失售或失去顾客的风险。

(3) 按需求来源不同转移需求。适用于需求有差异的情形,多用于服务业。

(4) 供不应求时适当限制需求。多用于公共服务部门。

(5) 开发预约系统。多用于服务业,且服务需求随机性大、非均衡性大的情形。它有利于将随机需求转化为计划需求,减少甚至消除排队;能将需求转移到低谷期或转移到其他服务实施上,有利于公司充分利用其产能。但是,如果顾客未按时履行预约,企业就会受到损失。

(6) 固定时间表。多适用于交通服务业。该策略使顾客按固定时间表行动,可以满足不同顾客的需要,又可减少服务能力的浪费。

14. 适合采用收益管理策略的企业一般具有什么特点?

答:产品价值具有易逝性;产品可以在消费前进行销售(可预订);需求变化大;企业生产或服务能力短期内相对固定,不易改变;可以根据顾客需求偏好进行市场细分;变动成本比较低,而固定成本比较高。

二、单项选择题

答案:1~5　ACBDC　6~10　ADBAA　11~15　DADCA　16~20　BAADA

三、判断题

答案:1~5　BABAB　6~10　AABBB　11~15　AAABA　16~20　ABAAB

四、计算题

1. 方案 1 的计算结果见表 6-15。

表 6-15　方案 1 计算结果

月份	(1) 需求预测	(2) 产出 （正常时间）	(3) 期末库存	(4) 缺货数量	(5) 缺货费用 (4)×5	(6) 正常时间 总费用
1	200	300	100	0	0	600
2	200	300	200	0	0	600
3	300	300	200	0	0	600
4	400	300	100	0	0	600
5	500	300	0	100	500	600
6	200	300	0	0	0	600
合计					500	3 600

总费用 =600+500+3 600=4 700（元）

方案 2：总需求是 1 800 件，由于每月正常时间产出为 280 件，6 个月共生产 1 680 件，还差 120 件，所以必须安排加班。加班安排在计划期的中间时段，因此这期间需求加大，过早安排加班会增加库存成本，过晚加班又会增加缺货成本，故安排 3、4、5 三个月加班。计算结果见表 6-16。

表 6-16　方案 2 计算结果

月份	(1) 需求 预测	(2) 产出 （正常 时间）	(3) 期初 库存	(4) 加班 件数	(5) 加班 费用	(6) 缺货	(7) 缺货 费用	(8) 期末 库存	(9) 库存 费用	(10) 正常 时间 总费用
1	200	280	0					80	40	560
2	200	280	80					160	120	560
3	300	280	160	40	120			180	170	560
4	400	280	180	40	120			100	140	560
5	500	280	100	40	120	80	400	0	50	560
6	200	280	0					0	0	560
合计					360		400		520	3 360

总费用 =360+400+520+3 360=4 640(元)

比较两个方案,可以看出方案 2 的总费用更低。考虑到公司的实际情况,推荐方案 2。

2. 总需求量 =80+70+100+90+30(期末库存)=370(千台)

产能(正常 + 加班)=(80+60+70+80)+(15+10+15+20)=350(千台)

期初库存 =10(千台)

350+10=360<370,所以,每个季度除正常生产外,还安排加班生产,并在第 4 季度外包 10 千台,这时费用最低。计算结果如表 6-17 所示。

表 6-17　计划方案计算结果

月份	期初库存	实际产量	需求预测	盈余数	加班台数	加班费用	外包台数	外包费用	期末库存	库存费用	正常时间总费用
1	10	80	80	10	15	1 125			25	87.5	4 000
2	25	60	70	15	10	750			25	125	3 000
3	25	70	100	−5	15	1 125			10	87.5	3 500
4	10	80	90	0	20	1 500	10	1 300	30	100	4 000
合计						4 500		1 300		400	14 500

注:库存费用按平均库存计算,平均库存 =(期初库存 + 期末库存)÷ 2。

劳动力变化成本为 1 800 × 20+1 200 × 10+1 200 × 10=60 000(千元)。

总成本为 60 000+4 500+1 300+400+14 500=80 700(千元)。

3. (1) 2 月份的需求最大,要满足 2 月份正常交付,则 1、2 月份应生产:(120+160−10)÷ 2=135(件)。

所以,一个没有延期的均衡化运作计划,每月应生产 135 件。计算结果如表 6-18 所示。

表 6-18　无延期均衡化运作计划

月份	期初库存	实际产量	需求预测	期末库存
1	10	135	120	25
2	25	135	160	0
3	0	135	20	115
4	115	135	70	180

(2) 第 4 个月月末库存为 180 件。

(3) 每月产量应为(120+160+20+70−10)÷4=90(件),计算结果如表 6−19 所示。

表 6−19　均衡生产计划

月份	(1) 期初库存	(2) 实际产量	(3) 需求预测	(4) 盈余数
1	10	90	120	−20
2	0	90	160	−90
3	0	90	20	−20
4	0	90	70	0

有延期交付。库存费用 =(10+0)÷2×5=25(元);延期交付费 =(20+90+20)×8=1 040(元)。

4. (1) 以现有的每人每期生产 10 单位的 20 名员工,9 期的正常生产能力是 1 800 单位,比期望需求少 140 单位。增加 1 名员工会使正常生产能力增加到 1 800+90=1 890 单位,还短缺 50 单位,故再让 1 名临时工生产 5 期。所以,按照这种思路配置产能,就能够满足需求。从需求预测来看,需求高峰来得比较早,所以立刻聘用临时工马上工作以避免延迟交货成本就很有意义。

(2) 整个计划方案及其成本计算如表 6−20 所示。此计划的总成本是 14 290 元,加上 500 元的聘用和解聘成本,总计为 14 790 元。这个计划也许好也许不好。在确定任何一个计划之前,经理仍需要其他成本信息和其他观点。

表 6−20　计划方案成本计算过程表

时期	1	2	3	4	5	6	7	8	9
预测	190	230	260	280	210	170	160	260	180
产出:									
正常时间	220	220	220	220	220	210	210	210	210
加班时间	—	—	—	—	—	—	—	—	—
转包合同	—	—	—	—	—	—	—	—	—
存货:									
期初	0	30	20	0	0	0	0	20	0
期末	30	20	0	0	0	0	20	0	0

续表

时期	1	2	3	4	5	6	7	8	9
平均	15	25	10	0	0	0	10	10	0
延迟交货	0	0	20	80	70	30	0	30	0
产出成本									
正常时间	1 320	1 320	1 320	1 320	1 320	1 260	1 260	1 260	1 260
加班时间									
转包合同									
存货成本	75	125	50	0	0	0	50	50	0
延迟交货成本	0	0	200	800	700	300	0	300	0

5. 由于正常生产成本小于加班生产成本，加班生产成本小于分包生产成本，而且单位生产成本的增加大于单位库存成本。所以，尽量用正常生产时间生产产品，产能不够时再依次考虑加班和分包。总需求为 27 200 辆，正班生产能力为 24 000 辆，还差 3 200 辆；6 个月的加班能力为 3 600 辆，所以再通过加班生产 3 200 辆就可以满足需求。在这种思路下，再考虑库存尽量低的加班方案。由此求得的计划方案见表 6-21。

表6-21 计划方案

月份	1	2	3	4	5	6
需求数	3 000	3 600	5 200	6 000	5 000	4 400
计划数	4 400	4 600	4 600	4 600	4 600	4 400
正班生产	4 000	4 000	4 000	4 000	4 000	4 000
正班成本	80 000 000	80 000 000	80 000 000	80 000 000	80 000 000	80 000 000
加班生产	400	600	600	600	600	400
加班成本	8 400 000	12 600 000	12 600 000	12 600 000	12 600 000	8 400 000
分包生产						
分包成本						
期初库存	0	1 400	2 400	1 800	400	0
期末库存	1 400	2 400	1 800	400	0	0
平均库存	600	1 900	2 100	1 100	200	0
库存成本	120 000	380 000	420 000	220 000	80 000	

6. (1) 按预测生产 A、B 二种产品，计算出的 X 机床的工作负荷见表 6-22。可见，机床 X 的总负荷为 10 657.5 小时，而生产能力为 $8\times22\times6\times12\times0.9=11\ 404.8$（小时），所以，总体上生产能力是够的，但负荷不均衡。

表 6-22 X 负荷计算表

月份	1	2	3	4	5	6	小计
A	800	650	800	900	800	850	4 800
B	425	300	500	500	400	500	2 625
X	1 757.5	1 360	1 870	2 010	1 720	1 940	10 657.5

(2) X 机床平均每月的工作负荷为 10 657.5/6=1 776.25，而其产能为 $8\times22\times12\times0.9=1\ 900.8$（小时），所以产能超过平均负荷。计划的思路是：B 产品按预测量进行生产，调整 A 产品的生产，使 X 机床的负荷高于并尽量接近平均负荷 1 776.25 小时，由此制定的生产计划见表 6-23。可见，X 的负荷均衡，且都没有超出其产能。

表 6-23 X 的负荷均衡化计算表

月份	1	2	3	4	5	6	小计
A	814	948	734	734	841	734	4 805
B	425	300	500	500	400	500	2 625
X	1 777.1	1 777.2	1 777.6	1 777.6	1 777.4	1 777.6	10 664.5

(3) 针对(2)中所制定的计划，计算出 Y、Z 机床的工作负荷见表 6-24。可见，Y、Z 的负荷比较均衡，且都没有超出其产能。

(4) 因为 X 工作负荷更重，有可能是瓶颈。

表 6-24 Y、Z 负荷计算表

月份	1	2	3	4	5	6	小计
A	814	948	734	734	841	734	4 805
B	425	300	500	500	400	500	2 625
Y	1 122.3	1 053.6	1 163.8	1 163.8	1 108.7	1 163.8	6 776
Z	1 235.4	1 282.8	1 207.4	1 207.4	1 245.1	1 207.4	7 385.5

五、案例教学说明

1. 教学目的

通过本案例教学,学生能:

(1) 计算假定产品的相关信息。

(2) 列举出均衡生产策略的三个主要优点和三个主要缺点。

(3) 列举出至少三个评价计划方案要考虑的因素。

(4) 编制综合生产计划。

2. 分析思路

(1) 要求学生阅读案例资料。

(2) 分组讨论,形成小组编制的计划方案。

(3) 组织全班讨论,比较计划方案。

3. 问题分析参考要点

(1) 计算假定产品的成本等信息,以销售占比为权重,根据各系列产品相应信息的加权和求得,见表 6-25。

表 6-25 假定产品成本等信息

产品系列	材料成本(元/件)(1)	(1)×(7)(2)	销售单价(元/件)(3)	(3)×(7)(4)	单位产品净生产时间(小时)(5)	(5)×(7)(6)	销售量占比(%)(7)
A	150	15	540	54	5.76	0.576	10
B	70	17.5	300	75	3.04	0.76	25
C	90	18	390	78	3.88	0.776	20
D	120	12	490	49	5	0.5	10
E	90	18	360	72	3.66	0.732	20
F	130	19.5	480	72	4.37	0.655 5	15
假定产品	材料成本	100	销售单价	400	净生产时间	4	

假定产品的需求预测即为各系列产品需求预测之和,见表 6-26。

表 6-26 假定产品需求预测信息(件)

产品系列	1月份	2月份	3月份	4月份	5月份	6月份
A	160	300	320	380	220	220
B	400	750	800	950	550	550

续表

产品系列	1 月份	2 月份	3 月份	4 月份	5 月份	6 月份
C	320	600	640	760	440	440
D	160	300	320	380	220	220
E	320	600	640	760	440	440
F	240	450	480	570	330	330
假定产品	1 600	3 000	3 200	3 800	2 200	2 200

(2) 采用均衡生产策略，首先要确定所需员工数量。6 个月共需要 16 000 件产品，要求 6 月底有至少 500 件库存，有期初库存 1 000 件，所以总共需要生产的产品数量为 16 000+500−1 000=15 500 件。每月需要的员工人数为(15 500 ÷ 6) × 4 ÷ 160，为 64.6 人，可以取 64 人或 65 人。因此，有三种方案：

方案 1：取 64 人，每月可生产 2 560 件，6 个月共生产 15 360 件，差 140 件，通过外包生产这 140 件。计划方案见表 6−27，计划总成本为 4 235 800 元。

方案 2：取 64 人，每月可生产 2 560 件，6 个月共生产 15 360 件，差 140 件，通过加班生产这 140 件。计划方案见表 6−28。计划总成本为 4 207 800 元。

表 6−27 方 案 1

月份		1	2	3	4	5	6	总计
需求		1 600	3 000	3 200	3 800	2 200	2 200	16 000
解聘人数		16						
产出								
	正常时间	2 560	2 560	2 560	2 560	2 560	2 560	
	加班时间							
	转包合同						140	
库存								
	期初	1 000	1 960	1 520	880	0	0	
	期末	1 960	1 520	880	0	0	500	
	平均	1 480	1 740	1 200	440	0	250	
延迟交货					360			
产出成本								
	正常时间	409 600	409 600	409 600	409 600	409 600	409 600	2 457 600

续表

月份		1	2	3	4	5	6	总计
	加班时间							
	转包合同						42 000	42 000
聘用 / 解聘成本		80 000						80 000
库存成本		29 600	34 800	24 000	8 800	0	5 000	102 200
延迟交货成本					18 000			18 000
原材料成本								1 536 000
成本总计								4 235 800

表 6-28　方　案　2

月份		1	2	3	4	5	6	总计
需求		1 600	3 000	3 200	3 800	2 200	2 200	16 000
解聘人数		16						
产出								
	正常时间	2 560	2 560	2 560	2 560	2 560	2 560	
	加班时间						140	
	转包合同							
库存								
	期初	1 000	1 960	1 520	880	0	0	
	期末	1 960	1 520	880	0	0	500	
	平均	1 480	1 740	1 200	440	0	250	
延迟交货					360			
产出成本								
	正常时间	409 600	409 600	409 600	409 600	409 600	409 600	2 457 600
	加班时间						8 400	
	转包合同							
聘用 / 解聘成本		80 000						80 000
库存成本		29 600	34 800	24 000	8 800	0	5 000	102 200
延迟交货成本					18 000			18 000
原材料成本							14 000	1 550 000
成本总计								4 207 800

方案3：取65人，每月可生产2 600件，6个月共生产15 600件，6月底库存600件。计划方案见表6-29。计划总成本为4 253 000元。

可见，方案2的总成本最低，但加班影响了生产的均衡性。方案1的总成本次低，维持生产均衡的同时，控制了成本，但增加了外包带来的管理工作，如控制质量、交付等。方案3一直在内部维持了均衡生产，但因为库存的增加导致总成本较高。力峰公司应根据公司的实际情况，选择一个合适的计划方案。

(3) 如果需求的季节性波动增大，供给与需求保持同步就更加困难，从而导致库存或延迟交货的增加，也就会增加总成本。如果雇用或解雇成本下降，就可以通过变更员工数量来改变产能，增加产量柔性，使供应与需求更好地匹配，减少库存和缺货，从而降低总成本。可以鼓励同学们通过仿真计算来验证这些结论。

表6-29 方 案 3

月份		1	2	3	4	5	6	总计
需求		1 600	3 000	3 200	3 800	2 200	2 200	16 000
解聘人数		15						
产出								
	正常时间	2 600	2 600	2 600	2 600	2 600	2 600	15 600
	加班时间							
	转包合同							
库存								
	期初	1 000	2 000	1 600	1 000	0	200	
	期末	2 000	1 600	1 000	0	200	600	
	平均	1 500	1 800	1 300	500	100	400	
延迟交货					200			
产出成本								
	正常时间	416 000	416 000	416 000	416 000	416 000	416 000	2 496 000
	加班时间							
	转包合同							
聘用 / 解聘成本		75 000						75 000
库存成本		30 000	36 000	26 000	10 000	2 000	8 000	112 000
延迟交货成本					10 000			10 000
原材料成本								1 560 000
成本总计								4 253 000

第七章　独立需求库存控制

7.1　习题与案例

一、简述题

1. 简述库存的作用。

2. 哪些费用是随着库存量增加而增加的?

3. 哪些费用随库存量增加而减少?

4. 在实际生产中,为什么库存是不可避免的?

5. 某超市决定向丝宝公司订购洗发用品时的订货批量,管理者决策时应考虑哪些成本?

6. 某超市决定减少向丝宝公司订购洗发用品时的订货批量,假设丝宝公司不提供数量折扣,那么超市的哪些成本会发生变化?

7. 简述衡量服务水平的方法。

8. 简述 EOQ 模型的假设条件。

9. 某超市一直以经济订货批量向丝宝公司订购洗发用品,假设洗发用品的需求量增加了,那么,订货批量和平均库存将怎样变化?

10. 数量折扣如何影响采购方的订货批量决策?

11. 在什么情况下,供应链中的数量折扣是合理的?

二、单项选择题

1. 生产系统的典型库存包括原材料库存、在制品库存和(　　)库存。

A. 包装物　　B. 设备　　C. 成品　　D. 毛坯

2. (　　)需求一般是独立需求。

A. 原材料　　B. 零件　　C. 产品　　D. 包装物

3. (　　)不属于维持库存费。

A. 物料费用　　B. 运输费
C. 保险费　　D. 被盗损失
E. 仓储设施折旧

4. (　　)随着库存的增大而增大。

A. 资金成本　　B. 运输费
C. 设备调整准备费　　D. 订货费

5. 库存控制要解决的问题不包括(　　)。

A. 确定库存检查周期　　B. 确定订货量
C. 确定订货点　　D. 仓库选址

6. 基本的经济订货批量公式成立的前提条件是(　　)。

A. 订货提前期已知
B. 需求已知且均匀
C. 每单位的采购价格随订单量而变化
D. 在提前期终止时要立即补货

7. (　　)构成了固定量库存系统的总费用。

A. 年购买费、年补充订货费和固定费用
B. 年维持库存费、年补充订货费和单价
C. 年维持库存费、年补充订货费和年购买费
D. 年提前期内费用、年维持库存费和年购买费

8. (　　)不是库存的优点。

A. 降低成本　　B. 缩短订货提前期
C. 防止短缺　　D. 维持生产均衡

9. (　　)随着库存的增大而减少。

A. 资金成本　　B. 仓库费
C. 被盗损失　　D. 订货费

10. (　　)属于单周期需求物品。

A. 汽车零部件　　B. 原材料
C. 包装材料　　D. 新年挂历

11. 求随机型库存问题的订货点时，除了计算提前期内需求的期望值外，还需加上(　　)。

A. 需求的均值乘以提前期的标准差
B. 需求的标准差乘提前期的标准差
C. 提前期内需求量的标准差乘 Z 值
D. 提前期乘提前期的标准差

12.（　　）不是 EOQ 模型的假设条件。

A. 年需求为已知的常量　　B. 提前期已知且固定

C. 不允许缺货　　D. 有数量折扣

E. 补充率为无限大

13.（　　）是维持库存的原因。

A. 提高质量　　B. 减少订货费

C. 使生产活动准时进行　　D. 减少成本

14.（　　）不是供应商提供价格折扣的原因。

A. 稳定质量　　B. 利于加大生产批量

C. 扩大销售量　　D. 获取更大利润

15. 设置安全库存的目的是（　　）。

A. 应对需求不确定　　B. 减少设备换线

C. 降低库存　　D. 降低运输费

16.（　　）不是随机型库存问题。

A. 需求率确定，提前期随机　　B. 需求率随机，提前期确定

C. 需求率确定，提前期确定　　D. 需求率随机，提前期随机

17. 在双仓系统（two-bin inventory system）中，每个仓内的存储量为（　　）。

A. EOQ　　B. 安全库存量

C. 安全库存加上最佳订货量　　D. 以上都不是

18.（　　）属于固定间隔期库存系统。

A. 按一定周期检查库存量　　B. 双仓系统

C. EOQ　　D. JIT 系统

19. 服务水平与安全库存的关系是（　　）。

A. 安全库存越大，服务水平越高

B. 安全库存越低，服务水平越高

C. 二者是线性关系

D. 安全库存与服务水平无关

20.（　　）属于固定量库存控制系统。

A. 订货间隔期固定的系统　　B. 订货点和订货量都固定的系统

C. 订货提前期固定的系统　　D. 订货量固定的系统

三、判断题

1. 库存管理的目标是使库存持有成本最小化。（　　）

A. 正确　　B. 错误

2. 设备是生产系统中的典型库存之一。（　　）

A. 正确　　B. 错误

3. 购入检查费用是订货费的一部分。（　　）

A. 正确　　B. 错误

4. ABC 分类法是按照库存物品的单价大小进行的。（　　）

A. 正确　　B. 错误

5. ABC 物资分类中的 A 类物资宜采用固定量系统控制其库存。（　　）

A. 正确　　B. 错误

6. 确定型库存中需求率和订货提前期是确定的。

A. 正确　　B. 错误

7. 对于价格折扣模型，按最低价求得的经济订货批量如果可行，则一定是最佳订货批量（相应的总费用最低）。（　　）

A. 正确　　B. 错误

8. 在制品不是生产系统中的典型库存之一。（　　）

A. 正确　　B. 错误

9. 一般情况下，零部件是独立需求物料。（　　）

A. 正确　　B. 错误

10. 持有库存有利于保持生产均衡进行。（　　）

A. 正确　　B. 错误

11. 允许缺货是经济订货批量公式成立的条件之一。（　　）

A. 正确　　B. 错误

12. 按经济生产批量公式来分析，毛坯的生产批量应该大于零件的加工批量。（　　）

A. 正确　　B. 错误

13. 库存量越大，订货费越高。（　　）

A. 正确　　B. 错误

14. 采用价格折扣策略订货会增加库存维持费用。（　　）

A. 正确　　B. 错误

15. 仓储空间费用是维持库存费的一部分。（　　）

A. 正确　　B. 错误

16. 提前期和需求率中只要有一个为随机变量，就是随机型库存问题。（　　）

A. 正确　　B. 错误

17. 安全库存是由年需要量决定的。（　　）

A. 正确　　B. 错误

18. 随机(Q,R)库存模型中,缺货只可能在提前期内发生。（　　）

A. 正确　　　　B. 错误

19. 有安全库存就可以避免缺货。（　　）

A. 正确　　　　B. 错误

20. 随机型的库存问题是指提前期和需求率均为随机变量的问题。（　　）

A. 正确　　　　B. 错误

四、计算题

1. 某单位采用无安全库存量的存储策略。每年使用某种零件 10 000 件,每件每年保管费用为 3 元,每次订货费为 60 元。假设需求均匀,不允许缺货,试求:

(1) 经济订货批量。

(2) 如每次订货费为 0.60 元,每次应订多少?

2. 某公司以单价 10 元每年购入某种产品 8 000 件。每次订货费用为 30 元,资金年利息率为 12%,单位维持库存费按库存货物价值的 18% 计算。若每次订货的提前期为 2 周,试求经济订货批量、最低年总成本、年订货次数和订货点。

3. 设某工厂生产某种零件,每年需要量为 18 000 个,该厂每月可生产 3 000 个,每次生产的准备费为 500 元,每个零件每月的存储费为 0.15 元,不允许缺货,求每次生产的最佳批量。

4. 某单位每月需要某种机械零件 2 000 件,每件成本 150 元,每年的存储费用为成本的 16%,每次订购费 100 元,求经济订购批量及年最小费用。

5. 某公司每年需电感器 5 000 个,每次订购费 50 元,保管费用每个每年 1 元,不允许缺货。采购少量电感器单价为 2 元,一次采购 1 500 个以上则单价为 1.9 元,问该公司每次应采购多少个?

6. 某公司每月需要某种轴承 1 000 个,每次跟订货有关的费用包括运输、收货相关的费用为 4 000 元。每个轴承的成本为 500 元,每个轴承的年库存持有成本费用率为 20%,不允许缺货。回答下列问题:

(1) 每次的最优订货批量,相应的平均库存及其流程时间、年订货次数、年订货与库存持有成本。

(2) 若将订货批量定为 200 个,为使总成本最低,相应的每次订货成本应降为多少?

7. 某公司因业务不断发展,每年需要招聘和培训新工作人员 60 名(假定公司对这 60 名工作人员在一年内的需求是均匀的)。采用办训练班的办法培训新员工,开班一次需费用 60 000 元(不管学员多少)。每位应聘人员的年薪是 50 000 元,所以公司不愿意在不需要时招聘并训练这些人员。而在需要新员工时却又不能延误,这要求事先成批训练。办训练班期间,虽未正式使用员工,但仍要支付全薪。问每次应训练多少新员工?隔多长时间办一期训练班?全年的总费用多少?

8. 车间所需的零件 A、B 分别向不同的供应商订购,该车间每年生产 52 周。零件 A 的需求相对稳定,在再订购点订购。零件 B 的供应商每 3 周访问车间一次。有关数据如表 7-1 所示。

表 7-1 零件 A、B 的有关数据

零件	A	B
年需求(件)	10 000	5 000
存储费用 / 占单价的百分比	20%	20%
生产准备 / 订购费用(元)	150	25
提前期(周)	4	1
安全库存(件)	55	5
单价(元)	10	2

(1) 零件 A 属于何种存储控制系统?订货点与订货批量应是多少?

(2) 如何对零件 B 进行存储控制?

9. 某医院药房每年需某种药 1 000 瓶,每次订购费用需要 5 元,每瓶药每年保管费用 0.40 元,每瓶单价 2.50 元。制药厂提出的价格折扣条件为:

(1) 订购 100 瓶时,价格折扣为 5%;

(2) 订购 300 瓶时,价格折扣为 10%。

求最优订货批量。

10. 对某产品的年需求量为 36 000 件,需求均匀。每件产品价值 4.27 元,每次生产该产品的生产准备费为 80 元,生产率为每月 5 000 件。该产品生产出来后,若一时卖不出去,需存放在成品库。已知每存放该产品 45 件需占用 4 平方米面积,仓库存放费为 5.40 元 / 平方米·年,每年产品存放的保险费为存放物品价值的 0.8%,税金为存放物品价值的 2%,流动资金占用成本 0.2 元 / 元·年,该产品的安全库存量为半个月的需用量。求:

(1) 该产品的经济生产批量;

(2) 平均库存量;

(3) 年库存持有费用和年订货费用。

11. 某公司面临着库存控制问题,公司没有足够的时间对所有物资进行平均管理。表 7-2 是有关物资的使用情况。

表 7-2　物资年用量表

物资编号	年用量(元)	物资编号	年用量(元)
A	7 000	K	80 000
B	1 000	L	400
C	14 000	M	1 100
D	2 000	N	30 000
E	24 000	O	1 900
F	68 000	P	800
G	17 000	Q	90 000
H	900	R	12 000
I	1 700	S	3 000
J	2 300	T	32 000

(1) 提出合适的物资管理方法。

(2) 请对表中每种物资进行分类。

(3) 如果物资 P 对生产设备稳定运行非常重要,你会如何分类?

12. 某采购员需要采购一种用于半导体产品的硅片,他必须从三个供应商中选择。供应商 A 的售价是每片硅片 2.50 元,其价格与订购量无关。供应商 B 的售价是每片 2.40 元,但是订单必须大于或等于 3 000 片。供应商 C 的价格是每片 2.30 元,要求订单必须大于等于 4 000 片。假设订货成本为 100 元,硅片的年需求为 20 000 片,年库存维持费率为 20%。

(1) 应该采用哪个供应商,订货量是多少?

(2) 当选择最优供应商时,订货成本和库存持有成本是多少?

(3) 如果补货提前期是三个月,那么再订货点是多少?

(4) 假设两年过去了,上题中的采购员需要重新计算最优订货量、重新选择供应商。供应商 B 决定不再限制订单规模,但是对于 3 000 片以内的部分每片售价为 2.55 元,超过 3 000 片的部分每片售价为 2.25 元。供应商 A 的价格策略不变,供应商 C 已经停业。此时应该选择哪个供应商?

13. 某公司生产微波炉,其中的一个车间生产 A 零件供装配部门使用。A 零件的年需求量是 20 000 件,每件生产成本是 50 元,年储存成本为 8 元 / 件,生产准备成本为 200 元 / 次。该公司每年营业 250 天,车间每日可生产 A 零件 160 件。请回答以下问题:

(1) 计算经济生产批量。

(2) 每年需要生产多少次?

(3) 如果A零件可以用同样的成本向外厂采购,每次采购成本也为200元,则订购批量应为多少?

(4) 如果从外厂订购该零件的提前期平均为10天,安全库存为500件,再订购点为多少?

14. 某批发商经营的一种不锈钢套刀,全年需求比较稳定,每年需求2 400套。该批发商订购套刀的成本每次为5元,套刀的年存储成本为4元/套,订购提前期为7天。该批发商一年工作365天,天天营业。利用过去的数据分析表明,该套刀的日需求量标准差为4套,要求服务水平为98%,计算:

(1) 该套刀的经济订货批量为多少?

(2) 再订购点为多少?

15. 某服务站一年365天营业,每天平均销售某种高级油20瓶,每瓶油的年存储成本为0.5元。订购成本为每次10元,提前期为两周。

(1) 假定需求恒定,根据以上数据选择合适的存储模型。计算经济批量和再订购点。并用一句话描述该模型如何运作。

(2) 假设需求不断变化,所以老板比较关心该存储模型的应用效果。样本数据计算表明该高级油的日需求标准差为6.15瓶。老板要求服务水平为99.5%,请根据以上补充信息制定新的库存计划。

16. 作为某百货商店汽车销售部门的主管,你需要为各物资建立库存控制策略。你首先选择了某种型号的轮胎作为研究的重点。该轮胎的有关数据如下:单价为1 500元/个,年存储成本为单价的20%,年需求量为2 000个,每次的订购成本为1 600元,日需求的标准差为3个,订购提前期为4天,要求服务水平为98%。试确定订购批量和再订购点。

17. 某公司生产各种玩具。总装线每年要使用48 000个橡胶轮子总装某种玩具卡车,而生产橡胶轮子的车间以每天800个的速度制造轮子。假设工厂每年运营240天,需求均匀。据车间经理估计,每次生产该种橡胶轮子之前的设备准备时间为1天,发生的成本为450元,该橡胶轮子的库存持有成本为每个每年10元。回答下列问题:

(1) 为使年总成本最小,该橡胶轮子的生产批量应为多少?

(2) 该轮子按最优生产批量生产时,循环时间为多少?其中的生产时间为多少?

(3) 生产过程中,橡胶轮子的库存增长速度为多少?最大库存为多少?

(4) 如果管理者想在生产该橡胶轮子的间隙做其他工作,而那项工作至少需要9天,有足够的时间吗?为什么?

18. 某公司一直为马拉松比赛生产一种特制的T恤。该赛事进行一天,每件售价20元。但是该赛事一结束,每件只能售4元。T恤的生产成本为8元/件。需求估计如表7-3所示。该公司为马拉松比赛该生产多少件T恤?

表 7-3 T 恤需求量表

需求量	300	400	500	600	700	800
概率	0.05	0.10	0.40	0.30	0.10	0.05

19. 某零售商以销售新鲜甜饼著称，一般当天制作的甜饼当天要销售完。如果当天卖不完，就要作折价处理。甜饼每天的需求量估计如表 7-4 所示。甜饼每打售价是 69 元，制作成本是每打 49 元。折价销售的价格为每打 29 元。试确定甜饼每天的最佳产量。

表 7-4 甜饼需求量表

需求量(打)	1 800	2 000	2 200	2 400	2 600	2 800	3 000
概率	0.05	0.10	0.20	0.30	0.20	0.10	0.05

20. 公司对某种外购零件的需求如表 7-5 所示。已知订货费用为 100 元 / 次，零件的库存维持费用为 0.25 元 /(件·周)。

(1) 试用最小零件周期收益法确定订货安排。

(2) 用经济订货批量模型确定订货批量。

(3) 比较二种订货安排的库存成本与订货成本。

表 7-5 零件各周需求情况表

周次	1	2	3	4	5	6	7	8	9	10
需求量(个)	270	150	100	280	100	250	150	270	150	280

五、案例

尼 科 公 司

尼科公司是一家设计、生产智能手机的公司，通过分销商销售手机。其经营的工厂平均每个月向分销商出售 8 000 部某种型号的手机。但分销商随机订货，使其月与月之间的销售量波动很大，而且没有明显的季节性变化。经估计，月销售量服从 0~16 000 的均匀分布。由于这种变动，该种手机只能零星生产，每隔几个月就将生产设备调整一次，用于生产这种手机。当时的生产策略为：一次生产批量为 20 000 部，即平均而言为二个半月的供应量；生产提前期约为一个月；当库存降到 8 000 部时，就开始预订下一轮生产。经过测算，公司获得了有关成本数据：生产准备费用为 12 000 美元，每部手机每月的库存持有成本为 0.3 美元，每部手机的缺货成本为 10 美元。

过去一年每个月的销售数据如表 7-6 所示。过去一年总共发出了 5 个订单，其中有 4 个订货周期内发生了缺货，严重影响了对顾客服务质量的承诺。最近，有些分销商对公司送货拖延表示了不满，这引起了公司管理层的关注，公司总裁决定召集有关人员讨论这一问题，以采取相应的措施。

主管营销的副总裁建议进行更频繁的生产以保持更好的库存。同时，又有抱怨从生产线上传来：为了每两三个月生产一次这种手机，其他产品的生产被频频打断。虽然，一旦设备调整好后，这种手机的生产很快就完成，但调整过程非常麻烦，生产这种手机的成本的一个重要部分就是调整生产设备的直接成本和因打断其他产品的生产而带来的间接成本。因此，主管生产的副总裁强烈反对主管营销的副总裁的建议。他建议加大生产批量，这样不仅可以提供更多的库存，减少缺货，而且可以减少设备调整次数，从而降低设备调整费用。但总裁对生产副总裁的建议心存疑虑，因为这将增加库存水平。近年来，总裁坚定地推行 JIT（准时制生产方式），而且取得了明显的效果，使整个公司库存水平不断降低，生产率不断提高，成本正持续降低。因此，总裁觉得不用增加一次生产批量也能解决当前的问题。但是，该怎么做呢？

表 7-6　某种手机月需求量表

月份	销售量	月初库存	月末库存	订单情况
1	7 000	16 500	9 500	
2	1 500	9 500	8 000	月末下订单 20 000
3	15 800	8 000	12 200	月末收到 20 000
4	8 600	12 200	3 600	月中下订单 20 000
5	9 900	3 600	13 700	月中收到 20 000
6	4 200	13 700	9 500	
7	13 600	9 500	−4 100	月中下订单 20 000
8	700	−4 100	15 200	月中收到 20 000
9	14 100	15 200	1 100	月中下订单 20 000
10	6 200	1 100	14 900	月中收到 20 000
11	5 000	14 900	9 900	
12	9 400	9 900	500	月中下订单 20 000

分析下列问题：

(1) 分析尼科手机公司缺货的主要原因。

(2) 分析当前补货策略下的缺货概率。

(3) 若不缺货概率需达到75%，提出新的库存控制策略，以减少缺货。

(4) 如果要在进一步降低库存的同时，减少缺货，你有什么创造性的建议？

7.2 习题答案与案例教学说明

一、简述题

1. 简述库存的作用。

答：

(1) 缩短订货提前期；

(2) 起应急和缓冲作用，防止生产中断；

(3) 分摊订货费用；

(4) 防止短缺；

(5) 维持生产的均衡。

2. 哪些费用是随着库存量增加而增加的？

答：随库存量增加而增加的费用包括：资金成本、仓储空间费用、物品变质和陈旧造成的损失、税收和保险、仓库管理费用。

3. 哪些费用随库存量增加而减少？

答：随库存量增加而减少的费用包括：订货费、调整准备费、缺货损失费。

4. 在实际生产中，为什么库存是不可避免的？

答：

(1) 利用规模经济降低成本：批量生产、批量采购、批量运输、数量折扣等，这些行为都会产生周转库存。

(2) 应对变化：设置安全库存。

5. 某超市决定向丝宝公司订购洗发用品时的订货批量，管理者决策时应考虑哪些成本？

答：

(1) 单件洗发用品的平均采购价格；

(2) 固定订货成本，即发出一张订单时都要发生的各种成本的总和，包括固定管理

费、运输费、接受订货时的人工成本;

(3) 库存持有成本,包括资金成本、仓储成本、产品陈旧带来的成本等。

6. 某超市决定减少向丝宝公司订购洗发用品时的订货批量,假设丝宝公司不提供数量折扣,那么超市的哪些成本会发生变化?

答:固定订货成本将增加,因为增加了订货次数;库存持有成本将减少,因为平均库存下降了。

7. 简述衡量服务水平的方法。

答:服务水平是指不缺货的概率,衡量服务水平的方法:

(1) 顾客订货得到完全满足的次数 / 订货发生的总次数;

(2) 不发生缺货的补充周期数 / 总补充周期数;

(3) 提前期内供货的数量 / 提前期的需求量;

(4) 整个周期内供货的数量 / 整个周期的需求量;

(5) 手头有货可供的时间 / 总服务时间。

8. 简述 EOQ 模型的假设条件。

答:EOQ 模型的假设条件包括:需求和提前期已知;需求均匀;交货提前期为零;采购成本不随采购数量而变化;库存维持成本是库存量的线性函数。

9. 某超市一直以经济订货批量向丝宝公司订购洗发用品,假设洗发用品的需求量增加了,那么,订货批量和平均库存将怎样变化?

答:订货批量和平均库存也将增加,但不是线性增加。若需求增加到原来的 k 倍,则订货批量和平均库存会增加 SQRT(k)倍。

10. 数量折扣如何影响采购方的订货批量决策?

答:当存在数量折扣时,采购方为了拿到折扣点,必须加大订货批量。在总需求量一定的情况下,加大订货批量能拿到折扣,采购单价更低,年购次数更少,所以购买成本和订货成本更低。但会增加平均库存量,使库存持有成本更高。所以,确定最优订货批量需要权衡这两类成本。关键是通过净收益来决定最优订货批量。

11. 在什么情况下,供应链中的数量折扣是合理的?

答:基于批量的数量折扣促使购买者大量采购以获取低价,从而导致供应链中订货批量和周转库存的增加。所以,一般来说,当供应商一次生产的设备调整准备费用(及固定成本)较大时,制定合适的基于批量的数量折扣较为合理,有助于供应链协调,但基于总量的数量折扣会更好。

二、单项选择题

答案:1~5 CCBAD 6~10 CCADD 11~15 CDBAA 16~20 CDAAB

三、判断题

答案：1~5　BBABA　6~10　AABBA　11~15　BABAA　16~20　ABABB

四、计算题

1. 2 000 件；200 件。

2. 这是一个直接利用 EOQ 公式的问题。显然，p=10 元 / 件，D=8 000 件 / 年，S=30 元 / 次，LT=2 周。H 则由两部分组成：一是资金利息；二是仓储费用。即 H=10 × 12%+10 × 18%=3 元 / 件·年。因此，可求得：

经济订货批量 EOQ= 400

最低年总费用为：$CT=p\times D+(D/Q)\times S+(Q/2)\times H$

$=8\ 000\times 10+(8\ 000/400)\times 30+(400/2)\times 3=81\ 200$（元）

年订货次数 $n=D/EOQ$ = 8 000/400=20（次）

订货点 RL=8 000/52 × 2=307.7

3. 需求率 r=18 000/12=1 500 个 / 月，生产率 P=3 000 个 / 月。

库存维持费用 H=0.15 × 12=1.8（元 / 件·年）。

利用经济生产批量公式计算出每次生产的最佳批量大约为 3 162 个。

4. 447 件；894 元。

5. 1 500 个。

6. (1) 经济订货批量为 980 个；平均库存为 490 个；平均库存的流程时间为 490/1 000=0.49 月；年订货次数为 12 000/980=12.24 次；年订货与库存持有成本为 12 000/980 × 4 000 + 490 × 500 × 0.2=97 980（元）。

(2) 要使最优订货批量从 980 个降为 200 个，按照经济订货批量公式可知，在年需求量和库存持有成本不变的情况下，必须降低每次的订货费，即：

$$S=(hCQ^2)/(2D)=(0.2\times 500\times 200^2)/(2\times 12\ 000)=166.7\text{（元 / 次）}$$

7. 根据经济订货批量公式得到：每次应训练 12 名新员工，这时总费用最低。

相应地，每年培训次数为 60/12=5（次），间隔期为 12/5=2.4（月）。总费用为 600 000 元。

8. (1) 零件 A 属于定量订货控制系统，EOQ=1 225，RL=825。

(2) 零件 B 属于定期订货控制系统。若采用 3 周的订货间隔期，则最大库存水平为：HSL=5 000/52 × (3+1)+5 ≈ 390（件），那么，每隔 3 周订一次货，订货批量为将库存补充到 390 件。

9. 300 瓶。

10. 单件产品的年库存维持费：

$$H=5.4\times 4/45+4.27\times 0.008+4.27\times 0.02+0.2\times 4.27=1.454\text{（元）}$$

安全库存 SS=36 000/12/2=1 500（件）

需求率 r=36 000/12=3 000（件 / 月）

生产率 p=5 000（件 / 月）

(1) 经济生产批量：

$$EPL=\sqrt{2\times 36\ 000\times 80/((1-3\ 000/5\ 000)\times 1.454)}\approx 3\ 148\text{（件）}$$

(2) 最大库存量：

$$Q_{max}=(5\ 000-3\ 000)\times 3\ 148/5\ 000\approx 1\ 260\text{（件）}$$

所以有：

平均库存量 $=SS+Q_{max}/2$=1 500+1 260/2=2 130（件）

(3) 年费用：

$$Ch+Cr=2\ 130\times 1.454+36\ 000/3\ 148\times 80\approx 4\ 012$$

11. (1) 可采用 ABC 分类法进行区别管理。

(2) 前 20% 的品种 Q、K、F、T 为 A 类物资，N、E、G、C、R、A 为 B 类物资，其余的为 C 类物资。

(3) 将 P 分为 A 类。

12. (1) 可以将问题转化为如下价格折扣模型：

$Q<3\ 000$　　单价 2.50 元

$3\ 000\leqslant Q<4\ 000$　　单价 2.40 元

$Q\geqslant 4\ 000$　　单价 2.30 元

① 把最低价格2.30代入EOQ，当C=2.30时，H=2.30×20%=0.46，S=100，D=20 000，则：

$$EOQ(2.30)=\sqrt{\frac{2\times 20\ 000\times 100}{0.46}}=2\ 948.84$$

② 根据题目只有在 $Q\geqslant 4\ 000$ 的情况下才有 2.30 元的价格，于是求当 C=2.40 时，H=2.40×20%=0.48，S=100，D=20 000，则：

$$EOQ(2.40)=\sqrt{\frac{2\times 20\ 000\times 100}{0.48}}=2\ 886.75$$

③ 根据题目只有在 $Q\geqslant 3\ 000$ 的情况下才有 2.40 元的价格，于是求当 C=2.50 时，H=2.50×20%=0.50，S=100，D=20 000，则：

$$EOQ(2.40)=\sqrt{\frac{2\times 20\ 000\times 100}{0.50}}=2\ 828.43$$

④ 再计算 2 828 片、3 000 片和 4 000 片的总成本。

TC(2 828)=2 828 ÷ 2 × 0.50+(20 000 ÷ 2 828) × 100+20 000 × 2.50=51 414.21（元）

TC(3 000)=3 000 ÷ 2 × 0.48+(20 000 ÷ 3 000) × 100+20 000 × 2.40=49 386.67（元）

$TC(4\ 000)=4\ 000\div 2\times 0.46+(20\ 000\div 4\ 000)\times 100+20\ 000\times 2.30=47\ 420.00$(元)

所以,4 000 片为最佳订货批量,即选择供应商 C。

(2) 当选择最优供应商时,订货成本和库存持有成本是多少?

订货成本 $=(20\ 000\div 4\ 000)\times 100=500.00$(元)

库存持有成本 $=4\ 000\div 2\times 0.46=920.00$(元)

(3) 如果补货提前期是三个月,那么再订货点是多少?

订货次数为:20 000/4 000=5 次,则订货间隔期为 12/5=2.4 月。

因为 3>2.4,所以至少需要再提前一个周期订货,则:

订货点 $RL=20\ 000\div 12\times(3-2.4)=1\ 000$(片)

(4) 计算供应商 B 的经济订货批量。供应商 B 的折扣模型如下:

$$C(Q)=\begin{cases}2.55Q & Q<3\ 000\\ 2.55\times 3\ 000+2.25(Q-3\ 000) & Q\geqslant 3\ 000\end{cases}$$

$$\text{总成本 } TC(Q)=D\times\frac{C(Q)}{Q}+\frac{D}{Q}\times S+I\left[\frac{C(Q)}{Q}\right]\times\frac{Q}{2}$$

当经济批量 $Q<3\ 000$ 的时候,我们将选择供应商 A,订货批量为 2 828 片。现在考虑 $Q\geqslant 3\ 000$ 的情况,则从供应商 B 采购,年总成本为:

$$TC(Q)=20\ 000\times[2.55\times 3\ 000+2.25(Q-3\ 000)]/Q+20\ 000/Q\times 100+0.2[2.55\times 3\ 000+2.25(Q-3\ 000)]/2$$

$$\text{对 } C \text{ 求导得}\frac{\mathrm{d}C}{\mathrm{d}Q}=0.225-20\ 000\times 100Q^{-2}-20\ 000\times 0.3\times 3\ 000Q^{-2}=0$$

$$EOQ=\sqrt{\frac{2\times 20\ 000\times 1\ 000}{0.45}}=9\ 428$$

$$TC(9\ 428)=3\ 000\div 2\times 0.51+(9\ 428-3\ 000)\div 2\times 0.45+20\ 000/9\ 428\times 100+20\ 000\times\{[2.55\times 3\ 000+2.25\times(9\ 428-3\ 000)]/9\ 428\}=49\ 332.64\text{(元)}$$

因为 $TC(9\ 428)<TC(2\ 828)$,所以选择供应商 B。

13. (1) 1 415 件; (2) 14.13 次; (3) 1 000 件; (4) 1 300 件。

14. (1) 77.5 套; (2) 再订购点大约为 68 套。

15. (1) 选择固定量订货模型,经济批量为 541 瓶,再订购点为 280 瓶。即当库存降到 280 瓶时,启动订货,批量为 541 瓶。

(2) 经济批量仍为 541 瓶;考虑安全库存后,再订购点为 340 瓶。

16. (1) 经济订货批量大约为 147 个; (2) 再订购点大约为 45 个。

17. $D=48\ 000$, $S=450$ 元, $p=800$ 个/天, $H=10$ 元/(个·年)

(1) $r=48\ 000/240=200$ 个/天

$EPL=\text{SQRT}((2\times 48\ 000\times 450\times 800)/(10\times 600))=2\ 400$(个)

(2) 循环时间 $T=2\ 400/200=12$ 天

其中的生产时间 T_P=2 400/800=3 天

(3) 库存增长速度 =800−200 =600（个）/ 天

最大库存 I_{max}=(800−200)×(2 400/800)=1 800 个

(4) 因为该项工作需要 9 天，再加上设备调整准备时间 1 天，共需要 10 天时间。而可用时间为纯消耗时间 =1 800/200=9 天，所以时间不够。

18. 这是一个单周期库存控制问题。

计算累计概率，见表 7-7。

表 7-7 T 恤需求累计概率表

需求量	300	400	500	600	700	800
概率	0.05	0.10	0.40	0.30	0.10	0.05
累计概率 $P(D)$	1	0.95	0.85	0.45	0.15	0.05

利用报童模型计算临界概率：欠储成本 =20−8=12，超储成本 =8−4=4，临界概率 P=4/(4+12)=0.25。

所以最优订货量应当为 600 件。

19. 这是一个单周期库存控制问题。

计算累计概率，见表 7-8。

表 7-8 甜饼需求累计概率表

需求量（打）	1 800	2 000	2 200	2 400	2 600	2 800	3 000
概率	0.05	0.10	0.20	0.30	0.20	0.10	0.05
累计概率 $P(D)$	1	0.95	0.85	0.65	0.35	0.15	0.05

利用报童模型计算临界概率：欠储成本 =69−49=20，超储成本 =49−29=20，临界概率 P=20/(20+20)=0.5。

所以最优订货量应当为 2 400 打。

20. (1) 采用最小零件周期法确定订货安排的计算过程见表 7-9。

表 7-9 最小零件周期法计算过程

最小零件周期	合并订货序号	1	2	3	4	5	6	7	8	9	10
100	0	270	150	100	280	100	250	150	270	150	280
100	1	270	250		280	100	250	150	270	150	280
150	2	270	250		380		250	150	270	150	280

续表

最小零件周期	合并订货序号	1	2	3	4	5	6	7	8	9	10
150	3	270	250		380		400		270	150	280
250	4	270	250		380		400		420		280
560	5	520			380		400		420		280
期初		520	250	100	380	100	400	150	420	150	280
期末		250	100	0	100	0	150	0	150	0	0

所以,最后的订货安排为:分别在第 1、4、6、8、10 周订货 520 件、380 件、400 件、420 件、280 件。

(2) EOQ=SQRT(2×2 000×100/2.5)=400 件。

(3) 最小零件周期收益法:库存费用 =437.5 元

订货费用 =500 元

总费用 =937.5 元

经济订货批量模型:库存费用 =500 元

订货费用 =500 元

总费用 =1 000 元

所以,采用最小零件周期收益法安排订货,总费用更低。

五、案例教学说明

1. 教学目的

(1) 理解安全库存的重要性,学生能列举至少两个影响安全库存的因素。

(2) 能运用库存控制方法提出解决实际库存管理问题的方案。

2. 分析思路

(1) 要求学生阅读案例资料。

(2) 分组讨论,形成小组意见。

(3) 组织全班讨论,引导学生发表意见。

3. 问题分析参考要点

(1) 缺货的主要原因:需求波动大,供应柔性差(生产线换线复杂,补货提前期长),没有考虑安全库存,订货点太低。

(2) 分析当前补货策略下的缺货概率和平均库存:

月销售量的概率分布:0~16 000 的均匀分布。

缺货概率：$P=P$（月销售量 >8 000）=0.5，即服务水平只有 50%。

平均库存：服从 −8 000~8 000 的均匀分布。

订货点设定为 8 000，去年发出 5 份订单，订货收到 4 次，有 4 次缺货。

(3) 若不缺货概率需达到 75%，提出新的库存控制策略，以减少缺货：

① 设置安全库存，提高再订货点。

不缺货的概率：$P1=P$（月销售量≤12 000）=0.75，相当于增加的安全库存为 4 000。

所以，再订货点 =8 000+4 000=12 000。

② 改变生产批量，采用经济订货批量。EOQ= 25 298

(4) 如果要在进一步降低库存的同时，减少缺货，你有什么创造性的建议？

添置附加生产设备，把提前期缩短到一周以内。

制定促销政策，如价格激励，减少月销售量的波动。

第八章　物料需求计划与企业资源计划

8.1　习题与案例

一、简述题

1. 简述 MRP 的基本思想。
2. 简述订货点方法在处理相关需求时的局限性。
3. 简述 MRP 系统的基本处理逻辑。
4. 简述 MRP 的发展过程。
5. MPR 系统的运行需要哪些主要输入?
6. 在 MRP 处理过程中,为什么要采用批量规则?
7. 简述最大零件周期收益法的基本思想。
8. 简述 MRP 系统中设置安全库存的必要性。
9. MRP Ⅱ为何统一了企业的生产经营活动?
10. 如何处理变型产品?
11. 影响 ERP 成功实施的关键因素是什么?
12. 简述 MPR Ⅱ管理模式的特点。

二、单项选择题

1. (　　)将产品出产计划中的具体产品需求转化为构成产品的零部件和原材料的需求。

A. 粗略能力计划　　B. 物料需求计划

C. 能力需求计划　　D. 库存计划

2. (　　)一般不是相关需求。

A. 原材料　　B. 在制品　　C. 成品　　D. 外购零件

3. 用订货点方法处理相关需求会造成(　　)。

A. 低库存　　B. 高服务水平

C. 低柔性　　D. “块状”需求

4. 安全库存的引入将对(　　)的计算产生影响。

A. 净需求量　　B. 计划发出订货量

C. 现有量　　D. 总需求量

5. MRP 与 DRP 的不同点在于(　　)。

A. 假设能力无限　　B. 自上而下处理

C. 按时段订货　　D. 固定提前期

6. MRP 应用中要考虑安全库存,是因为(　　)。

A. 可节省订货费　　B. 可稳定库存

C. 有利于均衡生产　　D. 有利于应对突发情况

7. MRP 的主要输入不包括(　　)。

A. 主生产计划　　B. 产品结构文件

C. 生产作业计划　　D. 库存状态文件

8. (　　)一般属于独立需求。

A. 原材料　　B. 在制品　　C. 成品　　D. 外购零部件

9. 某种零件的总需要量是由(　　)决定的。

A. 净需要量　　B. 上层元件的总需要量

C. 现有数　　D. 上层元件的计划发出订货量

10. (　　)最适合应用 MRP。

A. 机床厂　　B. 化肥厂　　C. 造纸厂　　D. 炼油厂

11. (　　)是 MRP 的主要输入。

A. 生产大纲　　B. 产品出产计划

C. 经营计划　　D. 设备维修计划

12. 应用 MRP 的主要目的之一是(　　)。

A. 平衡产能　　B. 降低劳动力需求

C. 培训员工　　D. 编制物料需求计划

13. (　　)是 MRP 的输入。

A. 生产计划大纲　　B. 预测

C. 产品结构文件　　D. 自制件投入出产计划

14. MRP 应用中要采用批量规则,是因为(　　)。

A. 节省订货费　　B. 降低库存　　C. 均衡计划　　D. 稳定生产

15. 对某种零件,第 3 周的总需要量为 1 200 个,期初的现有库存为 300 个,第 1、2、3 周分别有 100 个到货,要求安全库存为 150 个。那么,第 3 周的净需要量为(　　)。

A. 600 个　　B. 750 个　　C. 800 个　　D. 700 个

16. 关于 MRP 的主要思想，(　　)的说法是合适的。

A. 实现按需要准时生产　　B. 处理独立需求物料

C. 实现均衡计划生产　　D. 面向成本实现产销平衡

17. 下列关于 ERP 的说法，(　　)是合适的。

A. 只是一种软件　　B. 是一个信息管理系统

C. 面向供应链的管理平台　　D. 是一个管理集成方案

18. 对某种零件，第 3 周的总需要量为 900 个，期初的现有库存为 300 个，订货提前期为 1 周，要求安全库存为 100 个。那么，下列正确的是(　　)。

A. 第 2 周计划发出订货量应为 600

B. 第 3 周计划发出订货量应为 700

C. 第 3 周计划发出订货量应为 600

D. 第 2 周计划发出订货量应为 700

19. 主生产计划的计划对象是(　　)。

A. 假定产品　　B. 独立需求物料

C. 零部件　　D. 原材料

20. (　　)跟 MRP 的计算没有关系。

A. 主生产计划　　B. 产品结构信息

C. 生产能力　　D. 库存信息

三、判断题

1. MRP 处理的是独立需求。(　　)

A. 正确　　B. 错误

2. 产品出产计划是 MRP 的基本输入之一。(　　)

A. 正确　　B. 错误

3. 产品的包装物不是相关需求。(　　)

A. 正确　　B. 错误

4. 在数量上，净需求量总是等于总需求量。(　　)

A. 正确　　B. 错误

5. 逐批订货法(lot-for-lot)比 MPG 法的维持库存费低。(　　)

A. 正确　　B. 错误

6. 产品结构文件是 MRP 的基本输入之一。(　　)

A. 正确　　B. 错误

7. 产品出产计划的编制需要用户订单信息。(　　)

A. 正确　　B. 错误

8. 产品结构文件是 MRP 系统产生的。（　　）

A. 正确　　B. 错误

9. MRP Ⅱ与 MRP 是完全不相关的两种系统。（　　）

A. 正确　　B. 错误

10. MRP 也能应用于服务业中。（　　）

A. 正确　　B. 错误

11. 在处理逻辑上,DRP 不同于 MRP 在于它是按分配网络自下而上地处理。（　　）

A. 正确　　B. 错误

12. MRP 系统注重批量订单,而 JIT 注重单件生产,因此 MRP 与 JIT 无法兼容。（　　）

A. 正确　　B. 错误

13. MRP 处理的是相关需求,因此不需要安全库存。（　　）

A. 正确　　B. 错误

14. MRP 也适用于医院。（　　）

A. 正确　　B. 错误

15. 汽车轮胎在汽车制造厂属于相关需求,而在轮胎商店属于独立需求。（　　）

A. 正确　　B. 错误

16. 产品出产计划的计划期可以比产品生产周期短。（　　）

A. 正确　　B. 错误

17. 相关需求较独立需求的不均匀程度大。（　　）

A. 正确　　B. 错误

18. 对生产能力的需求也有时间性。（　　）

A. 正确　　B. 错误

19. 产品是独立需求性质,而零件是相关需求性质。（　　）

A. 正确　　B. 错误

20. 一种物料只可能出现在一个 BOM 表的同一层次上。（　　）

A. 正确　　B. 错误

四、计算题

1. 某制造厂生产产品 A,现收到两份订单,一份订单的订货量为 100 个,要求第 4 周发运;另一份订单的订货量为 150 个,要求第 8 周发运。每个 A 由 2 个 B 和 4 个 C 构成。C 自制,生产提前期为 1 周;B 外购,采购提前期为 2 周;组装 A 的生产提前期为 1 周。所有物料的现有数都为 0，C 在第 1 周预计入库 70 个。试确定 B 和 C 的投入和出产计划。

2. 最终产品 P 由一个 K、一个 L 和一个 W 构成。K 由三个 G 和四个 H 组成，L 由两个 M 和两个 N 组成，W 由三个 Z 组成。现有数分别为：20 个 L，40 个 G，200 个 H。预计到货量为：第 3 周的 10 个 K，第 6 周的 30 个 K，第 3 周的 200 个 W。要求第 6 周和第 7 周分别要交付 100 个 P。K、L 和 W 的生产提前期为 2 周，G、H 与 M 的生产提前期是 1 周，P 的生产提前期为 1 周。G 在生产过程中有 10% 的次品率。H 的最小订货量是 200 单位。计算 P、K、G、H 的物料需求计划。

3. 一个产品 E 由 2 个 F、1 个 G、1 个 H 构成，1 个 F 由 2 个 J 和 4 个 D 构成，1 个 G 由 2 个 L 和 2 个 J 构成，1 个 H 由 4 个 A、2 个 C、2 个 D 构成。求解组装 1 个 E 产成品所需各个构件的数量。

4. 某产品由 A 和 B 两个构件组装而成。每制造一件产品需要 2 个 A 和 4 个 B。第 6 周开始时必须发送 100 单位该产品。目前持有量为 50 个 A 和 100 个 B。另外，还有两份应接收的 B 订单，每份为 100 单位，其中第一份在第 4 周初到货，第二份在第 5 周初收到。最终产品的生产提前期是 2 周，A、B 的提前期分别为 1 周。用 MRP 的处理逻辑制定物料需求计划。

5. 某公司生产工业机器人，刚收到一份 40 个工业机器人的订单，应在第 7 周发货。机器人的产品结构信息及构件的相关信息如表 8-1 所示，其中构件列括号内的数字表示组装单个细项所需构件的数量。求解各个构件的订货量和订货时间，假设 G 的订单只能是 80 的倍数，其他构件均为配套批量订货。

表 8-1　机器人的产品结构信息

细项	提前期（周）	持有量	构件
机器人	2	10	B、G、C(3)
B	1	5	E、F
C	1	20	G(2)，H
E	2	4	—
F	3	8	—
G	2	15	—
H	1	10	—

6. 某生产企业生产 A、B 两种产品，结构树如图 8-1 所示。各物料的库存记录数据和主生产计划的数据分别如表 8-2 和表 8-3 所示。试制定每项物料在计划期的 MRP 计划。

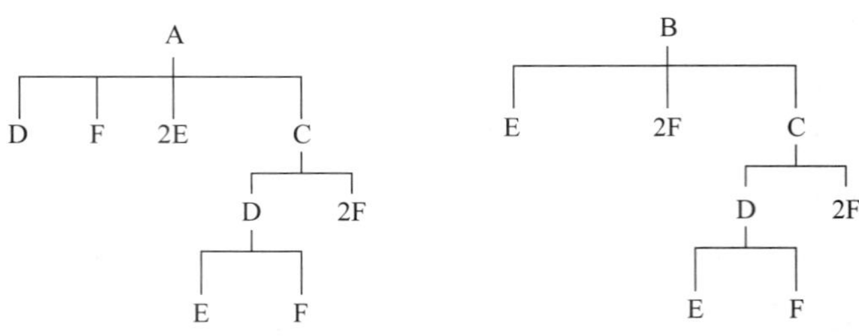

图 8-1 A、B 的产品结构图

表 8-2 库存记录表

物料项目	批量规则	起初可用库存量	提前期
A	直接批量	50	2
B	直接批量	60	2
C	直接批量	40	1
D	直接批量	30	1
E	固定批量 2 000	330	1
F	固定批量 2 000	1 000	1

表 8-3 主生产计划表

周期	产品 A	产品 B	产品 D	产品 E
第 9 周	1 250	460	250	400

7. 某公司生产电话机，一个电话机由话筒和机座装配而成，其产品结构树如图 8-2 所示。各种物料的现有数和提前期如表 8-4 所示。回答下列问题：

(1) 用目前已有的物料能装配多少电话机？何时能交货？

(2) 从(1)得到的物料计划，制定以周为时间单位的部件和产成品存储计划。

(3) 假设在第一周里还可以得到另外的 100 个电路板，这对(1)的答案有什么影响？

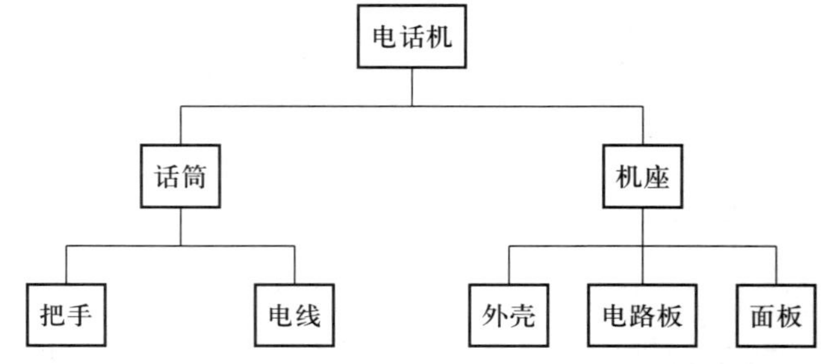

图 8-2 电话机的产品结构树

表 8-4　物料信息表

物料	现有数	提前期(周)
电话机	200	1
话筒	300	1
把手	200	2
电线	75	2
机座	250	1
外壳	200	2
电路板	150	1
面板	300	2

8. 某公司经 MRP 运算,得到了对某种外购零件的净需求量如表 8-5 所示。已知一次订货费用为 1 000 元 / 次,零件的单位采购成本为 250 元 / 个,每周每个零件的库存维持费用率为 0.4%。试分别用最大零件周期收益法和经济订货批量模型确定订货安排,并比较两种订货安排的库存成本与订货成本。

表 8-5　零件各周需求量

周次	1	2	3	4	5	6	7	8
需求量(个)	105	80	130	50		200	125	100

五、案例

宝特公司的物料需求计划系统

宝特公司是一家中等规模的生产和销售一系列汽车电气元件的制造企业,有大约 570 名生产人员和 75 名行政管理人员。公司为大约 75 家汽车配件商和汽车经销商供货。销售量最大的产品是边灯和车前灯。

近两年,公司在实施 ERP 系统。刘健是主管生产运营的公司副总裁,去年他领导公司实施了 ERP 中的 MRP 系统,试图通过运行 MRP 系统加强计划与库存控制,增强公司的竞争力。但是,MRP 运行一年后,公司的库存和加班水平并没有下降到预定目标,顾客服务变得更糟,延迟交货投诉太多。刘健找来生产管理部经理李同,试图了解公司应用 MRP 系统究竟存在什么问题。

李同认为，公司MRP系统每周运行一次，生成物料需求计划和发出新订单的行动通告。但是系统并不输出订单优先顺序和能力报告，而这正是车间发生订单安排问题的原因。另外，尽管跟采购紧密合作，以试图得到更准确的物料采购提前期估计值，但是外购件的缺货次数还是比较多。而营销部门习惯于从最熟悉的客户那里拿来一些紧急订单，常常打乱主生产计划安排。听完这些，刘健要李同去进一步了解情况。

李同首先约谈了生产车间负责人王建强。王建强反映，车间的生产任务很不均衡，有的周次空闲得很，而有的周次则需要加班加点。生产任务变化很快，而计划人员似乎没有对分配给每份订单的预定交货时间进行更新。另外，物料的实际库存数量往往少于MRP系统记录的库存数量，因此实际生产的数量必须多于计划量，这干扰了能力计划的安排。

李同还约谈了采购部经理徐浩。徐浩反映，自从MRP系统运行以后，由于频繁接到加急生产的通告，采购员要花大量时间应对迟交订单的补救工作，根本没有时间从事创意性采购工作。例如，系统指示采购员在2周内购进编号为A0101的零件200个，但所有的供应商都反馈说2周不可能交货，而在物料的基础数据中显示该零件的采购提前期是4周，不知道这种订单是如何形成的。而且，存在采购提前期不准确的情况，这给采购工作也带来麻烦。

李同拟对MRP系统的运行机制进行深入的分析。他收集了制造边灯和车前灯两种产品的相关信息，包括用到的零件信息（编码及说明）、产品BOM、零件提前期及现有库存等信息，如表8-6~表8-9所示。

表8-6　零件编号及说明

零件编号	零件名称	零件编号	零件名称
A0	前灯	B0202	边灯灯泡部件
A01	前灯架部件	B020201	边灯电缆绝缘垫圈和插座
A0101	前灯托	B020202	边灯泡
A0102	前灯架	B0203	转向灯灯泡部件
A02	前灯玻璃	B020301	闪光灯电缆护套和插座
B0	边灯	B020302	闪光灯泡
B01	边灯玻璃	B03	边灯玻璃橡胶垫
B02	边灯架部件	C01	螺丝
B0201	边灯架	C02	后橡胶垫

表 8-7　前灯和边灯的 BOM 信息

层次	零件编号	零件名称	单位数量
0	A0	前灯	1
1	A01	前灯架部件	1
2	A0101	前灯托	1
2	A0102	前灯架	1
2	C01	螺丝	2
2	C02	后橡胶垫	1
1	A02	前灯玻璃	1
1	C01	螺丝	4
0	B0	边灯	1
1	B01	边灯玻璃	1
1	B02	边灯架部件	1
2	C02	后橡胶垫	1
2	B0201	边灯架	1
2	B0202	边灯灯泡部件	1
3	B020201	边灯电缆绝缘垫圈和插座	1
3	B020202	边灯泡	1
2	B0203	转向灯灯泡部件	1
3	B020301	闪光灯电缆护套和插座	1
3	B020302	闪光灯泡	1
1	B03	边灯玻璃橡胶垫	1
1	C01	螺丝	2

表 8-8　零件基础信息及库存信息

零件编号	提前期(周)	安全库存	批量准则	现有库存	预计到货量（件数和入库时间）
A0	1	0	Lot for Lot	0	0
A01	2	0	Lot for Lot	10	50(12 周)
A0101	4	10	定期:4 周	50	110(14 周)
A0102	1	0	Lot for Lot	70	0

续表

零件编号	提前期(周)	安全库存	批量准则	现有库存	预计到货量(件数和入库时间)
A02	2	15	350	15	0
B0	1	0	Lot for Lot	0	0
B01	2	0	350	15	0
B02	3	0	Lot for Lot	20	100(13 周)
B0201	3	0	Lot for Lot	0	70(13 周)
B0202	1	0	Lot for Lot	60	50(12 周)
B020201	2	0	定期:2 周	0	0
B020202	1	25	100	35	100(12 周)
B0203	1	0	Lot for Lot	70	0
B020301	2	0	定期:2 周	0	180(12 周)
B020302	1	25	100	20	100(11 周)
B03	1	20	100	20	0
C01	1	30	2 500	150	
C02	1	20	180	30	180(12 周)

李同打算以表 8-9 给出的主生产计划信息作为输入，手工推算出未来 6 周(11~16 周)的 MRP 展开结果，以得到对问题的进一步理解。

表 8-9 主生产计划信息

编号	生产数量	投产日期	备注
A0	120	14 周	
	90	15 周	
	75	16 周	
B0	100	13 周	
	80	15 周	
	110	16 周	
B01	40	13 周	用作备件
	35	16 周	用作备件

分析下列问题：

(1) 假设你是李同，并假定现在是第 10 周周末，利用给出的信息，对 MRP 进行展开运算，给出未来 6 周零件的订货信息。

(2) 根据调研结果和 MRP 推算结果，形成一份分析报告。该报告应当指出公司执行 MRP 的优点和不足，并指出应当对计划发出订单和预计到货量进行调整之处。

(3) 你认为，企业成功实施 MRP 的关键因素是什么？

8.2　习题答案与案例教学说明

一、简述题

1. 简述 MRP 的基本思想。

答：MRP 是物料需求计划，其基本思想是：

(1) 根据产品出产计划倒推出相关物料的需求数量和需要时间。

(2) 围绕物料转化组织制造资源，实现按需要准时生产。根据各种物料的投入出产时间和数量，就可以确定对制造资源的需要数量和需要时间，这样就可以围绕物料的转化过程来组织制造资源，实现按需要准时生产。

(3) MRP 处理的是相关需求。

2. 简述订货点方法在处理相关需求时的局限性。

答：用传统的订货点方法来处理相关需求，存在以下局限性：

(1) 盲目性。盲目地维持一定量的库存会造成资金积压。

(2) 高库存与低服务水平。会造成高库存与低服务水平并存的局面。

(3) 形成“块状”需求。订货点方法应用的前提条件是需求均匀，而相关需求往往是非均匀的。在物料需求率为非均匀的条件下，采用订货点方法，会造成对零件和原材料的需求率不均匀，呈“块状”。“块状”需求与近似均匀的“锯齿状”需求相比，平均库存水平几乎提高一倍，因而会占用更多的资金。

3. 简述 MRP 系统的基本处理逻辑。

答：MRP 的基本处理逻辑就是根据产品出产计划（产品出产期和出产数量）、产品结构信息、各种物料的提前期及库存信息，将产品逐层展开，来计算各种物料的需求，将产品出产计划变成零部件投入出产计划和外购件、原材料的需求计划（需求数量和需求日期）。

4. 简述 MRP 的发展过程。

答:MRP 的发展经历了几个典型的发展阶段:

(1) MRP 阶段。20 世纪 60 年代初发展起来的 MRP 仅是一种物料需求计算器,它是开环的,没有信息反馈,也谈不上控制。

(2) 闭环 MRP 阶段。在早期 MRP 基础上增加了相关的能力需求、车间生产作业计划、计划执行信息反馈等功能,整个处理逻辑形成“闭环”,使 MRP 真正成为一种计划与控制系统。

(3) MRP Ⅱ 阶段。20 世纪 80 年代初发展起来,它主要在闭环 MRP 的基础上增加了财务功能,把生产活动与财务活动联系到一起,实现财务信息与物流信息的集成。它是一种资源协调系统,代表了一种新的生产管理思想。

(4) ERP 阶段。20 世纪 90 年代初发展起来,它在 MRP Ⅱ 的基础上,增加了软件功能,扩充了应用范围,突出体现了供应链管理思想的应用。

5. MPR 系统的运行需要哪些主要输入?

答:

(1) 物料主数据——定义了各种物料的编码、名称、计量单位、提前期、底层码等信息。

(2) 产品出产计划——给出了具体产品的出产时间和出产数量信息,它是 MRP 运行的驱动力量。

(3) 产品结构文件——表示了产品的组成及结构信息,反映了产品项目的结构层次以及制成最终产品的各个阶段的先后顺序。

(4) 库存状态文件——给出了相关物料的每一种库存信息。

6. 在 MRP 处理过程中,为什么要采用批量规则?

答:实际生产中,安排生产或采购计划时,计划发出订货量不一定等于净需要量。一般来说,增大批量就可以减少加工或采购次数,相应地将减少订货费或设备调整费,但在制品库存会增大,要占用更多的流动资金。而批量过小,占用的流动资金减少,但增加了加工或订货费用。因此,为节省订货费或设备调整准备费,往往会确定一个合理的批量。一般的批量规则有逐批订货批量、固定批量和固定周期批量等。

7. 简述最大零件周期收益法的基本思想。

答:最大零件周期收益法用于处理离散周期需求非均匀情况下的批量问题。当把某时间段的需求合并到前面的某个时间段一起订货时,可以节省一次订货费,但增加了库存维持费。只要节省的订货费大于增加的库存维持费,就可合并订货。该方法就是在节省的订货费与增加的库存维持费之间进行权衡,最终确定一个费用最省的批量方案。

8. 简述 MRP 系统中设置安全库存的必要性。

答:设置安全库存是为了应对不确定性。尽管 MRP 处理的是相关需求,但在实际生产中,仍然存在不确定性,比如不合格品的出现、外购件延迟交货、设备故障、停电、缺勤等。这些不确定因素的存在,会导致生产不能按计划执行。因此,采用 MRP 处理逻辑确定物料需求时,仍然要考虑物料的安全库存。不过,由于产品结构的传递性,一般仅对一些关键物料和产品结构中最低层物料设置安全库存。

9. MRP Ⅱ为何统一了企业的生产经营活动?

答:MRP Ⅱ能提供一个完整而详尽的计划,使企业内各部门的活动协调一致,形成一个整体。营销部门有了产品出产计划,签订销售合同就有了可靠依据;生产部门有了物料需求计划,计划的完整性、周密性和应变性就大大加强,调度工作大为简化,工作质量得到提高;采购部门有了外购件和原材料的需求计划,有可能做到按时、按量供应各种物资;财务部门使用 MRP Ⅱ产生的数据,可以编制财务报告,核算成本数据,编制各种预算;技术部门则提供 MRP Ⅱ系统赖以运行的基本数据。各个部门享用共同的数据,消除了重复工作和不一致性,使得各部门的关系更加密切,提高了整体的效率。

10. 如何处理变型产品?

答:需求多样化使变型产品数急剧增加。变型产品往往是几种标准模块的不同组合。为了处理大量的变型产品,可以模块代替变型产品,建立模块物料清单(modular bill of materials),以模块为对象编制产品出产计划。这样产品结构文件将大大减少。

11. 影响 ERP 成功实施的关键因素是什么?

答:ERP 的实施与应用是一项艰巨复杂的工作,投资大、工作量大、涉及面广、实施周期长。成功实施 ERP 项目,应注意以下几个关键因素:

(1) 领导重视和积极参与;

(2) 重视人员的培训;

(3) 加强各项基础管理工作,完善生产经营管理体系,优化业务流程;

(4) 根据企业自身特点,适当开展软件用户化和二次开发工作。

12. 简述 MPR Ⅱ管理模式的特点。

答:

(1) 计划的一贯性与可行性:MRP Ⅱ是一种计划主导型的管理模式,计划由粗到细逐层细化,始终与企业经营战略保持一致,加上能力的控制,使计划具有一贯性、有效性和可执行性。

(2) 管理的系统性:MRP Ⅱ提供一个完整而详尽的计划,在"一个计划"的协调下将企业所有与生产经营直接相关的部门的工作联成一个整体,提高了整体效率。

(3) 数据共享性:各个部门从中共享数据,消除了重复工作和不一致性。

(4) 物流与资金流的统一：MRP Ⅱ中包含成本会计和财务功能，可以由生产活动直接产生财务数据，保证生产和财务数据的一致性。

二、单项选择题

答案：1~5 BCDAB 6~10 DCCDA 11~15 BDCAB 16~20 ACDBC

三、判断题

答案：1~5 BABBA 6~10 AABBA 11~15 ABBAA 16~20 BAABB

四、计算题

1. 计算过程如表 8-10 所示。

表 8-10 MRP 计算过程

物料	计算项目	周次							
		1	2	3	4	5	6	7	8
A *LT*=1	总需求量				100				150
	预计入库量								
	净需要量				100				150
	计划发出订货量			100				150	
B *LT*=2	总需求量			200				300	
	预计入库量								
	净需要量			200				300	
	计划发出订货量	200				300			
C *LT*=1	总需求量			400				600	
	预计入库量	70							
	净需要量			330				600	
	计划发出订货量		330				600		

所以，B 的投入出产计划为：第 1 周采购 200 个，第 3 周到货；第 5 周采购 300 个，第 7 周到货。C 的投入出产计划为：第 2 周投入 330 个，第 3 周到货；第 6 周投入 600 个，第 7 周到货。

2. 计算过程如表 8-11 所示。

表 8-11　产品 P 的分解过程

物料	计算项目		周次						
			1	2	3	4	5	6	7
P：LT=1 周	总需要量							100	100
	现有数								
	净需要量							100	100
	计划收到订货量							100	100
	计划发出订货量						100	100	
K(1)：LT=2 周	总需要量						100	100	
	预计到货量				10			30	
	现有数				10	10			
	净需要量						90	70	
	计划收到订货量						90	70	
	计划发出订货量				90	70			
G(3)：LT=1 周	总需要量				270	210			
	预计到货量								
	现有数	40	40	40					
	净需要量				230	210			
	计划收到订货量				253	231			
	计划发出订货量			253	231				
H(4)：LT=1 周	总需要量				360	280			
	预计到货量								
	现有数	200	200	200					
	净需要量				160	280			
	计划收到订货量				200	240			
	计划发出订货量			200	240				

所以，P 的投入出产计划为：第 5 周发出订货 100，第 6 周收到。

第 6 周发出订货 100，第 7 周收到。

K 的投入出产计划为：第 3 周发出订货 90，第 5 周收到。

第 4 周发出订货 70，第 6 周收到。

G 的投入出产计划为：第 2 周发出订货 253，第 3 周收到。

第 3 周发出订货 231，第 4 周收到。

H 的投入出产计划为：第 2 周发出订货 200，第 3 周收到。

第 3 周发出订货 240，第 4 周收到。

3. F=2， G=1， H=1， J=6， D=10， L=2， A=4， C=2。

4. 计算过程如表 8-12 所示。

表 8-12 产品分解过程

物料	计算项目		周次						
			1	2	3	4	5	6	7
产品：*LT*=2 周	总需要量							100	
	现有数								
	净需要量							100	
	计划收到订货量							100	
	计划发出订货量					100			
A(2)：*LT*=1 周	总需要量					200			
	预计到货量								
	现有数	50	50	50	50				
	净需要量					150			
	计划收到订货量					150			
	计划发出订货量				150				
B(4)：*LT*=1 周	总需要量					400			
	预计到货量					100	100		
	现有数	100	100	100	100		100	100	
	净需要量					200			
	计划收到订货量					200			
	计划发出订货量				200				

所以，产品的投入出产计划为：第 4 周发出订货 100，第 6 周收到。

A 的投入出产计划为：第 3 周发出订货 150，第 4 周收到。

B 的投入出产计划为：第 3 周发出订货 200，第 4 周收到。

5. 计算过程如表 8-13 所示。各构件的订货时间、订货量和到货时间也见表 8-13。

表 8-13　机器人的分解过程

物料	计算项目		周次						
			1	2	3	4	5	6	7
机器人：LT=2 周	总需要量								40
	现有数	10	10	10	10	10	10	10	
	净需要量								30
	计划收到订货量								30
	计划发出订货量						30		
B(1)：LT=1 周	总需要量						30		
	预计到货量								
	现有数	5	5	5	5	5			
	净需要量						25		
	计划收到订货量						25		
	计划发出订货量					25			
C(3)：LT=1 周	总需要量						90		
	预计到货量								
	现有数	20	20	20	20	20			
	净需要量						70		
	计划收到订货量						70		
	计划发出订货量					70			
G：LT=2 周	总需要量					140	30		
	预计到货量								
	现有数	15	15	15	15				
	净需要量					125	30		
	计划收到订货量					160			
	计划发出订货量			160					
E：LT=2 周	总需要量					25			
	预计到货量								
	现有数	4	4	4	4				
	净需要量					21			
	计划收到订货量					21			
	计划发出订货量			21					

续表

物料	计算项目		周次						
			1	2	3	4	5	6	7
F： *LT*=3 周	总需要量					25			
	预计到货量								
	现有数	8	8	8	8				
	净需要量					17			
	计划收到订货量					17			
	计划发出订货量		17						
H： *LT*=1 周	总需要量					70			
	预计到货量								
	现有数	10	10	10	10				
	净需要量					60			
	计划收到订货量					60			
	计划发出订货量				60				

6. 计算过程及各项物料的 MRP 计划如表 8-14 所示。

表 8-14 MRP 处理过程

物料	计算项目		周次						
			3	4	5	6	7	8	9
A： *LT*=2 周	总需要量								1 250
	现有数	50	50	50	50	50	50	50	
	净需要量								1 200
	计划收到订货量								1 200
	计划发出订货量						1 200		
B： *LT*=2 周	总需要量								460
	预计到货量								
	现有数	60	60	60	60	60	60	60	
	净需要量								400
	计划收到订货量								400
	计划发出订货量						400		

续表

物料	计算项目		周次 3	4	5	6	7	8	9
C：LT=1 周	总需要量						1 600		
	预计到货量								
	现有数	40	40	40	40	40			
	净需要量						1 560		
	计划收到订货量						1 560		
	计划发出订货量					1 560			
D：LT=1 周	总需要量					1 560	1 200		250
	预计到货量								
	现有数	30	30	30	30				
	净需要量					1 530	1 200		250
	计划收到订货量					1 530	1 200		250
	计划发出订货量				1 530	1 200		250	
E：LT=1 周	总需要量				1 530	1 200	2 800	250	400
	预计到货量								
	现有数	330	330	330	800	1 600	800	550	150
	净需要量				1 200	400	1 200		
	计划收到订货量				2 000	2 000	2 000		
	计划发出订货量			2 000	2 000	2 000			
F：LT=1 周	总需要量				1 530	4 320	2 000	250	
	预计到货量								
	现有数	1 000	1 000	1 000	1 470	1 150	1 150	900	
	净需要量				530	2 850	850		
	计划收到订货量				2 000	4 000	2 000		
	计划发出订货量			2 000	4 000	2 000			

7. (1) 判断能制造话筒的数量：一个话筒要一个把手和一根电线，电线的数量为 75 根，把手数量为 200 个，所以最多可以制造话筒的数量为 min(75，200)，即 75 个。判断能制造机座的数量。同理，最多可以制造机座数量为min(200，150，300)，即150个。再判断能制造电话的数量，一个电话机由一个话筒和一个把手构成，所以最多可以制

造电话机的数量为 min(300+75,250+150)，即 375 个，加上已有的 200 个电话机，可以交货 575 个。因为话筒和机座的组装需要 1 周，电话机的组装需要 1 周，所以可以在第 3 周交货 575 个电话机。

(2) 按照第 3 周 575 个电话机的交货计划，各物料需求量的计算过程如表 8–15 所示，存储计划见表中的现有数。

表 8–15 机器人的分解过程

物料	计算项目		周次						
			1	2	3	4	5	6	7
电话机：LT=1 周	总需要量				575				
	现有数	200	200	200	575				
	净需要量				375				
	计划收到订货量				375				
	计划发出订货量			375					
话筒：LT=1 周	总需要量			375					
	预计到货量								
	现有数	300	300	375					
	净需要量			75					
	计划收到订货量			75					
	计划发出订货量		75						
机座：LT=1 周	总需要量			375					
	预计到货量								
	现有数	250	250	375					
	净需要量			125					
	计划收到订货量			125					
	计划发出订货量		125						
把手：LT=2 周	总需要量		75						
	预计到货量								
	现有数	200	125	125					
	净需要量								
	计划收到订货量								
	计划发出订货量								

续表

物料	计算项目		周次						
			1	2	3	4	5	6	7
电线： LT=2 周	总需要量		75						
	预计到货量								
	现有数	75							
	净需要量								
	计划收到订货量								
	计划发出订货量								
外壳： LT=2 周	总需要量		125						
	预计到货量								
	现有数	200	75	75	75				
	净需要量								
	计划收到订货量								
	计划发出订货量								
电路板： LT=1 周	总需要量		125						
	预计到货量								
	现有数	150	25	25	25				
	净需要量								
	计划收到订货量								
	计划发出订货量								
面板： LT=2 周	总需要量		125						
	预计到货量								
	现有数	300	175	175	175				
	净需要量								
	计划收到订货量								
	计划发出订货量								

(3) 因为增加电路板的数量只会增加机座的数量，话筒的数量没有增加，所以对可以制造的电话机数量没有影响。

8. 单位时间库存持有成本为：250 × 0.4%=1 元 /(件·周)。

计算经济订货批量：$EOQ=\sqrt{\dfrac{2\times 790\times 1\ 000}{8\times 1}}\approx 445$ 件。

用最大零件周期收益法确定订货安排的过程见表 8-16。

表 8-16　零件的订货安排过程

最小零件周期	合并订货序号	1	2	3	4	5	6	7	8
50	0	105	80	130	50		200	125	100
80	1	105	80	180			200	125	100
100	2	185		180			200	125	100
225	3	185		180			200	225	
360	4	185		180			425		
2 125		365					425		
	期初	365	260	180	50		425	225	100
	期末	260	180	50	0		225	100	0
		445	340	260	130	80	525	325	200
		340	260	130	80	80	325	200	100

成本比较：两种订货安排的库存计算见表 8-17。

表 8-17　零件库存变化表

周次		1	2	3	4	5	6	7	8
需求		105	80	130	50		200	125	100
最大零件周期收益法	期初	365	260	180	50		425	225	100
	期末	260	180	50	0		225	100	0
经济订货批量	期初	445	340	260	130	80	525	325	200
	期末	340	260	130	80	80	325	200	100

最大零件周期收益法：订货费 2 000 + 库存费 1 210 = 3 210 元。

经济订货批量模型：订货费 2 000 + 库存费 1 910 = 3 910 元。

五、案例教学说明

1. 教学目的

(1) 掌握 MRP 的处理逻辑，学生能分别列举至少三个 MRP 运算的主要输入和输出。

(2) 能总结出至少三个影响 MRP 系统成功实施的条件。

2. 分析思路

(1) 要求学生阅读案例资料，进行 MRP 运算。

(2) 分组讨论，形成小组意见。

(3) 组织全班讨论，引导学生发表意见。

3. 问题分析参考要点

(1) 要求各小组按照案例给出的信息和 MRP 的处理逻辑，计算相应的物料需求计划，并让各小组展示结算结果。

(2) 根据 MRP 推算结果形成的分析报告要点：对有些预计到货量要进行催货和赶工；对有些订单要加急；强调需求发生变化时，要重新运行 MRP。

(3) 企业成功实施 MRP 的关键因素：领导重视、部门间的协调、准确的基础数据、培训与专业人才。

第九章　制造业作业计划与控制

9.1　习题与案例

一、简述题

1. 简述排序与作业计划的不同。
2. 简述单件作业与流水作业的不同。
3. 简述静态排序与动态排序的不同。
4. 什么是派工?
5. 什么是排列排序?
6. 简述 Johnson 算法。
7. 简述生产作业控制。
8. 简述半能动计划。
9. 简述实施生产作业控制的原因。
10. 漏斗模型的基本原理和用途是什么?

二、单项选择题

1. 确定工件在机器上的加工顺序,叫(　　)。

A. 排序　　B. 编制作业计划
C. 派工　　D. 赶工

2. 将具体的生产任务安排到具体的机器上,叫(　　)。

A. 排序　　B. 编制作业计划
C. 派工　　D. 赶工

3. 确定机器上各工件的加工顺序,并确定开始加工时间,叫(　　)。

A. 排序　　B. 编制作业计划
C. 派工　　D. 赶工

4. 当实际进度落后于计划而采取的行动，叫（　　）。

A. 排序　　B. 编制作业计划

C. 派工　　D. 赶工

5. Palmer 法、关键工件法、CDS 法都是从（　　）算法扩展来的。

A. SPT　　B. Johnson

C. 随机调度　　D. 概率调度

6. 使工件平均流程时间最短，从而减少在制品量的调度法则是（　　）。

A. SPT　　B. FCFS　　C. EDD　　D. MWKR

7. 使工件最大延误时间最小的是（　　）。

A. SPT　　B. FCFS　　C. EDD　　D. MWKR

8. 使不同工作量的工件完工时间尽量接近的是（　　）。

A. SPT　　B. FCFS　　C. EDD　　D. MWKR

9. 使工作量小的工件尽快完成的是（　　）。

A. SPT　　B. LWKR　　C. EDD　　D. MWKR

10. 以下算法中（　　）可得到最优结果。

A. CDS 算法　　B. 随机抽样

C. 概率调度　　D. 分支定界

11. 以下可中断作业计划安排中（　　）是最优排序。

A. 延迟计划　　B. 无延迟计划

C. 半能动计划　　D. 能动作业计划

12. 每个工件的加工路线都是一样的排序问题称为（　　）。

A. 静态车间排序问题　　B. 多件车间排序问题

C. 单件车间排序问题　　D. 流水车间排序问题

13. 实施生产控制的原因除了（　　）均是。

A. 生产环境发生了变化　　B. 计划的改变

C. 执行的原因　　D. 扰动因素的影响

14. 以下步骤中不属于生产作业控制过程的是（　　）。

A. 编制生产作业体系　　B. 监控实际生产过程

C. 评估偏差情况　　D. 采取纠偏措施

15.（　　）不属于生产作业控制的功能。

A. 为每个车间的工单指派优先级

B. 维护车间在制品数量信息

C. 提供预测产出数据来为能力控制服务

D. 测量设备的利用率和产量

16. 在漏斗模型中，工作中心的输入超过输出的结果是（　　）。

A. 完成订单　　B. 满足顾客需求

C. 下游作业延期　　D. 作业效率提高

17. 在漏斗模型中，漏斗的液体表示（　　）。

A. 上道工序转入的加工任务　　B. 已经完成加工的零部件

C. 在制品或累积的任务　　D. 在制品的量

18. 实际控制过程中，要使各个工件的平均通过时间稳定，可以采用（　　）来安排各工件的加工顺序。

A. EDD　　B. FCFS　　C. 随机调度　　D. 概率调度

19. 在多机问题排序中，如果所有机器的功能相同，一个工件需要在多台平行机的一个机器上加工一次，则称为（　　）。

A. 平行机　　B. 串联机　　C. 多用平行机　　D. 专用串联机

20. 对于（　　），排队时间占到加工提前期的 80%~95%。

A. 单件生产　　B. 大量生产　　C. 成批生产　　D. 流水作业

三、判断题

1. Johnson 算法只能得出满意解。（　　）

A. 正确　　B. 错误

2. SPT 法则可使工件的平均流程时间最短。（　　）

A. 正确　　B. 错误

3. FCFS 法则可防止零部件的锈损。（　　）

A. 正确　　B. 错误

4. EDD 法则可使零部件最大延误件数最小。（　　）

A. 正确　　B. 错误

5. MWKR 法则使工作量小的工件尽快完成。（　　）

A. 正确　　B. 错误

6. LWKR 法则使工作量小的工件尽快完成。（　　）

A. 正确　　B. 错误

7. 概率调度法则总是可以得到最优结果。（　　）

A. 正确　　B. 错误

8. MOPNR 法则是选择余下工序数最多的工件，以减少工件在不同机器上的排队时间。（　　）

A. 正确　　B. 错误

9. SCR 法则优先选取临界比（允许停留时间 / 余下加工时间）最小的工件，以减少

延误。（　　）

A. 正确　　B. 错误

10. 随机法则一般得不到最优结果。（　　）

A. 正确　　B. 错误

11. 产品生产周期的长短,取决于多方面的因素,如生产设备的先进程度、工艺技术水平、生产组织与管理水平、劳动组织设计以及计划管理工作水平等。（　　）

A. 正确　　B. 错误

12. 作业排序以及作业计划只需要确定工件在机器上的加工顺序。（　　）

A. 正确　　B. 错误

13. 确定生产作业监控体系的依据是物料计划和生产作业计划,凡是生产计划与生产作业计划有可能发生偏离的点都应该纳入监控的范围。（　　）

A. 正确　　B. 错误

14. 漏斗模型的基本原则是,工作中心的输出永远不能超过工作中心的输入。（　　）

A. 正确　　B. 错误

15. 输入曲线和输出曲线表示在一定观察期内任务到达的累计情况和任务完成的累计情况,它们可以从过去任何一天开始构造到现在。（　　）

A. 正确　　B. 错误

16. 实际控制过程中,若希望改变在制品库存量,可暂时增加或减少输入。如增加输入,在制品量将下降,否则上升。（　　）

A. 正确　　B. 错误

17. 生产作业计划的主要任务是将主生产计划或 MRP 中的零部件投入出产计划细化,它是 MRP 的具体执行计划。（　　）

A. 正确　　B. 错误

18. 批量小,每批产品的生产周期比较长,生产中占用在制品数量及占用的生产面积和仓库面积就会增加,会增加流动资金占用量和在制品库存保管费用等。（　　）

A. 正确　　B. 错误

19. 当进行排序时所有工件都已经到达,可以一次对它们进行排序,这是动态排序问题。（　　）

A. 正确　　B. 错误

20. 排序问题是一类组合优化问题,由于在实际生产中,排序问题中的机器、工序、资源都是有限的,大部分排序问题是从有限可行解中找出一个最优解,使目标函数达到极小。（　　）

A. 正确　　B. 错误

四、计算题

1. 按表 9-1 给出的数据，找出：

(1) 平均流程时间最短的作业顺序；

(2) 最大延期量最小的作业顺序。

表 9-1　各任务的加工时间和交货期表

任务	1	2	3	4	5	6	7	8	9	10
加工时间	17	22	12	6	11	17	9	15	10	9
交货期	67	75	37	59	67	88	61	48	79	57

2. 由三台机器组成的流水作业生产线，具体数据见表 9-2。

表 9-2　各任务的加工时间表

任务	J_1	J_2	J_3	J_4	J_5	J_6
机器 A	2	23	25	5	15	10
机器 B	29	3	20	7	11	2
机器 C	19	8	11	14	7	4

求：(1) 用关键工件法找出总加工周期最短的作业顺序；

(2) 计算出总加工周期。

3. 一个车间有一台机器，现有 5 个工件需要该机器加工。相关的加工时间和要求完成时间（交货期）如表 9-3 所示。

表 9-3　各工件的加工时间和交货期表

工件	J_1	J_2	J_3	J_4	J_5
加工时间	11	29	31	1	2
交货期	61	45	31	33	32

(1) 求平均流程时间最短的作业顺序。

(2) 求最大延期量最小的作业顺序。

4. 表 9-4 是在某工作中心等候加工的 6 项作业的加工时间（包含换产时间）与预定日期。假设工作到达顺序与表中顺序相符。分别按 FCFS、SPT、EDD 法则，求解作业顺序、平均流程时间、平均延期时间、工作中心内的平均作业数。

表 9-4 各作业的加工时间和交货期表

作业	加工时间(天)	交货日期(天)
A	2	7
B	8	16
C	4	4
D	10	17
E	5	15
F	12	18

5. 表 9-5 是关于某工作中心内的四项待加工作业信息。

表 9-5 各作业的加工时间和交货期表

作业	作业时间 / 天	预定日期 / 天
A	14	20
B	10	16
C	7	15
D	6	17

假设列表是根据到达的顺序安排的。用 FCFS、SPT 和 EDD 法则对作业进行排序，并计算平均流程时间、平均延期时间和工作中心内的平均作业数。

6. 利用表 9-6 给出的信息，求解由 FCFS、SPT、EDD 法则决定的作业顺序，并分别求出：① 平均流程时间；② 平均延期时间；③ 系统内的平均作业数。作业以到达顺序排列。所有时间与预定日期都以小时为单位。

表 9-6 各作业的加工时间和交货期表

作业	单位加工时间	各作业单位数	换产时间	预定日期
A	0.14	45	0.7	4
B	0.25	14	0.5	10
C	0.10	18	0.2	12
D	0.25	40	1.0	20
E	0.10	75	0.5	15

7. 某批发商品配送中心用的是两步式订货补充方法。明天将要补充七份订单，如表 9-7 所示。求使补充订货所需时间最少的作业序列。

表 9-7　各订单的加工时间表

订单	时间(小时)	
	第一步	第二步
A	1.20	1.40
B	0.90	1.30
C	2.00	0.80
D	1.70	1.50
E	1.60	1.80
F	2.2	1.75
G	1.30	1.40

8. 某金属店的生产经理做了一个时间进度安排，如表 9-8 所示。求能使表中所有作业更早完成的进度安排。

表 9-8　各作业的加工时间表

作业	切割		抛光	
	开始	结束	开始	结束
A	0	2	2	5
B	2	6	6	9
C	6	11	11	13
D	11	15	15	20
E	15	17	20	23
F	17	20	23	24
G	20	21	24	28

9. 有一个 $6/4/P/F_{max}$ 排序问题，其加工时间如表 9-9 所示。当按顺序 $S=(6,1,5,2,4,3)$ 加工时，求 F_{max}。

表 9-9　工件加工时间表

i	1	2	3	4	5	6
P_{i1}	4	2	3	1	4	2
P_{i2}	4	5	6	7	4	5
P_{i3}	5	8	7	5	5	5
P_{i4}	4	2	4	3	3	1

10. 各作业的加工时间如表 9-10 所示。使用 Johnson 算法为通过工作中心 A 和 B 的作业求解最优的加工顺序。

表 9-10 各作业加工时间表

作业	加工时间	
	工作中心 A	工作中心 B
a	2.50	4.20
b	3.80	1.50
c	2.20	3.00
d	5.80	4.00
e	4.50	2.00

11. 求表 9-11 所示的 $6/2/F/F_{max}$ 问题的最优解。

表 9-11 工件加工时间表

i	1	2	3	4	5	6
a_i	5	1	8	5	3	4
b_i	7	2	2	4	7	4

12. 公司在一次火灾中损坏了五台仪器,这些仪器的修复需要经过如下两道工序:① 将损坏的仪器运至修理车间,拆卸开;② 清洗仪器部件,更换报废部分,装配、测试,并送回原车间。每台仪器在两个工序的各自所需时间如表 9-12 所示。两道工序分别由不同的人员完成。由于原车间没有这五台仪器就无法恢复正常生产,所以希望找到一个较好的排序方案,使全部修理时间尽可能短。

表 9-12 修理时间表(小时)

仪器	Y_1	Y_2	Y_3	Y_4	Y_5
工序 1	12	4	5	15	10
工序 2	22	5	3	16	8

13. 有 6 个作业要进行同样的两步式操作。第一步操作涉及清洁工作,第二步则是喷漆。为这组作业排序,使总完成时间最短。加工时间如表 9-13 所示。

表 9-13 作业加工时间表(小时)

作业	工作中心	
	1	2
A	5	5
B	4	3
C	8	9
D	2	7
E	6	8
F	12	15

五、案例

CQ 航空公司

CQ 航空公司是中国首批民营航空公司之一,总部位于上海。公司定位于低成本航空经营模式,凭借价格优势吸引大量对价格较为敏感的自费旅客以及追求高性价比的商务旅客。公司通过“两高”(高客座率、高飞机利用率)、“两单”(单一机型、单一舱位)、“两低”(低销售费用、低管理费用)的运营模式,以 B2C 网上销售和手机直销为主要销售渠道,在确保安全的同时,大幅度降低了运营成本和票价,被广大旅客和媒体称为“平民航空”“高性价比的航空公司”。公司开航以来总平均票价低于同航线市场价 40% 左右。在这种运营模式下,CQ 航空公司发展迅速,始终保持较高的客座率水平。2019 年以前,公司的平均客座率可以达到 95%。

随着航空客运市场竞争加剧,2020 年 CQ 航空公司的平均客座率下降为 94%,2021 年继续下降到 92% 左右。市场部经过调查发现,客座率降低的主要原因之一是:旅客订票后并未购票,或者购票后退票、变更航班或日期,进而造成航班座位虚耗。表 9-14 是从深圳飞上海的一个航班的相关数据,该航班座位票价为每人 870 元。针对这种情况,市场部从 2020 年起就多次建议公司实施机票超售措施,以减少座位虚耗,提高平均客座率。这个建议在 2021 年 4 月初的总裁办公会上获得通过,2021 年 5 月 1 日起正式实施。

但自超售措施实施以来,各季度的平均客座率与上年同期相比,并没有提高,甚至于略有下降,2022 年 1 季度平均客座率下降为 90.26%。而且,发生了 10 多起购票旅客到达机场后不能在当期航班登机,引起旅客严重不满、投诉的事件,影响了公司的服务质量和美誉。因此,地面服务部于 2022 年 3 月 30 日向公司递交了取消机票超售的建议。

表 9-14　某航班退票及变更航班的人数

退票及变更航班的人数(人)	2022 年 1 季度发生的次数(次)	概率
0	3	3.33%
1	5	5.56%
2	7	7.78%
3	10	11.11%
4	11	12.22%
5	14	15.56%
6	13	14.44%
7	10	11.11%
8	8	8.89%
9	6	6.67%
10	3	3.33%

分析下列问题：

(1) 公司要不要取消机票超售？

(2) 根据深圳飞上海的航线数据，分析该航线应当超售多少票(超售补偿成本按所持票面价格的 30% 计算)。

(3) 如果继续实施超售，如何解决超售引起的服务质量问题呢？

9.2　习题答案与案例教学说明

一、简述题

1. 简述排序与作业计划的不同。

答：排序只是确定工件在机器上的加工顺序。作业计划还需要确定在机器上的开始时间。

2. 简述单件作业与流水作业的不同。

答：单件作业是指工作在机器上的加工顺序不同。流水作业的加工顺序是相同的。

3. 简述静态排序与动态排序的不同。

答：静态排序指在排序时工件都已经到达。动态排序则是指排序时工件是陆续到达的。

4. 什么是派工?

答:派工是按作业计划的要求,将具体的生产任务安排到具体的机器上并交给相应的操作工人负责。

5. 什么是排列排序?

答:排列排序属于流水车间排序,各工件依次在机器上完成各道工序,但对于同一台机器而言,各工件在其上的加工顺序可能不同。若在全部机器上各工件的加工顺序也相同,则称为排列排序。

6. 简述 Johnson 算法。

答:Johnson 算法是对 2 台设备流水车间的最优排序算法,从加工时间表中找出一个最短时间,若出现在先加工的设备上,尽量往前排,若出现在后加工的设备上,尽量往后排。按此方法,排完所有工件。

7. 简述生产作业控制。

答:生产作业控制即车间控制,不断地检查任务的执行情况,检查设备的负荷情况,及时为拖后的任务制定相应的赶工单,以保证计划的如期完成。

8. 简述半能动计划。

答:各工序都按最早可能开工或完工时间安排的作业计划称为半能动计划。

9. 简述实施生产作业控制的原因。

答:加工时间不准确、加工路线多样性、环境的多变、随机因素的影响等。

10. 漏斗模型的基本原理和用途是什么?

答:漏斗形象地表示一个工件的输入输出情况,上面的开关是对输入的控制,下面的开关是对输出的控制。输入输出状况图,包括输入和输出曲线,它们分别描述工件的到达情况和完成情况。曲线图的垂直段表示完成的一个或多个工件所包含的工作量;水平段表示相邻两个完成的任务之间的时间间隔。漏斗模型的用途是控制生产输入输出。

二、单项选择题

答案:1~5　ACBDB　6~10　ACDBD　11~15　BDBAC　16~20　CCBAA

三、判断题

答案:1~5　BAAAB　6~10　ABAAA　11~15　ABBBA　16~20　BAABA

四、计算题

1. (1) 采用 SPT 法则可以使工件的平均流程时间最短,求解过程见表 9-15。时间相同的任务可以互换。

表 9-15

任务	加工时间	交货期	流程时间	延期量
4	6	59	6	0
7	9	61	15	0
10	9	57	24	0
9	10	79	34	0
5	11	67	45	0
3	12	37	57	20
8	15	48	72	24
1	17	67	89	22
6	17	88	106	18
2	22	75	128	53

所以，平均流程时间最短的作业顺序为：

4—7—10—9—5—3—8—1—6—2，或 4—7—10—9—5—3—8—6—1—2；

4—10—7—9—5—3—8—1—6—2，或 4—10—7—9—5—3—8—6—1—2。

(2) 采用 EDD 法则可以找出最大延期量最小的作业顺序，求解过程见表 9-16。交货期相同的任务可以互换。

表 9-16

任务	加工时间	交货期	流程时间	延期量
3	12	37	12	0
8	15	48	27	0
10	9	57	36	0
4	6	59	42	0
7	9	61	51	0
1	17	67	68	1
5	11	67	79	12
2	22	75	101	26
9	10	79	111	32
6	17	88	128	40

最大延期量最小的作业顺序为：

3—8—10—4—7—1—5—2—9—6 或 3—8—10—4—7—5—1—2—9—6。

2. 按照关键工件法首先找出关键工件为 J_3，见表 9-17。

表 9-17

任务	J_1	J_2	J_3	J_4	J_5	J_6
机器 A	2	23	25	5	15	10
机器 B	29	3	20	7	11	2
机器 C	19	8	11	14	7	4
总时间	50	34	56	26	33	16

按照关键工件法排出的顺序为 J_1-J_4-J_3-J_2-J_5-J_6。

计算出总的加工周期为 94，计算过程见表 9-18。

表 9-18

任务	J_1	J_4	J_3	J_2	J_5	J_6
机器 A	2^{2}	5^{7}	25^{32}	23^{55}	15^{70}	10^{80}
机器 B	29^{31}	7^{38}	20^{58}	3^{61}	11^{81}	2^{83}
机器 C	19^{50}	14^{64}	11^{75}	8^{83}	7^{90}	4^{94}

3. (1) 根据 SPT 原则，得出平均流程时间最短的作业顺序为：J_4—J_5—J_1—J_2—J_3。计算过程见表 9-19。

表 9-19

工件	加工时间	完成时间	交货期	延期量
J_4	1	1	33	0
J_5	2	3	32	0
J_1	11	14	61	0
J_2	29	43	45	0
J_3	31	74	31	43

(2) 根据 EDD 原则，得出最大延期量最小的作业顺序为：J_3—J_5—J_4—J_2—J_1。计算过程见表 9-20。

表 9-20

工件	加工时间	完成时间	交货期	延期量
J_3	31	31	31	0
J_5	2	33	32	1
J_4	1	34	33	1
J_2	29	63	45	18
J_1	11	74	61	13

4.（1）按 FCFS 法则。

① 作业顺序：A—B—C—D—E—F。

② 平均流程时间：120/6=20（天）。

③ 平均延期天数：54/6=9（天）。

④ 因为在 41 天内完成了 6 项作业，所以平均每天完成的作业数为 6/41。按照律特法则，计算出工作中心内平均作业数为：6/41 × 20=2.93。

计算过程见表 9-21。

表 9-21

顺序	加工时间	流程时间	交货期	延期量（负则取零）
A	2	2	7	0
B	8	10	16	0
C	4	14	4	10
D	10	24	17	7
E	5	29	15	14
F	12	41	18	23
合计	41	—	—	—

流程时间列表示累积加工时间，因此将此列数值加总，再除以待加工作业数 6，就是每项作业在此工作中心花费的平均时间。类似地，流程时间总数除以总加工时间可得工作中心内的平均作业数。

（2）使用 SPT 规则：

① 作业顺序为：A—C—E—B—D—F。

② 平均流程时间：108/6=18（天）。

③ 平均延期天数：40/6=6.67（天）。

④ 因为在 41 天内完成了 6 项作业，所以平均每天完成的作业数为 6/41。按照律特法则，计算出工作中心内平均作业数为：6/41 × 18=2.63。

计算过程见表 9-22。

表 9-22

顺序	加工时间	流程时间	交货期	延期量（负则取零）
A	2	2	7	0
C	4	6	4	2
E	5	11	15	0
B	8	19	16	3
D	10	29	17	12
F	12	41	18	23
合计	41	—	—	—

（3）采用 EDD 法则：

① 作业顺序：C—A—E—B—D—F。

② 平均流程时间：110/6=18.33 天。

③ 平均延期天数：38/6=6.33 天。

④ 中心内作业平均数：110/41=2.68。

⑤ 因为在 41 天内完成了 6 项作业，所以平均每天完成的作业数为 6/41。按照律特法则，计算出工作中心内平均作业数为：6/41 × 18.33=2.68。

计算过程见表 9-23。

表 9-23

顺序	加工时间	流程时间	预定时间	延期量（负则取零）
C	4	4	4	0
A	2	6	7	0
E	5	11	15	0
B	8	19	16	3

续表

顺序	加工时间	流程时间	预定时间	延期量（负则取零）
D	10	29	17	12
F	12	41	18	23
合计	41	—	—	—

总结三个规则的排序结果如表 9-24 所示。

表 9-24

规则	平均流程时间 / 天	平均延期时间 / 天	工作中心内的作业平均数
FCFS	20.00	9.00	2.93
SPT	18.00	6.67	2.63
EDD	18.33	6.33	2.68

5. 按 FCFS、SPT 和 EDD 法则排序得到的结果分别为：

FCFS：A—B—C—D。

SPT：D—C—B—A。

EDD：C—B—D—A。

相关参数的计算结果见表 9-25。

表 9-25

规则	FCFS	SPT	EDD
平均流程时间	26.5	19.75	21
平均延期时间	11	6	6
平均作业数	2.86	2.14	2.27

6. 先计算各项作业的总时间（等于总加工时间与换产时间之和），见表 9-26。

表 9-26

作业	单位加工时间	各作业单位数	换产时间	作业时间	预定日期
A	0.14	45	0.7	7	4
B	0.25	14	0.5	4	10

续表

作业	单位加工时间	各作业单位数	换产时间	作业时间	预定日期
C	0.1	18	0.2	2	12
D	0.25	40	1	11	20
E	0.1	75	0.5	8	15

(1) 按 FCFS 法则：

① 作业顺序：A—B—C—D—E。

② 平均流程时间：87/5=17.4（小时）。

③ 平均延期时间：26/5=5.2（小时）。

④ 因为在 32 小时内完成了 5 项作业，所以平均每小时完成的作业数为 5/32。按照律特法则，计算出系统内的平均作业数为：5/32 × 17.4=2.72。

计算过程见表 9-27。

表 9-27

作业	作业时间	流程时间	预定日期	延期量
A	7	7	4	3
B	4	11	10	1
C	2	13	12	1
D	11	24	20	4
E	8	32	15	17
合计	32	—	—	—

(2) 按 SPT 法则：

① 作业顺序：C—B—A—E—D。

② 平均流程时间：74/5=14.8（小时）。

③ 平均延期时间：27/5=5.4（小时）。

④ 因为在 32 小时内完成了 5 项作业，所以平均每小时完成的作业数为 5/32。按照律特法则，计算出系统内的平均作业数为：5/32 × 14.8=2.31。

(3) 按 EDD 法则：

① 作业顺序：A—B—C—E—D。

② 平均流程时间：84/5=16.8（小时）。

③ 平均延期时间：23/5=4.6（小时）。

④ 因为在 32 小时内完成了 5 项作业，所以平均每小时完成的作业数为 5/32。按照律特法则，计算出系统内的平均作业数为：5/32 × 16.8=2.63。

7. 应用 Johnson 法则求得作业顺序为：B—A—G—E—F—D—C。

8. 先根据表中数据求得各作业的作业时间，然后应用 Johnson 法则求得作业顺序为：G—A—E—D—B—C—F。

9. 计算结果如表 9-28 所示。F_{max}=46。

表 9-28　顺序 S 下的加工时间矩阵

i	6	1	5	2	4	3
P_{i1}	2^{2}	4^{6}	4^{10}	2^{12}	1^{13}	3^{16}
P_{i2}	5^{7}	4^{11}	4^{15}	5^{20}	7^{27}	6^{33}
P_{i3}	5^{12}	5^{17}	5^{22}	8^{30}	5^{35}	7^{42}
P_{i4}	1^{13}	4^{21}	3^{25}	2^{32}	3^{38}	4^{46}

10. 根据 Johnson 算法，排序为 C—A—D—E—B。

11. 按 Johnson 算法，最优顺序为（2，5，6，1，4，3），求得最优顺序下的 F_{max}=28。

12. 运用 Johnson 法则求得最优顺序为 Y_2—Y_1—Y_4—Y_5—Y_3，全部修理时间为 65 小时。

13. 根据 Johnson 算法，最优顺序为 D—E—C—F—A—B，F_{max}=51。

五、案例教学说明

1. 教学目的

（1）能运用报童模型解决不确定性决策问题。

（2）了解航空客运服务特别是廉价航空客运服务的特点。

（3）理解评估和提高服务质量的方法。

2. 分析思路

（1）要求学生阅读案例资料。

（2）分组讨论，形成小组意见。

（3）组织全班讨论，引导学生发表意见。

3. 问题分析参考要点

（1）从以下几个方面进行分析后再做出决策：航空客运服务的运营特点（需求不

确定、运输服务不可存储、可以预售但客户有退票与更改等行为、资产密集与高固定成本、低边际可变成本等),追求高“客座率”,超售可提高客座率与增加收益。

(2) 根据已知数据得到退票及变更航班的人数的累计概率,见表 9-29。

表 9-29 某航班退票及变更航班人数的累计概率

人数	0	1	2	3	4	5
概率(%)	3.33	5.56	7.78	11.11	12.22	15.56
累计概率 %	1	96.67	91.11	83.33	87.78	60
人数	6	7	8	9	10	
概率(%)	14.44	11.11	8.89	6.67	3.33	
累计概率 %	44.44	30	18.89	10	3.33	

按照报童模型:

欠储成本:Cu=870 元,即一个座位虚耗成本。

超储成本:Co=261 元,即服务补救成本(按所持票面价格的 30% 补偿)。

$$P\times(D)=261/1\ 131=23.08\%$$

$P\times(D)$位于人数 7~8,取累计概率大者对应的人数为最优解,即超售数取 7。

(3) 服务质量取决于顾客满意度。

顾客满意度 = 感知服务绩效 - 预期服务绩效

出现服务失误或失败时,要采取服务补救措施。

所以,提高服务质量可从以下两个方面采取适当的措施:

① 采取服务补救,提高感知服务绩效。包括:寻找志愿者旅客,给予经济补偿;旅客被迫更改航班,给予经济补偿;提供辅助服务,比如免费辅助交通、食宿、升舱、积分补偿等;安抚;等等。

② 降低预期服务绩效。如宣传、告知超售信息等。

第十章　服务业作业计划

10.1　习题与案例

一、简述题

1. 与制造业相比服务业有哪些特点？
2. 简述服务特征矩阵。
3. 简述顾客参与的影响。
4. 有哪些减少顾客参与影响的方法？
5. 有哪些改变不同类型服务需求的策略？
6. 简述处理非均匀服务需求的策略。
7. 简述随机服务系统的构成。
8. 简述单班次问题。
9. 简述多班次问题。
10. 简述大学课表安排的约束条件。

二、单项选择题

1. 企业咨询属于(　　)的服务。

A. 复杂程度高、顾客化程度高　　B. 复杂程度高、顾客化程度低

C. 复杂程度低、顾客化程度高　　D. 复杂程度低、顾客化程度低

2. 滴滴打车属于(　　)的服务。

A. 复杂程度高、顾客化程度高　　B. 复杂程度高、顾客化程度低

C. 复杂程度低、顾客化程度高　　D. 复杂程度低、顾客化程度低

3. 职业教育属于(　　)的服务。

A. 复杂程度高、顾客化程度高　　B. 复杂程度高、顾客化程度低

C. 复杂程度低、顾客化程度高　　D. 复杂程度低、顾客化程度低

4. 实体零售属于（　　）的服务。

A. 复杂程度高、顾客化程度高　　B. 复杂程度高、顾客化程度低

C. 复杂程度低、顾客化程度高　　D. 复杂程度低、顾客化程度低

5. 理发不能采用（　　）的方法来提高效率。

A. 通过服务标准化减少服务品种

B. 通过自动化减少同顾客的接触

C. 将部分操作与顾客分离

D. 设置一定的库存

6. 航空公司通过（　　）来提高效率。

A. 固定时间表　　B. 使用预约系统

C. 推迟交货　　D. 提供优惠

7. 牙医通过（　　）来提高效率。

A. 固定时间表　　B. 使用预约系统

C. 推迟交货　　D. 提供优惠

8. 售后维修通过（　　）来提高效率。

A. 固定时间表　　B. 使用预约系统

C. 推迟交货　　D. 提供优惠

9. 电力公司通过（　　）来提高效率。

A. 固定时间表　　B. 使用预约系统

C. 推迟交货　　D. 提供优惠

10.（　　）不是随机服务系统的构成部分。

A. 输入过程　　B. 排队规则　　C. 服务设施　　D. 工人

11. 公共交通通过（　　）来提高效率。

A. 固定时间表　　B. 使用预约系统

C. 推迟交货　　D. 提供优惠

12. 呼叫中心通过（　　）来处理非均匀需求。

A. 调整人员安排　　B. 利用临时工

C. 让顾客自选　　D. 自助服务

13. 银行通过（　　）来处理非均匀需求。

A. 调整人员安排　　B. 利用临时工　　C. 让顾客自选　　D. 自助服务

14. 商场通过（　　）来处理非均匀需求。

A. 调整人员安排　　B. 利用临时工

C. 让顾客自选　　D. 自助服务

15. 家政服务通过（　　）来处理非均匀需求。

A. 调整人员安排　B. 利用临时工　C. 雇用多技能员工　D. 专用设备

16. Amazon Go 通过(　　)来处理非均匀需求。

A. 调整人员安排　B. 利用临时工　C. 雇用多技能员工　D. 自助服务

17. 自助餐饮通过(　　)来减少顾客参与的影响。

A. 服务标准化　B. 自动化

C. 将部分操作与顾客分离　D. 以上都是

18. 宾馆通过(　　)来减少顾客参与的影响。

A. 服务标准化　B. 自动化

C. 将部分操作与顾客分离　D. 以上都是

19. 加油站通过(　　)来减少顾客参与的影响。

A. 服务标准化　B. 自动化

C. 将部分操作与顾客分离　D. 以上都是

20. 旅行社通过(　　)来减少顾客参与的影响。

A. 服务标准化　B. 自动化

C. 将部分操作与顾客分离　D. 以上都是

三、判断题

1. 制造是有形的,服务是无形的。(　　)

A. 正确　B. 错误

2. 纯服务不可储备。(　　)

A. 正确　B. 错误

3. 复杂程度高、定制程度高的服务投资少。(　　)

A. 正确　B. 错误

4. 复杂程度高、定制程度低的服务人员需要通用培训。(　　)

A. 正确　B. 错误

5. 复杂程度低、定制程度高的服务需要通用培训。(　　)

A. 正确　B. 错误

6. 复杂程度低、定制程度低的服务,可以标准化。(　　)

A. 正确　B. 错误

7. 将运作过程与顾客分离,可以提高效率,但会降低顾客满意度。(　　)

A. 正确　B. 错误

8. 通过将纯服务事先建立库存,可以提高效率。(　　)

A. 正确　B. 错误

9. 针对定制程度低、复杂程度高的服务,可以采用固定时间表来应对。(　　)

A. 正确　　B. 错误

10. 预约系统,是应对定制程度高的服务。（　　）

A. 正确　　B. 错误

11. 公共交通是通过推迟交货来提高效率的。（　　）

A. 正确　　B. 错误

12. 呼叫中心通过雇用临时工处理非均匀需求。（　　）

A. 正确　　B. 错误

13. 银行通过自助服务 ATM 来处理非均匀需求。（　　）

A. 正确　　B. 错误

14. 商场通过调整人员安排来处理非均匀需求。（　　）

A. 正确　　B. 错误

15. 家政服务通过雇用多技能员工来处理非均匀需求。（　　）

A. 正确　　B. 错误

16. Amazon Go 通过全自动购物和支付来处理非均匀需求。（　　）

A. 正确　　B. 错误

17. 自助餐饮通过菜单标准化来减少顾客参与的影响。（　　）

A. 正确　　B. 错误

18. 宾馆通过将部分操作与顾客隔离来减少顾客参与的影响。（　　）

A. 正确　　B. 错误

19. 加油站通过自动化来减少顾客参与的影响。（　　）

A. 正确　　B. 错误

20. 旅行社可以通过将部分操作与顾客隔离来减少顾客参与的影响。（　　）

A. 正确　　B. 错误

四、计算题

1. 某汽车经销公司的售后服务部门,维修工要为汽车修理或服务而准备零件。这种需求以表的形式递交到零件部门柜台,由柜台职员填表,而此时维修工处于等待状态。维修工的到达呈泊松分布,到达率为 40 人 / 小时,职员填表的速率为 20 份 / 小时,而且处理时间服从指数分布。如果职员的工资为 6 美元 / 小时,维修工的工资为 12 美元 / 小时,请决定该柜台职员的最佳数量。(顾客源无限)

2. 某纺织车间的一排纺织机有 4 台,平均每台机器每小时都需要调整。就目前的这些服务人员来说,平均一次调整时间为 7.5 分钟,假定顾客到达数量服从泊松分布,服务时间服从指数分布,每台机器闲置时每小时损失 40 美元,如果有另外一名服务人员(其平均一次调整时间也是 7.5 分钟),请决定是否以每小时 7 美元的成本雇用他。

3. 自动售货机出售热巧克力和咖啡。服务时间每杯 30 秒,速度不变。顾客以每小时 80 人的平均速度到达,并服从泊松分布。求:

(1) 顾客排队等候平均数。

(2) 顾客花在系统中的平均时间。

(3) 系统中的平均顾客数。

4. 许多银行用户在正常营业时间之外用自动柜员机处理自己的事情。夏季傍晚时分,顾客以每隔 1 分钟的速度到达某个特定位置的机器,这可以用泊松分布近似。每位顾客平均花 90 秒时间完成自己的交易。交易时间呈指数分布。求:

(1) 顾客花在机器上的平均时间,包括排队等候与完成时间。

(2) 顾客到达自动柜员机时不必等候的概率。

(3) 等待使用机器的顾客平均数。

5. 某市消费者协会一年 365 天接受顾客对产品质量的申诉。设申诉的到达服从泊松分布,平均 4 件 / 天,该协会处理申诉的定额为 5 件 / 天,当天处理不完的将移交专门小组处理,不影响每天业务。试求:

(1) 一年内有多少天没有一件申诉?

(2) 一年内有多少天处理不完当天的申诉?

6. 来到某餐厅的顾客流服从泊松分布,平均 20 人 / 小时,餐厅于上午 11:00 开始营业。试求:

(1) 当上午 11:07 有 18 名顾客在餐厅时,于 11:12 恰有 20 名顾客的概率(假定该时间区间内无顾客离去)。

(2) 前一名顾客于 11:25 到达,下一名顾客在 11:28 至 11:30 之间到达的概率。

7. 到汽车加油站加油的汽车服从泊松分布,平均每 5 分钟到达 1 辆。设加油站对每辆汽车的加油时间为 10 分钟,求在这段时间内发生以下情况的概率:

(1) 没有一辆汽车到达。

(2) 有 2 辆汽车到达。

(3) 不少于 5 辆汽车到达。

8. 到达一个加工中心的零件平均为 60 件 / 小时,该中心的加工能力为平均 75 件 / 小时,问处于稳定状态时该中心的平均输出率为 60 件 / 小时还是 75 件 / 小时?简要说明理由。

9. 某街道口有一电话亭,在步行距离为 4 分钟的拐角处有另一个电话亭,已知每次电话的平均通话时间服从 $1/\mu=3$ 分钟的负指数分布,又已知到达这两个电话亭的顾客均服从 $\lambda=10$ 人 / 小时的泊松分布,假如有一名顾客去其中一个电话亭打电话,到达时正有人通话,并且有一个人在等待,问该顾客应该在原地等待,还是去另一个电话亭打电话?

10. 墨西哥玉米煎饼王(Burrito King)已经成功将快餐车上的玉米煎饼实现了生

产自动化。Burrito-Master 9000 生产一批玉米煎饼需要 45 秒。据估计，到达窗口的顾客服从泊松分布，并且每 50 秒有一人到达。为了决定在快餐车窗口留多大的空间，玉米煎饼王想知道顾客在系统中的平均逗留时间、平均队长（在车里），以及系统中平均车辆数（包括等待中的和正在接受服务的）。

11. 某医院门前有一出租汽车停车场，因为场地限制，只能同时停放 5 辆出租汽车，当停满 5 辆后，后来的车就自动离去。从医院出来的病人在有车时就租车乘坐，停车场无车时，就向附近出租汽车站要车。设出租汽车到达医院门口服从 $\lambda=8$ 辆 / 小时的泊松分布，从医院依次出来的病人的间隔时间服从负指数分布，平均间隔时间 6 分钟。又设每辆车每次只载一名病人，并且汽车按到达先后次序排列接客。试求：

(1) 出租汽车开到医院门口时，停车场有空闲停车场地的概率。

(2) 汽车进入停车场到离开医院的平均停留时间。

(3) 从医院出来的病人在医院门口要到出租车的概率。

12. 某企业有 5 辆运货车辆，每辆车每运行 100 小时平均需维修 2 次，每次需时 20 分钟，以上分别服从泊松分布和负指数分布。求该企业全部车辆正常运行的概率和分别有 1 辆、2 辆、3 辆车不能正常运行的概率。

13. 某机场着陆的飞机服从泊松分布，平均 18 架 / 小时，每次着陆需占用机场跑道的时间为 2.5 分钟，服从负指数分布。试问该机场应该设置多少条跑道，使要求着陆飞机需在空中等待的概率不超过 5%？求这种情况下跑道的平均利用率。

14. 在一个项目中，一家工程公司聘用了一名技术专家来辅助 4 名设计工程师的工作。专家为工程师提供服务的时间变化范围很大：有些答案在专家的脑子里已经存在，有些却需要估算，还有的需要许多探索时间。平均来说，专家提供每次帮助得花 1 小时。工程师要求专家帮助的频率为平均每天一次，因为每提供一次服务专家只花 1 小时，则每个工程师每天有 7 小时在无帮助下工作。更进一步说，如果专家已经处理另一个问题，那么要求帮助的工程师的工作将不被打扰。视该问题是有限排队问题，请回答：

(1) 平均有多少工程师等待技术专家帮助？

(2) 1 名工程师等待专家帮助的平均等待时间是多少？

(3) 工程师必须等待专家帮助的概率是多少？

15. 快速润滑公司经营快速润滑和换油汽车修理业务，在某典型的一天，顾客到达率是 3 辆 / 小时，润滑工作平均每辆车花费 15 分钟，每天维修工以小组的形式对每一辆车进行修理。假定顾客到达数量服从泊松分布，服务时间服从指数分布，求：

(1) 润滑小组的利用率。

(2) 队列中汽车平均数。

(3) 在接受润滑之前每辆车的平均等待时间。

(4) 每辆车在系统中的总时间。

16. 美国某零售公司向一所大学提供零售食品。学生由于生气或者心情郁闷，常常会踢自动售卖机，这就带来了经常性的维修问题。已知平均每小时有 3 台机器出故障，而且故障的发生台数呈泊松分布，机器故障成本为 25 美元 / 台，维修工的工资为 4 美元 / 小时，每个维修工的服务率是 5 台 / 小时，服务时间服从指数分布；两名维修工一起工作每小时可服务 7 台，服务时间服从指数分布；由 3 名维修工组成的小组服务率是 8 台 / 小时，服务时间服从指数分布。请问：维修组的最佳规模是多少人？

17. 一个生产部门要为其工人建立一个连续 2 个休息日计划。用表 10-1 所列的一周中每天工人需求量资料，建立一个连续休息日计划，使所用的工人数尽可能最少。

表 10-1 工人需求量表

日期	周一	周二	周三	周四	周五	周六	周日
需求量	4	3	4	2	3	1	2

五、案例

DONATUS 药房的分类员工排班

1. 背景

药房是德国医疗保健系统不可分割的一部分，通常是家族企业，具有悠久的历史，有些可追溯到几百年前。药房的所有者必须是持牌药剂师。药房的运营受到若干法律法规的严格控制。这些法律法规是为了保护公众而制定的，但它们也限制了所有者管理药房。特别是，有关沟通政策、价格管理以及激励和忠诚度计划的规定是不合适的。

2017 年年初，德国有大约 2 万家药店，人口近 8 250 万。药房平均约有 8 名员工。销售总额来自处方药（80%）、免费药品（10%）和非处方药（OTC）（10%）。虽然药房的主要活动是为客户提供现成的药物（有或没有处方药）和 OTC 产品，但药房也必须准备配方（根据医生的处方定制药物）。当然，还必须执行行政、财务和其他一些后勤职责，包括库存管理。

德国药店的经济环境的特点是药店密度相当高（每 4 100 人约有一家药房）。由于在线服务的出现，这种环境变得更具竞争力。这些在线服务为 OTC 产品提供高达 50% 的折扣。药店经历了激烈的价格竞争，并面临着从地理上有限的市场向区域性或国际客户发展的趋势。由于这种发展，个人接触的店内服务（个人咨询、产品的演示和解释、减少或消除等待时间，以及当天送货上门）已成为与在线竞争的关键因素。

2. DONATUS 药房

DONATUS 药房是柏林约 830 家药店之一，位于一家中型商场。商场周围的区域是办公楼和住宅楼的混合体，由公共交通系统提供服务。该商场约有 42 家商店和服务机构分布在两个楼层。DONATUS 药房位于街道一层，包括销售区、后面的几个办公室、存储空间以及员工休息和休闲区。销售区分为两个主要部分：一个是用于配药的长柜台，八个收银机；另一个是展示 OTC 产品的货架。

药房于周一至周五的 8:30—21:00 以及周六的 9:00—21:00 对公众开放，周日休息。然而，一名工作人员必须在开业前 30 分钟到达药房。此外，柏林市全年 8 个星期日的 13:00—18:00 允许周日购物。周日购物通常与周末举行主要会议或体育活动同时举行，也发生在圣诞节前购物季节的两个星期日。购物中心管理要求所有商店和服务在这些星期日开放。在 DONATUS 药房，周日安排的员工获得双倍时间。

为了确保随时向公众提供挽救生命的药物，每个城区内的所有药房都轮流分配紧急服务班次。在秋季每年，每个药房都被告知他们需要开放的紧急服务日期。2017 年，DONATUS 负责 13 次紧急服务班次，其中两次定于周日举行。紧急服务班次定义为 24 小时服务，从早上 9:00 开始到第二天 9:00 结束。

3. 对人员需求的预测

客户访问药房以获得医疗产品（有或没有处方）和 / 或购买其他物品（例如化妆品或卫生产品）。根据几年的观察结果，工作日的客户到达时间遵循一般模式：当天早些时候只有少数客户到达，然后这一数字迅速增长。尽管存在这种一般模式，但客户实际到达时间 往往是随机的。所有客户访问的详细信息均由收银机记录。根据这些数据，使用专门从事药房信息处理的公司的软件程序，预测了药房开放时间（包括周日购物）间隔 30 分钟的客户到达模式。利用服务客户的平均时间，可以确定所需的员工数量。在没有提供此流程的技术细节的情况下，经验表明，预计值班的员工数量导致客户等待时间极短或没有。这些预测在 2017 年的 8—11 日历周中显示在表 10-2 中。除了表中给出的要求外，通常每天还会收到 6~8 个定制药物处方。为了满足这些要求，包括必要的实验室测试，标准做法是每天（周一至周五）为该服务分配五个工作小时。

每周工作小时数是在员工的工作合同中制定的。出勤时间由雇主和雇员共同制定，需考虑到药房的运营条件并反映员工的个人偏好。合同时间和首选出勤时间，包括每周的工作时间和正常休息时间（括号中所示），见表 10-3。由于药剂师 5 和 6 以及 PTA 10 是兼职员工，因此无法分配给他们紧急服务班次和周日购物。其中的阴影区域表示员工休假时间。出勤时间的模式每四周重复一次，并且随着时间的推移保持相对稳定。

对于大约一半的员工，每周工作时间在四周内变化。此外，对于一些员工而言，每周工作时间略低于合同工时。这种偏离的目的是为员工因病假或度假而休假时，为其他四周的间隔建立一个容量储备。当然，实际工作时间必须记录在他们各自的工作时间账户中。员工有权享受五周的假期。

该药房的所有者 Schulte 通常在周一至周五的 10:00—19:00 工作。尽管他主要负责行政和管理任务，但他会根据需要为客户提供服务，以避免过度等待。

4. 法律要求和劳动法

管理药房运作的法律和法规最重要的方面是至少有一名药剂师必须在药房开放时间和紧急服务班次期间到位。如果不能满足这一要求，Schulte 准备修改他在药房的典型存在。6 小时或更短的日常工作时间没有工作休息。一名员工有权享受半小时的工作休息时间，每天工作时间超过 6 小时但不到 8 小时。对于 8 小时或更长时间的日常工作时间，工作休息时间必须为 1 小时。DONATUS 药房使用的工作休息规则完全符合现行的劳动法。必须安排工作休息时间，使休息前后的工作时间不超过 6 小时。然而，由于员工的个人要求，确实存在轻微偏差。

由于在紧急服务班次期间客户到达只是间歇性地发生，因此在这些班次期间没有安排工作休息。就其工作时间账户而言，21:00—22:00 和 6:00—9:00 的小时数将计为单个工作小时，22:00—6:00 的小时数定义为六个工作小时，有两个小时的计划外工作休息时间。在紧急服务班次开始和结束的日子里，分配到紧急服务班次的员工无法在正常开放时间内执勤。

5. 员工安排

四周的人事计划是提前几周制定的。这项任务是半退休工作人员的责任。凭借对员工特征及其变革容忍度的深入了解，以及信息处理公司提供的软件平台的帮助，该软件平台准备了人员需求的预测，半退休工作人员使用了出勤和工作休息时间作为制定总体人事计划的第一步。星期六的工作分配，紧急服务班次和周日购物都是以这样的方式进行的。员工受到公平对待。根据经验，在出现“可接受的”人事计划之前，有必要进行一些调整。然后发布此人事计划，为员工提供审核和可能请求更改的机会。一般来说，这些人事计划很受欢迎，大部分时间都可以在没有重大变化的情况下实施。当然，当预先安排的员工生病时，偶尔需要进行临时调整。

6. 目前的情况

虽然尊重半退休工作人员的能力，但 Schulte 希望最近会议提出的一些概念可以帮助制定人员进度表，特别是，一种新的和不同的方法不仅可以制定出更好的人事计划，还可以用于确定现有和未来就业合同的理想参数。虽然这种可能性可以在替换将于 2017 年年末离职的药剂师 1 时进行测试，但 Schulte 也知道药剂师的人才市场很紧张。这种市场条件使潜在的员工在谈判就业条件方面处于有利地位。

分析下列问题：

如何安排轮班计划？

表 10-2 对店内客户服务的预期人员要求的预测

2017 年第 8 周

时间	周一	周二	周三	周四	周五	周六
8:00	1	1	1	1	1	0
8:30	2	2	2	2	2	1
9:00	2.3	2.4	2.1	2.2	3	1
9:30	3.5	3.4	3	3	4	2
10:00	4.3	4	3.7	3.8	4	3
10:30	5	4.5	4.3	4.5	4.6	4
11:00	5.3	5	5	4.8	6	4
11:30	5.6	5.2	5.1	5	5.2	5
12:00	5.8	5.3	4.8	5.1	5	4.3
12:30	5.5	5.4	5	5	5	5
13:00	5.5	5.2	4.7	4.9	5	5
13:30	5.5	5	5	4.6	5	6
14:00	5.7	5.2	4.5	4.8	5	5
14:30	5.4	5.3	4.4	5	5	6
15:00	6	5.6	4.8	5	5.1	5.5
15:30	6.1	5.8	5.3	5.4	5	6
16:00	6.1	6.1	5.3	5.2	5.2	6
16:30	6.8	6.6	5.3	5.5	5.1	6
17:00	6.8	6.5	5.8	5.7	5.2	7
17:30	6.9	6.6	6	5.8	5	6
18:00	7	6.6	5.8	6	5	6
18:30	6.7	6.2	5.5	6	4.6	6
19:00	6.3	5.6	5	5.2	4.3	5.1
19:30	6	5.2	4.6	4.7	4.2	5
20:00	5	4.3	3.7	4	4	4
20:30	3.1	3.2	2.9	3	3.1	4

2017 年第 9 周

时间	周一	周二	周三	周四	周五	周六
8:00	1	1	1	1	1	0
8:30	2	2	2	2	2	1
9:00	2.2	2.2	2.1	2.1	3	1
9:30	3.4	3	3	3	4	2
10:00	4.2	3.6	3.8	3.6	4	3
10:30	4.9	4	4.3	4.3	4.7	4
11:00	5.2	5	5	4.6	6	4
11:30	5.4	5	5.2	5	5.3	5
12:00	5.6	4.7	4.9	4.8	5.1	4.4
12:30	5.3	5	5	5	5.1	5
13:00	5.3	5	4.7	4.6	5.1	5
13:30	5.3	4.4	5	4.4	5.1	6
14:00	5.5	5	4.6	4.6	5	5
14:30	5.2	5	4.5	4.8	5.1	6
15:00	6	5	4.8	5	5.2	5.6
15:30	5.8	5.2	5.3	5.1	5	6
16:00	6	5.4	5.4	5	5.3	6
16:30	6.6	6	5.4	5.2	5.2	6
17:00	6.5	6	5.8	5.5	5.3	7
17:30	6.7	6	6	5.5	5.1	6
18:00	7	6	5.8	6	5.1	6.1
18:30	6.5	5.5	5.5	6	4.7	6.1
19:00	6.1	5	5	4.9	4.3	5.1
19:30	6	5	4.7	4.5	4.3	5
20:00	5	4	3.8	4	4	4
20:30	3	3	3	3	3.2	4

2017 年第 10 周

时间	周一	周二	周三	周四	周五	周六
8:00	1	1	1	1	1	0
8:30	2	2	2	2	2	1
9:00	2.3	2.3	2	2.1	3	1.1
9:30	3.6	3.2	3	3	4	2
10:00	4.4	3.8	3.5	3.7	4.1	3
10:30	5.2	4.2	4	4.4	4.8	4
11:00	5.5	5	5	4.7	6	4
11:30	5.7	5	4.8	5	5.5	5
12:00	5.9	5	4.5	4.9	5.2	4.7
12:30	5.6	5.1	5	5	5.3	5
13:00	5.6	5	4.4	4.8	5.2	5.2
13:30	5.6	4.7	5	4.5	5.2	6
14:00	5.8	5	4.2	4.7	5.1	5.4
14:30	5.6	5.1	4.1	4.9	5.3	6
15:00	6	5.3	4.5	5	5.3	5.9
15:30	6.2	5.5	5	5.3	5	6.1
16:00	6.3	5.8	5	5.1	5.5	6.1
16:30	7	6.2	5	5.4	5.4	6.1
17:00	6.9	6.2	5.4	5.6	5.4	7
17:30	7.1	6.3	6	5.7	5.3	6
18:00	7	6.3	5.4	6	5.2	6.5
18:30	6.9	5.9	5.1	6	4.9	6.5
19:00	6.4	5.3	5	5	4.5	5.5
19:30	6	5	4.3	4.6	4.4	5
20:00	5	4	3.5	4	4	4
20:30	3.2	3	2.8	3	3.3	4

2017 年第 11 周

时间	周一	周二	周三	周四	周五	周六
8:00	1	1	1	1	1	0
8:30	2	2	2	2	2	1
9:00	2.2	2.3	2.2	2.3	3	1.1
9:30	3.4	3.2	3.1	3.3	4	2
10:00	4.1	3.8	3.9	4	4.7	3
10:30	4.8	4.3	4.5	4.8	5.5	4
11:00	5.1	5	5.1	5.2	6.1	4.1
11:30	5.4	5	5.4	5.3	6.3	5
12:00	5.6	5.1	5	5.4	6	4.8
12:30	5.3	5.1	5.1	5.1	6	5.2
13:00	5.2	5	4.9	5.2	6	5.4
13:30	5.3	4.7	5	4.9	6	6
14:00	5.4	5	4.7	5.1	5.8	5.5
14:30	5.2	5.1	4.6	5.4	6	6.2
15:00	6	5.3	5	5.2	6.1	6.1
15:30	5.8	5.6	5.5	5.8	5.7	6.3
16:00	6	5.8	5.5	5.5	6.3	6.3
16:30	6.6	6.3	5.5	5.9	6.1	6.3
17:00	6.5	6.2	6	6.1	6.2	7
17:30	6.7	6.3	6	6.2	6	6.2
18:00	7	6.3	6	6.1	6	6.7
18:30	6.5	5.9	5.7	6	5.6	6.7
19:00	6	5.3	5	5.5	5.1	5.6
19:30	6	5	4.8	5	5	5
20:00	5	4.1	3.9	4.3	4.5	4
20:30	3	3	3.1	3	3.7	4

表10-3 意愿时间

药剂师 1:40 小时 / 周

星期	1	2	3	4	5	6
8	9:00-18:00 (13:00-14:00)	8:30-17:30 (13:00-14:00)		8:30-17:30 (13:00-14:00)	12:00-21:00 (15:00-16:00)	12:00-21:00 (15:00-16:00)
9	9:00-18:00 (13:00-14:00)	8:30-17:30 (13:00-14:00)	12:00-21:00 (15:00-16:00)	8:30-17:30 (13:00-14:00)	12:00-21:00 (15:00-16:00)	
10	9:00-18:00 (13:00-14:00)	8:30-17:30 (13:00-14:00)		8:30-17:30 (13:00-14:00)	12:00-21:00 (15:00-16:00)	8:30-17:30 (13:00-14:00)
11	9:00-18:00 (13:00-14:00)	8:30-17:30 (13:00-14:00)		8:30-17:30 (13:00-14:00)	12:00-21:00 (15:00-16:00)	

药剂师 2: 27 小时 / 周

星期	1	2	3	4	5	6
8	12:00-21:00 (15:00-16:00)		12:00-21:00 (14:30-15:30)		8:00-16:00 (12:00-12:30)	
9	12:00-21:00 (15:00-16:00)		8:30-14:30		14:00-21:00 (15:30-16:00)	8:30-17:30 (12:30-13:30)
10	12:00-21:00 (15:00-16:00)		12:00-21:00 (14:30-15:30)		8:00-16:00 (12:00-12:30)	
11	12:00-21:00 (15:00-16:00)		12:00-21:00 (14:30-15:30)		8:00-16:00 (12:00-12:30)	12:00-21:00 (15:00-16:00)

药剂师 3：33 小时 / 周

星期	1	2	3	4	5	6
8		12：00–21：00 (15：00–16：00)	12：00–21：00 (15：00–16：00)	8：00–14：30	8：00–14：30	
9		11：00–20：00 (14：00–15：00)	12：00–21：00 (15：00–16：00)	8：00–14：30	8：00–14：30	12：00–21：00 (15：00–16：00)
10		12：00–21：00 (15：00–16：00)	12：00–21：00 (15：00–16：00)	8：00–14：30	8：00–14：30	
11		12：00–21：00 (15：00–16：00)	8：30–14：30	8：00–14：30	12：00–21：00 (15：00–16：00)	8：30–21：00 (12：30–13：00)

药剂师 4：33 小时 / 周

星期	1	2	3	4	5	6
8	8：00–14：00	15：00–21：00	8：00–14：00	15：00–21：00		8：30–16：30 (12：30–13：00)
9	8：00–14：00	15：00–21：00	8：00–14：00	15：00–21：00		
10	8：00–14：00	15：00–21：00	8：00–14：00	15：00–21：00		12：00–21：00 (16：00–17：00)
11	8：00–14：00	15：00–21：00	8：00–14：00	15：00–21：00		

药剂师 5：可变

星期	1	2	3	4	5	6
8						15：00–21：00
9						
10						15：00–21：00
11						

药剂师 6：可变

星期	1	2	3	4	5	6
8						15：00–21：00
9						
10					16：00–21：00	12：00–21：00 （15：00–16：00）
11						

PTA1：40 小时 / 周

星期	1	2	3	4	5	6
8	15：00–21：00		12：00–21：00 (15：00–16：00)	12：00–21：00 (15：30–16：30)	9：00–18：00 (12：00–13：00)	10：00–19：00 (14：00–15：00)
9	10：00–19：00 (13：00–14：00)	9：00–18：00 (12：30–13：30)	11：00–20：00 (14：00–15：00)	11：30–20：30 (14：00–15：00)	9：00–18：00 (12：00–13：00)	
10	11：00–20：00 (13：30–14：30)		11：00–20：00 (14：00–15：00)	12：00–21：00 (16：00–17：00)	9：30–17：00 (12：30–13：00)	10：00–19：30 (15：00–16：00)
11	10：00–19：00 (13：00–14：00)	9：30–17：30 (12：30–13：30)	12：00–21：00 (14：30–15：30)	11：00–20：30 (14：00–15：00)	8：30–17：30 (12：30–13：00)	

PTA2：40 小时 / 周

星期	1	2	3	4	5	6
8	9：00–18：00 (13：00–14：00)	9：00–18：00 (13：00–14：00)	12：00–21：00 (15：00–16：00)	11：00–20：00 (15：00–16：00)		12：00–21：00 (15：00–16：00)
9	11：00–20：00 (14：00–15：00)	10：00–19：00 (13：00–14：00)	12：00–21：00 (15：00–16：00)	10：00–19：00 (13：00–14：00)	9：00–18：00 (13：00–14：00)	
10	10：00–19：00 (13：00–14：00)	9：00–18：00 (13：00–14：00)	12：00–21：00 (15：00–16：00)	12：00–21：00 (15：00–16：00)		8：30–17：30 (13：00–14：00)
11	10：00–19：00 (13：00–14：00)	10：00–19：00 (13：00–14：00)	9：00–18：00 (13：00–14：00)	12：00–21：00 (15：00–16：00)	10：00–19：00 (13：00–14：00)	

PTA3：23 小时 / 周

星期	1	2	3	4	5	6
8	15：00–21：00			8：30–15：00	15：00–21：00	14：00–21：00
9	15：00–21：00			8：30–15：00	15：00–21：00	
10	15：00–21：00			8：30–15：00	15：00–21：00	14：00–21：00
11	15：00–21：00			8：30–15：00	15：00–21：00	

PTA4：28 小时 / 周

星期	1	2	3	4	5	6
8	12：00–21：00 (15：00–16：00)	8：30–14：30		8：30–14：30	12：00–21：00 (15：00–16：00)	
9	12：00–21：00 (15：00–16：00)	8：30–14：30		8：30–14：30		12：00–21：00 (15：00–16：00)
10	12：00–21：00 (15：00–16：00)	8：30–14：30		8：30–14：30	12：00–21：00 (15：00–16：00)	
11	12：00–21：00 (15：00–16：00)	8：30–14：30		8：30–14：30		12：00–21：00 (15：00–16：00)

PTA5：29 小时 / 周

星期	1	2	3	4	5	6
8	12：00–21：00 （15：00–16：00）	11：00–20：00 （14：00–15：00）	8：30–14：30	9：00–14：30		
9	12：00–21：00 （15：00–16：00）	11：00–20：00 （14：00–15：00）	8：30–14：30			8：30–16：00 （12：00–12：30）
10	12：00–21：00 （15：00–16：00）	11：00–20：00 （14：00–15：00）	8：30–14：30	9：00–14：30		
11	12：00–21：00 （15：00–16：00）	11：00–20：00 （14：00–15：00）	8：30–14：30			13：00–21：00 （15：30–16：00）

PTA6：36 小时 / 周

星期	1	2	3	4	5	6
8	8：00–16：00 （12：00–12：30）	8：00–14：30	8：00–14：00		12：00–21：00 （15：00–16：00）	9：00–18：00 （13：00–14：00）
9	8：00–16：00 （12：00–12：30）	8：00–14：30	10：00–19：00 （13：00–14：00）	12：00–21：00 （15：00–16：00）	9：00–15：00	
10	8：00–16：00 （12：00–12：30）	8：00–14：30	8：00–14：00		12：00–21：00 （15：00–16：00）	10：00–19：00 （13：00–14：00）
11	8：00–16：00 （12：00–12：30）	8：00–14：30	12：00–21：00 （15：00–16：00）	12：00–21：00 （15：00–16：00）	8：00–14：30	

PTA7：35.5 小时 / 周

星期	1	2	3	4	5	6
8	10：00-19：00 (12：30-13：30)	13：00-21：00 (16：00-16：30)	12：00-20：00 (15：30-16：00)	11：30-20：30 (14：00-15：00)	10：00-16：00	
9	14：30-20：30	13：00-21：00 (15：30-16：00)		14：00-20：00	9：30-16：00	10：30-19：00 (13：00-14：30)
10	10：00-19：00 (12：30-13：30)	13：00-21：00 (16：00-16：30)	12：00-20：00 (15：30-16：00)	14：30-21：00 (17：00-17：30)	10：30-15：30	
11	14：00-20：30 (16：30-17：00)	13：00-21：00 (16：00-16：30)		12：00-21：00 (15：00-16：00)	9：30-18：30 (13：00-14：00)	12：30-21：00 (16：30-17：00)

PTA8：40 小时 / 周

星期	1	2	3	4	5	6
8		12：00-21：00 (15：00-16：00)	12：00-21：00 (15：00-16：00)	12：00-21：00 (15：00-16：00)	12：00-21：00 (15：00-16：00)	12：00-21：00 (15：00-16：00)
9		12：00-21：00 (15：00-16：00)	12：00-21：00 (15：00-16：00)	12：00-21：00 (15：00-16：00)	12：00-21：00 (15：00-16：00)	12：00-21：00 (15：00-16：00)
10		12：00-21：00 (15：00-16：00)	12：00-21：00 (15：00-16：00)	12：00-21：00 (15：00-16：00)	12：00-21：00 (15：00-16：00)	12：00-21：00 (15：00-16：00)
11		12：00-21：00 (15：00-16：00)	12：00-21：00 (15：00-16：00)	12：00-21：00 (15：00-16：00)	12：00-21：00 (15：00-16：00)	12：00-21：00 (15：00-16：00)

PTA9：40 小时 / 周

星期	1	2	3	4	5	6
8	12：00–21：00 (15：00–16：00)	10：00–19：00 (12：00–13：00)	9：00–18：00 (13：00–14：00)	12：00–21：00 (15：00–16：00)	9：00–18：00 (13：00–14：00)	
9	10：00–19：00 (12：00–13：00)	9：00–18：00 (13：00–14：00)	9：00–18：00 (13：00–14：00)		11：00–20：00 (14：00–15：00)	12：00–21：00 (15：00–16：00)
10	12：00–21：00 (15：00–16：00)	9：00–18：00 (13：00–14：00)	10：00–19：00 (12：00–13：00)	12：00–21：00 (15：00–16：00)	9：00–18：00 (13：00–14：00)	
11	10：00–19：00 (12：00–13：00)	9：00–18：00 (13：00–14：00)	11：00–20：00 (14：00–15：00)		12：00–21：00 (15：00–16：00)	8：30–17：00 (13：00–14：00)

PTA10：可变

星期	1	2	3	4	5	6
8						10：00–20：00 (13：30–14：00)
9						
10						11：00–21：00 (14：00–14：30)
11						

注：括号中的时间表示休息时间。

10.2 习题答案与案例教学说明

一、简述题

1. 与制造业相比服务业有哪些特点?

答:产品是有形的,服务是无形的;有形的产品一目了然,无形的服务内容因顾客而异;有形的产品质量很好评估,而无形的服务质量难以评估;制造过程与顾客分离,服务过程要与顾客直接接触;产品可以库存,服务不能库存。

2. 简述服务特征矩阵。

答:服务特征矩阵是 Roger W. Schmenner 提出的,横坐标是服务的复杂性程度,纵坐标是顾客定制程度,分别以高、低程度将服务分成四个象限的类型,来说明服务运营的不同特点。

3. 简述顾客参与的影响。

答:① 顾客参与影响服务运作实现标准化,从而影响服务效率。② 为使顾客感到舒适、方便和愉快,也会造成服务能力的浪费。③ 顾客对服务质量的感觉是主观的。④ 顾客参与的程度越深,对服务效率的影响越大。不同的服务,顾客参与的程度不同。

4. 有哪些减少顾客参与影响的方法?

答:通过服务标准化减少服务品种;通过自动化减少同顾客的接触;将部分操作与顾客分离;设置一定的库存。

5. 有哪些改变不同类型服务需求的策略?

答:固定时间表;使用预约系统;推迟交货;为低峰时需求提供优惠。

6. 简述处理非均匀服务需求的策略。

答:① 改善人员班次安排;② 利用钟点工作人员;③ 让顾客自己选择服务水平;④ 利用外单位的设施和设备;⑤ 雇用多技能员工;⑥ 顾客自我服务;⑦ 采用生产线方法。

7. 简述随机服务系统的构成。

答:输入过程;排队规则;服务设施。

8. 简述单班次问题。

答:每天只有一个班次在当班,不存在换班的人员值班安排。

9. 简述多班次问题。

答:每天有多种班次的工人需要换班,比单班次问题多了换班约束。

10. 简述大学课表安排的约束条件。

答:学生约束、老师约束、教室约束、时间约束。

二、单项选择题

答案:1~5 ACBDD 6~10 ABCDD 11~15 AADBC 16~20 DADBD

三、判断题

答案:1~5 BABBA 6~10 AABAA 11~15 BBABA 16~20 AAAAA

四、计算题

1. 4 个。

2. 不雇用他,每小时总成本为 30.88 美元;雇用他,每小时总成本为 32.04 美元。因此不雇用他。

3. (1) 0.67 位顾客。
   (2) 1 分钟。
   (3) 1.33 位顾客。

4. (1) 6 分钟。
   (2) 0.25。
   (3) 2.25。

5. (1) 7 天。
   (2) 79 天。

6. (1) 0.262 3。
   (2) 0.179。

7. (1) 0.135。
   (2) 0.270。
   (3) 0.052 7。

8. 60 件 / 小时。

9. 去另一个要 7 分钟,原地等待平均要 6 分钟,所以原地等待。

10. 4.125 分钟,4.05 辆车,4.95 辆车。

11. (1) 0.844。
    (2) 21.5 分钟。
    (3) 0.822。

12. 0.966 8,0.032 2,0.000 859,0.000 017 2。

13. 3 条跑道,24.99%。

14. (1) 0.22 人。
    (2) 0.466 小时。

(3) 0.362。

15. (1) 75%。

(2) 2.25 辆。

(3) 45 分钟。

(4) 1 小时。

16. 一人的成本为:41.50 美元。

两人的成本为:26.75 美元。

三人的成本为:27.75 美元。

所以应该为两人。

17. 5 个工人。工人 1 在周六、周日休息,工人 2 在周五、周六休息,工人 3 在周六、周日休息,工人 4 在周二、周三休息,工人 5 仅在周三工作。

五、案例教学说明

1. 教学目的

(1) 回顾和分析现有轮班计划并探索生成此类计划的方法。

(2) 从所有相关者角度出发,讨论并制定相关绩效标准。

(3) 了解问题的复杂性并找出应对方法。

(4) 使用试错法 / 启发式程序 / 数学优化来制定轮班计划。

(5) 探索轮班计划的长期问题。

2. 分析思路

(1) 要求学生阅读案例资料。

(2) 分组讨论,形成小组意见。

(3) 组织全班讨论,引导学生发表意见。

3. 问题分析参考要点

(1) 讨论评估现有或制定新的人员计划的所有相关问题,包括识别任何不确定性。

(2) 使用 Excel,用试错法制定人员计划草案,并讨论改进方案。

(3) 使用数学优化方法制定人员计划。

(4) 讨论员工个人工作合同方面存在的改进机会。

第十一章　供应链管理

11.1　习题与案例

一、简述题

1. 供应链有哪些主要特征?
2. 供应链管理与传统的企业管理有何重要区别?
3. 为什么说供应链管理是一种集成化的思想?
4. 简述供应链系统设计的指导思想。
5. 什么是供应链设计的动态性原则?
6. 供应链的设计为何强调自顶向下和自底向上相结合的设计原则?
7. 为什么说供应链的协调是供应链成功的关键?
8. 供应链战略合作伙伴关系的形成背景和目的是什么?
9. 供应链战略合作伙伴关系的特征和价值是什么?
10. 选择单一供应商作为合作伙伴的优点和弊端是什么?
11. 选择多个供应商作为合作伙伴的优点和弊端是什么?
12. 强调供应链管理环境下的物流管理有何意义?
13. 什么是供应链?
14. 什么是供应链管理?
15. 双重边际效应的含义是什么?
16. 什么是物流?
17. 需求放大效应的含义是什么?
18. 什么是“曲棍球棒”现象?
19. 如何理解供应链合作伙伴关系(supply chain partnership,SCP)?

二、单项选择题

1. 供应链成员间缺乏同步性的结果是(　　)。

A. 提前购买　　B. 持续补充　　C. 牛鞭效应　　D. 时钟效应

2. 做外包决策时,公司要避免(　　)。

A. 取消非核心业务

B. 提供机会使得外包合作企业成为强有力竞争者

C. 允许雇员加入外包合作企业

D. 允许外包合作企业参与创新设计

3. 供应链响应时间是对(　　)的衡量。

A. 系统的可靠性　　B. 柔性

C. 设备利用率　　D. 产品质量

4. 供应链的组成包括(　　)。

A. 供应商　　B. 顾客

C. 内部供应链　　D. 以上都是

5. "纵向一体化"管理模式在当今市场环境下的弊端有(　　)。

A. 增加企业的投资负担

B. 从事企业并不擅长的业务

C. 企业独自承担市场变化带来的风险

D. 以上都是

6. 供应链上的"需求放大效应"指的是(　　)。

A. 市场上的需求量很大

B. 企业只有增加产量才能满足增加的需求

C. 最终客户的订单传递到供应链上游的供应商时变大了

D. 企业的产品比较好销售

7. 在进行供应链系统设计时,应遵循的基本指导思想包括(　　)。

A. 科学定位市场客户群

B. 配置好各种资源保证供应链的供需协调

C. 建立战略性的供应源

D. 以上都是

8. 供应链管理环境下物流管理的本质特征是(　　)。

A. 实现供应链管理　　B. 供应链产品运输

C. 原材料采购　　D. 最后一公里配送

9. VMI 库存管理策略指的是(　　)。

A. 零售商负责发出订货指令

B. 库存产品放在供应商处

C. 用户到供应商产品存放处提取产品

D. 由供应商主导供需双方的库存管理

10. 供应链管理下的采购与传统采购的不同点在于( )。

A. 为库存采购　　B. 与供应商是一般买卖关系

C. 与供应商结成战略伙伴关系　　D. 让供应商竞争以获利

11. 供应链管理的职能不包括( )。

A. 库存管理　　B. 采购管理

C. 人力资源管理　　D. 生产管理

12. 纵向一体化模式的供应链管理方式体现在( )。

A. 自营物流　　B. 物流外包

C. 劳务外包　　D. 向供应商采购

13. 下面哪个选项体现了横向一体化模式的供应链管理方式( )。

A. 自营物流　　B. 物流外包

C. 投资零部件生产　　D. 研发部门技术攻关

14. VMI 策略的关键措施主要体现在( )原则中。

A. 合作精神　　B. 使双方成本最小

C. 目标一致性原则　　D. 以上都是

15. ( )不是第三方物流系统的作用。

A. 更低的成本　　B. 更好的研发

C. 更优质的服务　　D. 更多的市场信息

16. 准时采购的特点体现在( )。

A. 小批量多频次　　B. 长期合作

C. 准时送货　　D. 以上都是

17. ( )不是双赢的供应关系管理。

A. 良好的信息交流与共享机制　　B. 合理的供应商激励机制

C. 合理的供应商评价方法和手段　　D. 供应商的价格年降机制

18. 供应链中的生产性服务业务包括( )。

A. 物流服务　　B. 融资服务

C. 咨询服务　　D. 以上都是

19. ( )不是供应链中服务的特点。

A. 无形　　B. 不可存储

C. 价格低　　D. 生产与消费同步

20. (　　)不是供应链管理下的库存控制方式。

A. VMI　　　　B. ABC

C. 联合库存管理　　　　D. 多级库存管理

三、判断题

1. 供应链是纵向一体化的产物。 (　　)

A. 正确　　　　B. 错误

2. 供应链管理的目标是供应与需求同步化。 (　　)

A. 正确　　　　B. 错误

3. 供应链和合作伙伴的设计属于供应链作业层研究。 (　　)

A. 正确　　　　B. 错误

4. 尽管 JIT 要求少量运输、频繁运送,但最优批量的思想对少量运输、频繁运送依然有用。 (　　)

A. 正确　　　　B. 错误

5. 采用第三方物流的主要原因是注重自己的核心业务。 (　　)

A. 正确　　　　B. 错误

6. 物料通过供应链的速度越快,库存成本就越高。 (　　)

A. 正确　　　　B. 错误

7. 当订单沿顾客需求向制造商、供应商方向移动,商品的订货数量呈现放大的现象,称为牛鞭效应(bullwhip effect)。 (　　)

A. 正确　　　　B. 错误

8. 外包使得公司注重核心竞争能力。 (　　)

A. 正确　　　　B. 错误

9. 物流是将国外生产的产品运送到国内的运输方式选择。 (　　)

A. 正确　　　　B. 错误

10. 多频次运输必然提高运输成本。 (　　)

A. 正确　　　　B. 错误

11. 制造商建立营销网络是横向一体化的例子。 (　　)

A. 正确　　　　B. 错误

12. 供应链管理的中心始终是为了降低成本。 (　　)

A. 正确　　　　B. 错误

13. 外包是从外部资源获得物品或服务,而不是本企业制造产品或提供服务。 (　　)

A. 正确　　　　B. 错误

14. 良好的供应链合作关系体现在供应商具有竞争力的价格上。（　　）

A. 正确　　B. 错误

15. 优质的供应链服务可增强供应链整体的竞争力。（　　）

A. 正确　　B. 错误

16. 准时采购最为注重配送的准时性。（　　）

A. 正确　　B. 错误

17. 供应链管理下的采购主要目的是准备充足的零部件库存。（　　）

A. 正确　　B. 错误

18. 供应链管理下的供应商管理注重与多供应商的谈判与价格比较。（　　）

A. 正确　　B. 错误

19. 供应链的产生基于纵向一体化思想。（　　）

A. 正确　　B. 错误

20. VMI 主要应用在物流业务上。（　　）

A. 正确　　B. 错误

四、计算题

1. 戴尔计算机公司在 1999 财务年度报告了如表 11-1 所示信息(金额以百万美元计),计算戴尔公司的库存周转率和供应周期。

表 11-1　戴尔公司 1999 年财务数据

净收入(1999 财务年度)	18 243
销售成本(1999 财务年度)	14 137
原材料成本(1999 财务年度)	6 423
原材料库存(1999 年 1 月 25 日)	234
在制品和成本库存(1999 年 1 月 25 日)	39
原材料供应周期	6 天

2. 共需运输 20 箱物品,每箱价格为 1 000 元,日维持库存费为售价的 1%。现有三种运输方案,如表 11-2 所示。问:选哪种运输方案比较经济?

表 11-2　输运成本数据

运输方案	运输成本(元)
隔夜	1 000
2 天	750
4 天	500

3. 一家公司正在考虑从市场购买还是自制广告宣传材料。宣传材料共需 6 000 张,每千张的市场价格是 400 元。内部印刷成本是每千张 500 元,但交货周期比市场供应可缩短一周。经营销部门估计,这可以避免由于时间延迟造成的成本损失 10 000 元。问:应当由内部印刷还是委托外部企业印刷?

4. 西部电视机厂的分销计划是先将生产的电视机存放在工厂,再由公共承运人运往公司在东部的自有仓库。每年东部可以卖出电视机 500 000 台。目前公司使用铁路运输将公司的产品运往东部,铁路运输的平均时间是 T=15 天。工厂和仓库的平均存储量是 10 000 台,每台电视机的平均价格 C 为 3 000 元,每年库存费用 I 是价格的 30%。运输时间每减少 1 天,平均库存水平可以减少 2%。公司还可以利用卡车运输,运输费用率见表 11-3。其中,采购费用和运输时间的变化忽略不计。从现有两种运输方案中选择总费用最低的方案。

表 11-3　运输费用率

运输方式	运输费率（元 / 台）	运送时间（天）	每年运输批次
铁路	2	15	20
卡车	5	5	40

5. 集成设备制造商向两供应商分别购买 1 000 箱零配件,每箱配件价格为 3 000 元。目前,两个供应商提供的零配件数量相同。但如果其中一个供应商可以将平均交付时间缩短,那么每缩短一天,制造商将采购订单的 5% 转给这个供应商。如果不考虑运输成本,供应商卖出一箱配件可以获得 10% 的利润。供应商 A 正在考虑如果将铁路运输改为航空或卡车运输是否可以获得更多的利益。各种运输方式下每箱零配件的运输费率和平均运送时间如表 11-4 所示。

表 11-4　运输费率和平均运送时间表

运输方式	运输费率（元 / 箱）	运输时间（天）
铁路运输	20	7
卡车运输	40	4
航空运输	100	2

6. 食品公司的工厂设在青岛,该公司要将其经销商订购的包装食品从工厂运到东北的三个中心城市。对三座城市的以往连续三天订单进行分析,得到以下数据(见表 11-5)。公司一般在收到订单的当天就发货。其中,每箱运输成本为 10 元,每超过

800 箱,可以获得 10% 的运输折扣,而推迟一天发货的成本为 1 元 / 箱。如果将连续三天的订单集中在一起,是否值得?

表 11-5

自	青岛	第一天(箱)	第二天(箱)	第三天(箱)
至	沈阳	500	250	180
	长春	700	120	210
	哈尔滨	420	380	600

7. 某商品按期采购,每年预期需求量稳定在 2 600 个。采购订单的准备成本为每订单 10 元,库存持有成本每年为 20%。供应商提出两种报价:采购量少于 500 个时,价格为 5 元;如果采购量大于或等于 500 个,价格优惠 5%。这适用于采购所有物品。该价格包含运送费用。那么,采购代理应订购多少呢?

五、案例

高效物流配送解密"戴尔现象"

在不到 20 年的时间内,戴尔计算机公司的创始人迈克尔·戴尔,白手起家把公司发展到 250 亿美元的规模。即使面对美国经济低迷,在惠普等超大型竞争对手纷纷裁员减产的情况下,戴尔仍以两位数的速度飞快发展。根据美国一家权威机构的统计,戴尔 2001 年一季度的个人计算机销售额占全球总量的 13.1%,仍高居世界第一。"戴尔现象",令世人迷惑。

该公司分管物流配送的副总裁迪克·亨特一语道破天机:"我们只保存可供 5 天生产的存货,而我们的竞争对手则保存 30 天、45 天,甚至 90 天的存货。这就是区别。"

物流配送专家詹姆斯·阿尔里德在其专著《无声的革命》中写道:主要通过提高物流配送打竞争战的时代已经悄悄来临。看清这点的企业和管理人员才是未来竞争激流中的弄潮者,否则,一个企业将可能在新的物流配送环境下苦苦挣扎,甚至被淘汰出局。

戴尔公司的亨特,无疑是物流配送时代浪尖上的弄潮者。亨特在分析戴尔成功的诀窍时说:"戴尔总支出的 74% 用在材料配件购买方面,2000 年这方面的总开支高达 210 亿美元,如果我们能在物流配送方面降低 0.1%,就等于我们的生产效率提高了 10%。物流配送对企业的影响之大由此可见一斑。"

信息时代,特别是在高科技领域,材料成本随着日趋激烈的竞争而迅速下降。以计算机工业为例,材料配件成本的下降速度为每周 1%。从戴尔公司的经验来看,其材料库存量只有 5 天,当其竞争对手维持 4 周的库存时,就等于戴尔的材料配件开支与对手相比保持着3%的优势。当产品最终投放市场时,物流配送优势就可转变成2%~3%的产品优势,竞争力的优劣不言而喻。

在提高物流配送效率方面,戴尔和50家材料配件供应商保持着密切、忠实的联系,庞大的跨国集团戴尔所需材料配件的95%都由这50家供应商提供。戴尔与这些供应商每天都要通过网络进行协调沟通:戴尔监控每个零部件的研发情况,并把自己新的要求随时发布在网络上,供所有的供应商参考,提高透明度和信息流通效率,并刺激供应商之间的相互竞争;供应商则随时向戴尔通报自己的产品研发、价格变化、存量等方面的信息。

几乎所有工厂都会出现过期、过剩零部件。而高效率的物流配送使戴尔的过期零部件比例保持在材料开支总额的0.05%~0.1%,2000年戴尔全年在这方面的损失为2 100万美元。而这一比例在戴尔的对手企业都高达2%~3%,在其他行业更是高达4%~5%。

即使是面对如此高效的物流配送,戴尔的副总裁仍不满意:"有人问5天的库存量是否为戴尔的最佳物流配送极限,我的回答:当然不是,我们能把它缩短到2天。"

分析下列问题:

(1) 与竞争对手相比,戴尔公司的配送系统带给戴尔什么样的竞争力?

(2) 戴尔公司配送系统的特点是什么?

(3) 我们可以从戴尔公司的配送案例中获得什么启示?一个企业应如何去构建自己的配送系统?

11.2 习题答案与案例教学说明

一、简述题

1. 供应链有哪些主要特征?

答:供应链主要具有以下特征:

(1) 复杂性。因为供应链节点企业组成的跨度(层次)问题,供应链往往由多个、多类型甚至多国企业构成,所以供应链结构模式比一般单个企业的结构模式更为复杂。

(2) 动态性。供应链管理因企业战略和适应市场需求变化的需要,其中的节点企业需要动态更新,这就使得供应链具有明显的动态性。

(3) 面向用户需求。供应链的形成、存在、重构,都是基于一定的市场需求而进行的,并且在供应链的运作过程中,用户需求是供应链中信息流、产品/服务流、资金流运作的驱动源。

(4) 交叉性。节点企业可以是这个供应链的成员,同时又是另一个供应链的成员,众多的供应链形成交叉结构,增加了协调管理的难度。

2. 供应链管理与传统的企业管理有何重要区别?

答:传统的企业组织中的采购(物资供应)、加工制造(生产)、销售等已经无法适应新的制造模式发展的需要,而那种“大而全,小而全”的企业自我封闭的管理体制,更无法适应网络化竞争的社会发展需要。因此,“供应链”的概念和传统的企业之间的交易过程是不同的,它跨越了企业界限,从建立合作制造或战略伙伴关系的新思维出发,从产品生命线的“源”头开始,到产品消费市场的“汇”,从全局和整体的角度考虑产品的竞争力,使供应链从一种运作性的竞争工具上升为一种管理性的方法体系。

3. 为什么说供应链管理是一种集成化的思想?

答:认为供应链管理是一种集成的管理思想和方法的观点,主要理由是,把供应链中从供应商到最终用户的流程活动按照供应链总体价值最大化,通过核心企业实现统一协调、计划与控制的目标,最终使得供应链群体中的每一个企业都能受益。最早人们把供应链管理的重点放在管理库存上,作为平衡有限的生产能力和适应用户需求变化的缓冲手段,它通过各种协调手段,寻求把产品迅速、可靠地送到用户手中所需要的费用与生产、库存管理费用之间的平衡点,从而确定最佳的库存投资额。因此其主要的工作任务是管理库存和运输。现在的供应链管理则把供应链上的各个企业作为一个不可分割的整体,使供应链上各企业分担的采购、生产、分销和销售的职能成为一个协调发展的有机体。

4. 简述供应链系统设计的指导思想。

答:供应链系统设计的指导思想有以下几点:

(1) 根据不同群体的需求划分顾客,以使供应链适应市场面需求,按市场面进行物流网络的顾客化改造,满足不同顾客群需求及确保供应链企业能够赢利。

(2) 根据市场动态使整个供应链的资源计划成为一体,保证资源的最优配置。上、下游企业的计划应该跟市场需求动态协调编制,保证需求与供给之间在时间、品种、数量上满足配套要求。一方面保证生产能力的有效利用,另一方面减少由于不协调而产生的库存。

(3) 产品差异化尽量靠近用户,并通过供应链实现快速响应。

(4) 对供应资源实施战略管理,减少物流与服务的成本。

(5) 实施整个供应链系统的技术开发战略,建立能够集成所有合作伙伴的信息技术平台,以支持多层决策,清楚掌握供应链的产品流、服务流、信息流。

(6) 采取供应链绩效测量方法,度量满足最终用户需求的效率与效益。除了供应链设计的指导思想之外,还有一些供应链设计的原则。遵循这些基本的原则,就可以减少供应链系统设计中的失误,节省时间,并且保证供应链的设计和重建能满足供应链管理的战略目标。

5. 什么是供应链设计的动态性原则?

答:因为市场中的不确定性因素随处可见,因此供应链运作效率也会受到不确定性的影响。由于不确定性的存在,导致需求信息的扭曲,因此要预见各种不确定性因素对供应链运作的影响,减少信息传递过程中的信息延迟和失真。降低安全库存总是和服务水平的提高相矛盾。增加透明性、减少不必要的中间环节、提高预测的精度和时效性对降低不确定性的影响都是极为重要的。

6. 供应链的设计为何强调自顶向下和自底向上相结合的设计原则?

答:在系统设计方法中,有两种设计方法,即自顶向下和自底向上的方法。自顶向下的方法是从全局走向局部的方法,自底向上的方法是一种从局部走向全局的方法;自顶向下是系统分解的过程,而自底向上则是一种集成的过程。在设计一个供应链系统时,往往是先由高层主管做出战略规划与决策,规划与决策的依据来自市场需求和企业发展规划,然后由下层部门实施决策过程,因此供应链的设计是自顶向下和自底向上的综合,这样的设计方法可以避免单纯采用自顶向下的设计或自底向上的设计方法带来的偏颇。

7. 为什么说供应链的协调是供应链成功的关键?

答:传统上,自发运行的供应链往往会由于多方面原因而处于失调状态。首先,成员之间的目标不一致会造成供应链失调;其次,供应链与外部环境之间、供应链内部成员之间的信息往往是不对称的,因此,它会由于缺乏系统外部信息或系统内部信息而产生外生风险,同时也会由于成员隐藏行动或隐藏信息而产生内生风险;最后,各成员为了实现自己的利润最大化目标,采取的决策往往与整个供应链利益最大化不一致。凡此种种,都会使供应链的运行不能同步进行,由此产生了不协调现象。要想使供应链的运行达到预期绩效目标,使整个供应链上各个企业能够协调是其成功的关键。只有供应链上的各个企业之间实现了紧密合作,确保有效完成双方的订单交付,保证产品质量,提高用户满意度,降低供应链成本,提高整条供应链的绩效及每一个成员企业的绩效,才能真正实现供应链管理的目标。

8. 供应链战略合作伙伴关系的形成背景和目的是什么?

答:供应链战略合作伙伴关系是随着集成化供应链管理思想的出现而形成的,是供应链中的企业为了达到特定的目标和利益而形成的一种不同于简单交易关系的新型合作方式。建立供应链合作伙伴关系的目的是降低供应链交易的总成本,提高对最终客户需求的响应速度,降低供应链上的库存水平,提高信息共享程度,改进相互之间信息交流的质量,保持伙伴关系的一体化,从而使整个供应链产生更为明显的竞争优势,以实现供应链各个企业的收益、质量、产量、交货期、用户满意度和业绩水平的改善和提高。显然,供应链战略合作伙伴关系非常强调企业之间的合作和信任。

9. 供应链战略合作伙伴关系的特征和价值是什么?

答:供应链战略合作伙伴关系的主要特征就是从过去的以产品、物流业务交往为核心转向以资源集成、合作与共享为核心。在集成、合作和共享的逻辑思想指导下,供应商、制造商和零售商之间的业务流程不仅仅是物质上的交换,而且包括一系列可见和不可见的服务的整合,如研发、流程设计、信息共享、物流服务等。在该环境下,制造商选择与供应商及零售商合作时,不再仅仅考虑价格优势,而是更注重选择在优质服务、技术革新、产品设计等方面具有综合优势的,能够进行良好合作的各类合作伙伴。

10. 选择单一供应商作为合作伙伴的优点和弊端是什么?

答:选择单一供应商,其优点主要表现在:节省协调管理的时间和精力,有助于与供应商发展伙伴关系;双方在产品开发、质量控制、计划交货、降低成本等方面共同改进;供应商早期参与对供应链价值改进的贡献机会较大。但是单一供应商也有明显弊端,主要表现在:供应商的失误可能导致整个供应链的崩溃;企业更换供应商的时间和成本代价高;供应商有了可靠顾客,会失去其竞争的原动力及应变、革新的主动性,以致不能完全掌握市场的真正需求;等等。

11. 选择多个供应商作为合作伙伴的优点和弊端是什么?

答:同一种材料选择多个供应商供货,其优点主要表现在:通过多个供应商供货可以分摊供应环节中断的风险;可以激励供应商始终保持旺盛的竞争力(成本、交货期、服务);可以促使供应商不断创新,因为一旦跟不上时代步伐就会被淘汰。但多供应商原则也有缺点:因为供应商都知道被他人替代的可能性很大,缺乏长期合作的信心,从而降低了供应商的忠诚度;由于多供应商之间过度价格竞争容易导致供应链出现偷工减料带来的潜在风险;等等。实际上,多供应商原则虽然能够避免单一供应商供货中断而导致整个供应链中断的风险,但也是有条件的。如果一个区域发生了突发状况,整个地区的供应商实际上也都无法保证供货。另外,一个供应商供货中断,其他供应商不一定有足够的产能保证需要。而且,因为现在的市场是全球性的,一个供应商的突发事件会给整个行业的客户带来采购上的问题。因此,多供应商原则未必能够降低供应链供货中断的风险。

12. 强调供应链管理环境下的物流管理有何意义?

答:把物流管理置于供应链管理环境下的意义,可以从物流表现出的三种形式来理解,即物流的物质表现形式、价值表现形式和信息表现形式。物流的物质表现形式就是企业之间的物质资源的转移(包括时间、空间和形态的转移);物流的价值表现形式是指物流过程是价值增值过程,是一个能够创造时间价值和空间价值的过程;物流的信息表现形式则为物流过程是一个信息采集、传递与加工的过程,伴随物流的运动而产生信息,再将这种信息进行加工处理,为整个供应链的运行提供决策参考。基于这种情况,现代物流管理的研究应置于包括供应链管理环境之下,才能使物流有更大的发展空间。这一观点也可以从近几年物流管理飞速发展的过程看出来。供应链管理没有形成系统的思想之前,物流管理范畴相对很小,也没有像现在这样引起人们如此广泛的注意。供应链管理理念的出现,不仅使管理者的思维方式和管理模式发生了巨大变化,也使物流管理获得从未有过的发展机遇。企业之间的原材料、半产品、产品的供应与采购关系,更具体地说是供应链联盟内的物流活动。

13. 什么是供应链?

答:供应链是围绕核心企业,通过对信息流、物流、资金流的控制,从采购原材料开始,制成中间产品以及最终产品,最后由销售网络把产品送到消费者手中的将供应商、制造商、分销商、零售商,直到最终用户连成一个整体的功能网链结构。

14. 什么是供应链管理?

答:供应链管理就是使供应链运作达到最优化,以最少的成本,使供应链从采购开始,到满足最终顾客的所有过程,包括工作流(work flow)、实物流(physical flow)、资金流(funds flow)和信息流(information flow)等均高效率地运作,把合适的产品,以合理的价格,及时准确地送到消费者手上。

15. 双重边际效应的含义是什么?

答:供应链上下游企业为了谋求各自收益最大化,在独立决策的过程中确定的产品价格高于其生产边际成本的现象。

16. 什么是物流?

答:物流是供应链的一个组成部分,是为了满足顾客需求而进行的货物、服务及信息从起始地到消费地的流动过程,以及为使之能有效、低成本地进行而从事的计划、实施和控制行为。

17. 需求放大效应的含义是什么?

答:当供应链的各节点企业只根据来自其相邻的下级企业的需求信息作出生产或供给决策时,需求信息的不真实性会沿着供应链逆流而上,使订货量逐级放大,到达源头供应商时,其获得的需求信息和实际消费市场中的顾客需求信息发生了很大的偏差,需求变异将实际需求量放大了。由于这种图形很像赶牛的鞭子,所以形象地称为bullwhip,国内多称为“牛鞭效应”。

18. 什么是“曲棍球棒”现象?

答:“曲棍球棒”(hockey-stick)现象,是指在企业经营活动中的某一个固定的周期(月、季或年),期初的出库量很低,到期末出库量会有一个突发性的增长,而且这种现象在企业的经营活动中周而复始地出现,由于其出库量曲线的形状类似于曲棍球棒,故而得名。

19. 如何理解供应链合作伙伴关系(supply chain partnership,SCP)?

答:目前供应链合作伙伴关系尚无统一的定义。供应链合作伙伴关系可以理解为供需双方在一定时期内共享信息、共担风险、共同获利的一种战略性协议关系。

二、单项选择题

答案:1~5　CCBDD　6~10　CDADC　11~15　CABDB　16~20　DDDCB

三、判断题

答案:1~5　BABAA　6~10　BAABA　11~15　BBABA　16~20　BBBBB

四、计算题

1. 库存周转率 = 销售成本 / 平均的总库存 =14 137/(234+39)=51.78(次 / 年)

$$供应周期=\frac{平均的总库存}{销售成本}\times 52=1(周)$$

2. 隔夜运输成本 = 维持库存成本 + 运输费 =20 × 1 000 × 1% × 1+1 000=1 200(元)

2 日运输成本 = 持有成本 + 运输成本 =20 × 1 000 × 1% × 2+750=1 150(元)

4 日运输成本 = 持有成本 + 运输成本 =20 × 1 000 × 1% × 4+500=1 300(元)

3. 内部成本 =6 × 500=3 000(元)

外部成本 = 印刷成本 + 时间延迟成本 =6 × 400+10 000=12 400(元)

所以,自制是优先方案。

4. 总需求 D=500 000,在途货物 =DT/365,每单位的库存成本为 IC,在途库存的持有成本为 $ICDT$/365。

两种运输方式的计算过程略,结果为:铁路 37 493 151 元,卡车 23 064 384 元。

通过比较可以看出,卡车运输是费用较低的运输方式。

5. 表 11-6 从供应商 A 的角度列出了不同运输方式下可获得的利润。

表 11-6　不同运输方式下可获得的利润

运输方式	销售量	毛收入	利润	运输成本	扣除运输成本的利润
铁路	1 000	3 000 000	300 000	20 000	280 000
卡车	1 150	3 450 000	345 000	46 000	299 000
航空	1 250	3 750 000	375 000	125 000	260 000

如果供应商 B 未采取新的运输方式,供应商 A 应使用卡车运输。

6. 收到订单发货发生的费用如表 11-7 所示。

表 11-7 发货运输费用

自	青岛	第一天运输成本	第二天运输成本	第三天运输成本	总计
至	沈阳	500×10=5 000	250×10=2 500	180×10=1 800	9 300
	长春	700×10=7 000	120×10=1 200	210×10=2 100	10 300
	哈尔滨	420×10=4 200	380×10=3 800	600×10=6 000	14 000

如果把三天的订单合并在一起,则运输成本如表 11-8 所示。

表 11-8 集中运输费用变化

自	青岛	原先的运输成本	集中后的运输成本	节余的成本	订单延误成本
至	沈阳	9 300	930×10×0.9=8 370	930	500×2+250=1 250
	长春	10 300	1 030×10×0.9=9 270	1 030	700×2+120=1 520
	哈尔滨	14 000	1 400×10×0.9=12 600	1 400	420×2+380=1 220
	总计	33 600	30 240	3 360	3 990

可见,将订单合并后进行集中运输费用更高。

7. 当订货量在 500 个以下时,价格为 5 元:

$$Q_{EOQ}=\sqrt{\frac{2DS}{IC}}=\sqrt{\frac{2\times 2\ 600\times 10}{0.2\times 5}}=228(\text{个})$$

$$\text{总成本}=PD+\frac{DS}{Q}+\frac{ICQ}{2}=5\times 2\ 600+\frac{2\ 600\times 10}{228}+\frac{0.2\times 5\times 228}{2}=13\ 228(\text{元})$$

当订购量在 500 个以上时,价格为 4.75 元:

$Q_{EOQ}=\sqrt{\dfrac{2DS}{IC}}=\sqrt{\dfrac{2\times 2\ 600\times 10}{0.2\times 4.75}}=234$,可以看到订购量 234 个与订货量大于 500 个是相互矛盾的。因此,舍去Q_{EOQ}不作进一步考虑。

现在,测算以下临界处的总成本,即 Q=500 时的总成本:

$$\text{总成本}=PD+\frac{DS}{Q}+\frac{ICQ}{2}=4.75\times 2\ 600+\frac{2\ 600\times 10}{500}+\frac{0.2\times 4.75\times 500}{2}=12\ 640$$

经过比较可以得出,采购批量 500 个实现总成本最低。

五、案例教学说明

1. 教学目的

(1) 从供应链的角度分析供应链核心企业与其供应链合作伙伴之间的合作关系。

(2) 启发学生从供应链的角度理解供应链上的物流配送业务运作模式。

2. 分析思路

(1) 要求学生阅读案例资料。

(2) 分组讨论,形成小组意见。

(3) 组织全班讨论,引导学生发表意见。

3. 问题分析参考要点

(1) 与竞争对手相比,戴尔公司的配送系统带给戴尔什么样的竞争力?

与竞争对手相比,戴尔公司的配送系统大大缩短了订单的执行时间并大大减少了库存。前者保证戴尔公司以最快的速度提供顾客所需的产品,从而显著提高了顾客的满意程度和忠诚度。后者则有效地降低了公司的成本,从而显著提升了公司的盈利水平和竞争力。正是这种竞争力使得戴尔获取了快速成长。

(2) 戴尔公司配送系统的特点是什么?

① 机动灵活、成本低廉的配送系统。康柏公司的一项调查显示,在传统的间接销售模式下,通过分销商和零售商配送产品所产生的渠道费用通常为销售收入的13.5%~15.5%;在戴尔的直销模式下,由于中间环节被省略,这一费用被显著降到仅为2%。与此同时,戴尔公司在产品配送方面具有了极大的自主权和自由度,简约的直销模型有效地缩短了信息和产品在整条供应链上传送所需的时间。1994 年,戴尔公司的库存需要保持 35 天销售所需的产品;进入 2000 年,戴尔公司只需要保持 5 天销售所需的产品就可以应付任何市场变化。迅速的反应能力使得戴尔公司在产品生命周期不断缩短的计算机市场上占尽先机。

② 直接客户关系。在传统的间接销售模式下,计算机生产商无法保证零售商和分销商会优先处理客户对其产品的投诉或者服务要求。在戴尔公司的直销模式下,公司与客户直接发生销售和售后服务关系,中间环节被省略显著缩短了客户信息传送的时间,同时有效减少了信息的损耗。

(3) 我们从戴尔公司的配送案例中获得什么启示? 一个企业应如何去构建自己的配送系统?

第一,高效的配送系统的设计与管理会带给企业无与伦比的竞争力。第二,企业之间良好的合作关系是配送系统高效运作的关键所在。

但是借鉴先进的配送管理方式要因地制宜、实事求是。以戴尔为例,其先进的配送系统固然值得借鉴,但它并不适用于所有行业或者所有企业。比如戴尔模式就比较适合于高度标准化的产品以及有一定产品使用经验的顾客群。最近,戴尔公司已经决定放弃单一直销模式,戴尔计算机将进入美国、加拿大以及波多黎各三国的 3 000 多家沃尔玛超市进行销售,并逐步向全球铺开。那么它的配送系统就会发生较大的变化,所以要结合企业实际去构建适合自己的配送系统。

第十二章　质量管理

12.1　习题与案例

一、简述题

1. 简述质量的概念。
2. 什么是工作质量？
3. 简述质量管理的概念。
4. 什么是质量保证？
5. 什么是质量控制？
6. 简述质量体系的内容。
7. 什么是全数检验？
8. 什么是抽样检验？
9. 简述计数抽验方案。
10. 简述计量抽验方案。
11. 什么是一次抽样？
12. 简述质量认证的内容。
13. 质量过程包括哪些内容？
14. 通常说的影响工序质量的“4M1E”具体指哪些内容？
15. 全面质量管理有哪些特点？
16. 什么是 PDCA 循环？它有哪些特点？
17. PDCA 循环的应用有哪些步骤？
18. 质量控制图有哪两类错误？其带来的问题是什么？
19. 什么是生产者风险？什么是使用者风险？
20. 质量体系认证的主要内容是什么？
21. 质量认证对企业提高质量管理水平有何意义？

二、单项选择题

1. 质量管理使用的分析工具有(　　)。

A. 领导　　B. 不断改进　　C. 快速响应　　D. 排列图

2. (　　)不是质量管理使用的分析工具。

A. 因果分析图　　B. 甘特图　　C. 散布图　　D. 控制图

3. (　　)是质量管理的统计控制方法。

A. 领导　　B. 控制图　　C. 不断改进　　D. 看板

4. (　　)不是质量管理的统计控制方法。

A. 数据分层法　　B. 排列图　　C. 统计分析表　　D. 漏斗模型

5. 相对于 2σ,用 3σ 范围作为控制界限对出现Ⅰ类和Ⅱ类错误的影响是(　　)。

A. 同时减少两类错误发生的概率

B. 同时增加两类错误发生的概率

C. 增加Ⅰ类错误发生的概率,同时减少Ⅱ类错误发生的概率

D. 增加Ⅱ类错误发生的概率,同时减少Ⅰ类错误发生的概率

6. (　　)不属于质量的范畴。

A. 价格　　B. 一致性　　C. 美学性　　D. 可靠性

7. 关于质量的描述,(　　)更适合于对质量的控制。

A. 物美价廉　　B. 产品符合特定标准的程度

C. 产品经久耐用　　D. 产品能创造更大的价值

8. 抽样检验中的两种风险是指(　　)。

A. α 或称生产者风险　　B. β 或称消费者风险

C. 产品抽样太多的风险　　D. A 和 B

9. 产品 / 服务质量从形成过程来看,不包括(　　)。

A. 设计过程　　B. 制造过程　　C. 使用过程　　D. 检查过程

10. 工作质量指标不包括(　　)。

A. 产品合格率　　B. 质检活动　　C. 返修率　　D. 废品率

11. 工序质量 4M1E 是指操作者、机器设备、原材料、检测方法和(　　)。

A. 环境　　B. 七工具　　C. 经理　　D. 现场观察

12. 质量体系的两种形式指的是外部证明的质量保证体系和(　　)。

A. 内部完整的组织结构　　B. 内部管理的质量体系

C. 内部健全的制度　　D. 内部高素质的人员

13. 质量管理涵括了质量体系、质量保证和(　　)三大体系。

A. 质量控制　　B. 环境保护　　C. 质量教育　　D. 现场管理

14. TQC 的全面，包含了全范围、全过程、全社会和（　　）四方面。

A. 全体管理者　　B. 全员　　C. 全部工具　　D. 全车间

15. PDCA 循环包括计划、执行、（　　）和处理四个阶段。

A. 汇报　　B. 检查　　C. 冲刺　　D. 整改

16.（　　）是用作分析原因的。

A. 直方图　　B. 检查表　　C. 因果图　　D. 控制图

17.（　　）是用作找重点的。

A. 直方图　　B. 柏拉图　　C. 因果图　　D. 控制图

18.（　　）是用作显示问题分布的。

A. 直方图　　B. 柏拉图　　C. 因果图　　D. 控制图

19.（　　）是用作分析异常的。

A. 直方图　　B. 柏拉图　　C. 因果图　　D. 控制图

20.（　　）是用作收集数据的。

A. 直方图　　B. 检查表　　C. 因果图　　D. 控制图

三、判断题

1. 质量保证就是不合格的产品坚决不许出厂。（　　）

A. 正确　　B. 错误

2. 质量控制部门在全面质量管理过程中主要采用验收抽样。（　　）

A. 正确　　B. 错误

3. 质量管理权威将质量定义为适用性。（　　）

A. 正确　　B. 错误

4. 零缺陷是必达目标。（　　）

A. 正确　　B. 错误

5. TQM 不只是一些管理工具的集合，而是总体上对待质量的全新态度。（　　）

A. 正确　　B. 错误

6. 从根源上保证质量就是要求从提供给企业的原材料抓起。（　　）

A. 正确　　B. 错误

7. 六西格玛意味着很高的过程能力。（　　）

A. 正确　　B. 错误

8. PDCA 循环形成了持续改进基础。（　　）

A. 正确　　B. 错误

9. 异常波动意味着出现了特殊的原因，例如工具严重磨损。（　　）

A. 正确　　B. 错误

10. 采用统计质量控制是为了在交付给顾客之前找出不合格品。（　）

A. 正确　　B. 错误

11. 控制图的上下限的设定只取决于设计要求的容差。（　）

A. 正确　　B. 错误

12. TQM 的顾客满意不仅包括外部顾客满意，还包括内部顾客满意。（　）

A. 正确　　B. 错误

13. TQM 要求非质量人员参与。（　）

A. 正确　　B. 错误

14. 对并未失去控制的过程做出失控的判断属于第一类错误（弃真）。（　）

A. 正确　　B. 错误

15. 控制图是用来分析异常的。（　）

A. 正确　　B. 错误

16. 直方图是用来分析原因的。（　）

A. 正确　　B. 错误

17. 柏拉图是用来查找重点的。（　）

A. 正确　　B. 错误

18. 检查表是用来分析原因的。（　）

A. 正确　　B. 错误

19. 散布图是用来分析是否相关的。（　）

A. 正确　　B. 错误

20. 分层图是用来做解析的。（　）

A. 正确　　B. 错误

四、计算题

1. 某工厂加工螺栓，其外径尺寸要求为 $\phi 8_{-0.10}^{-0.05}$ 。现场随机抽样测得频数表如表 12-1 所示。试作出直方图，并判断其是否正常。

表 12-1　抽样测量螺栓的数据

组号	组界值	组中值 x_i	频数 f_i	变换后组中值 u_i	$f_i u_i$	$f_i u_i^2$
1	7.911 5~7.914 5	7.913	2	−4	−8	32
2	7.914 5~7.917 5	7.916	2	−3	−6	18
3	7.917 5~7.920 5	7.919	16	−2	−32	64

续表

组号	组界值	组中值 x_i	频数 f_i	变换后组中值 u_i	$f_i u_i$	$f_i u_i^2$
4	7.920 5~7.923 5	7.922	18	−1	−18	18
5	7.923 5~7.926 5	7.925	23	0	0	0
6	7.926 5~7.929 5	7.928	17	1	17	17
7	7.929 5~7.932 5	7.931	15	2	30	60
8	7.932 5~7.935 5	7.934	3	3	9	27
9	7.935 5~7.938 5	7.937	4	4	16	64

2. 从大小为 N=5 000 的批中，随机抽取大小为 n=100 的样本，进行合格判定数为 c=2 的一次抽样检验。试计算，其不合格品率为 1%、2%、3%、4%、5%、6% 的批的接受概率，并求出这一计数抽样方案的 OC 曲线。

3. 试求给定 p_0=2.5%，p_1=19%，α=0.05，β=0.10 时的计数标准型一次抽样检验方案（n，c）。

4. 设有一批交验产品 N=50 件，假定已知其不合格品率为 P=0.06，从这批产品中随机抽取一个样本共 5 件（n=5），试求样本中不合格品数 d 分别为 0、1、2、3 的概率是多少。

5. 规定发动机罩的标准重量是 24~25 磅①。发动机罩由一个铸造工序铸造。该铸造工序的均值是 24.5 磅。标准偏差是 0.2 磅，产品的分布是正态分布。

（1）有多大比例的发动机罩将不能满足重量标准？

（2）如果采用 n=16 的抽样方案且工序处于控制状态（随机状态），对这一工序，99.74% 的样本均值将落在哪一个范围内？

6. 一种自动灌装机用于灌装 1 升瓶装可乐。灌装的饮料近似于正态分布。均值是 1.0 升，标准偏差是 0.01 升。使用观测数为 25 的样本均值来检验饮料重量。

（1）计算上控制界限和下控制界限。当工序处于受控状态时，使所求的控制界限范围大致包含 95.5% 的样本均值。

（2）画出质量控制图，并把以下各点描在控制图中：1.005，1.001，0.998，1.002，0.995 和 0.999。试问：工序处于控制状态吗？

7. 某化工厂电解酸洗液的硫酸浓度测定值见表 12-2，试作出 $\bar{x}-R$ 控制图。

① 1 磅 =0.454 千克。

表 12-2　硫酸浓度测定值

组号	x_1	x_2	x_3	$\bar{x}$	R
1	8.3	8.9	9.4	8.87	1.1
2	9.1	9.8	8.5	9.13	1.3
3	8.6	8.0	9.2	8.60	1.2
4	10.6	8.6	9.0	9.40	2.0
5	9.0	8.5	9.3	8.93	0.8
6	8.8	9.8	8.3	8.97	1.5
7	8.9	8.7	11.0	9.53	2.3
8	9.9	8.7	9.0	9.20	1.2
9	10.6	11.9	8.2	10.23	3.7
10	9.2	9.0	9.4	8.73	1.2
11	8.9	10.8	8.7	9.47	2.1
12	9.0	7.9	7.9	8.27	1.1
13	9.7	8.5	9.6	9.27	1.2
14	8.6	9.8	9.2	9.20	1.2
15	10.7	10.7	9.3	10.23	1.4
16	8.7	9.6	9.4	9.23	0.9
17	9.9	9.0	8.8	9.23	1.1
18	10.2	8.5	9.4	9.03	1.7
19	8.4	9.7	9.0	9.03	1.3
20	8.4	10.2	10.0	9.53	1.8

8. 把每 200 个观测值作为一个样本。质量检验员发现以下结果：序号分别为 1、2、3、4 的样本，不合格品数分别为 4、2、5、9。

(1) 计算每个样本的不合格品率。

(2) 如果这一工序实际不合格品率未知，试对它做出估计。

(3) 你对本例中样本不合格率抽样分布的均值和标准偏差的估计值是多少？

(4) 在哪一控制界限范围内，这一工序的 α 风险是 0.03？

(5) 在控制界限 0.047 和 0.003 范围内的 α 风险是多少？

(6) 使用控制界限 0.047 和 0.003，试判断工序是否处于控制状态。

(7) 假设工序的长期不合格率已知，为 2%，抽样分布的均值和标准偏差分别是多少？

(8) 假设不合格品率为 2%，使用 2σ 控制界限，绘制工序质量控制图。工序处于控制状态吗？

9. 一个可制造 3 英尺[①] 长塑料管的工业生产过程生产出内径为 1 英寸和标准偏差为 0.05 英寸的塑料管。

(1) 假设总体符合正态分布，如果随机地抽取一段塑料管，那么它的内径超过 1.02 英寸的概率是多少？

(2) 如果随机地抽取 25 段塑料管，组成一个样本，那么该样本的均值超过 1.02 英寸的概率是多少？

10. 凌云化工厂电解酸洗液的硫酸浓度按标准要求为 9.2%。现场随机抽样测得数据见表 12-3。试画出直方图，并判断其是否正常。

表 12-3 硫酸浓度测定值（%）

组号	x_1	x_2	x_3	x_4	x_5	组号	x_1	x_2	x_3	x_4	x_5
1	8.3	8.9	9.4	9.2	8.5	11	8.9	9.2	8.7	9.2	10.3
2	9.1	9.8	8.5	8.9	8.7	12	9.0	8.0	8.0	9.2	8.1
3	8.6	8.0	9.2	9.0	8.2	13	9.7	8.5	9.6	9.4	8.8
4	10.6	8.6	9.0	9.2	10.4	14	8.6	9.8	9.2	9.1	9.3
5	9.0	8.5	9.3	9.1	8.7	15	9.3	9.2	9.3	9.7	10.3
6	8.8	9.8	8.3	9.5	8.6	16	8.7	9.6	9.4	8.9	9.4
7	8.9	8.7	10.8	10.5	9.2	17	9.9	9.0	8.8	9.2	9.5
8	9.9	8.7	5	9.5	9.4	18	10.2	8.5	9.4	8.9	9.8
9	10.6	10.8	9.0	9.1	10.8	19	8.4	9.7	9.0	9.3	8.8
10	9.2	5	8.2	9.6	5	20	8.4	10.2	10.0	8.9	9.7

11. 从一个严格控制操作条件的过程中，每半小时取容量为 4 的样本，已取得 30 组样本。经计算，样本均值之和为 44.682，样本极差之和为 0.114。当采用 3σ 作为均值和极差的控制界限时，计算 $\bar{x}-R$ 控制图的控制界限。

① 1 英尺 =0.304 8 米。

五、案例

厉思酒店的卓越服务

1. 致力于卓越

厉思酒店有120年历史，是优质服务和高规格的代名词。独立调查显示，97%的厉思酒店客户不仅满意，而且感觉经历了“难忘”的体验。厉思致力于提供无与伦比的卓越服务，由此形成的黄金标准成为厉思的管理哲学。

(1) 座右铭：“我们女士们，先生们，来服务女士们，先生们。”这是最著名的黄金标准，诠释了厉思理念的精髓，体现了厉思对品质和卓越的承诺。

(2) 三个服务步骤：这三个步骤详细说明了所有员工与客户交互所需的操作，描述了员工的行为，无论他是为客户提供服务还是为同事提供服务。执行服务的第一步是迎接客户。如果客户没有受到欢迎，那员工只是在执行任务而不是在服务。第二步是预测客户的需求，员工不应等到客户完全阐明需求，应该尝试预测这些需求并实现它们。第三步，员工服务完后要道别。

(3) 基础知识：20条厉思基础知识，描述了解决客户问题的过程以及所有员工必须遵循的行为准则，这些重申了厉思对优质服务的承诺。

2. 员工培训

厉思管理层认识到，为了在所有管理酒店统一实施黄金标准，高管层必须亲自将这些价值传递给所有厉思员工，赋予员工主人翁感，给员工授权，并鼓励员工承担责任，主动采取必要措施来满足客户需求。厉思酒店管理层采取以下步骤确保员工保持公司高质量和卓越服务的高标准：

(1) 员工入职培训：每个新员工都参加为期两天的入职培训。所有新员工都参加同一个培训班，不论其职称或职位。新员工熟悉公司历史、公司愿景、公司理念以及他们为实现理念所发挥的作用，强调优质服务对外部和内部客户的重要性。最后，员工被带领参观酒店。为期两天的入职培训，由“第21天会议”来加强。第21天会议是一次非正式会议，员工有机会提供反馈，以确保他们理解厉思理念，并满足理念的期望。第21天会议为新员工留出时间，来反馈他们在入职培训期间学到的信息。

(2) 员工认证培训：入职培训后，接着是为期30天的岗位培训，由经理授权的有经验的同事进行，包括黄金标准和业务技术，旨在确保所有员工提供统一的高质量服务。培训方法是“告诉，展示，做，审查”。30天后，新员工的表现由他的经理审核。此时，员工必须通过笔试和技能演示测试，以确认他已掌握了岗位所需的技能。如果经理认为已经培训到位，该员工获得培训证书，证书包含岗位职责的清单。

(3) 持续培训：每位员工在整个就业期间还会得到持续的培训。

3. 质量控制

(1) 动态质量信息系统:公司开发了一个用于收集、报告和跟踪缺陷数据的系统,将缺陷定义为与所需服务水平的任何偏差,并尝试记录每个缺陷。每家酒店的质量团队成员负责从所有日志中收集质量缺陷,输入到动态质量信息系统。每个缺陷记录包含发生的实际缺陷,以及其他相关信息,例如事件的发生日期和时间,涉及的客人姓名以及缺陷的原发部门。类似的缺陷被赋予相同的关键词,用于质量人员对缺陷进行分类检索。

(2) 质量周报:即每周动态质量生产报告,用于记录前一周识别的所有服务缺陷。这是识别质量问题的第一来源,都是由员工直接提供,客户投诉排在后面。

(3) 使用质量周报:所有员工都要负责"即时解决",即立即补救他们发现的任何缺陷,无论当时他们在从事什么工作。

(4) 问题解决:在分析质量周报,确定系统性问题后,着手解决问题。

4. 消费者满意度

厉思通过使用内部和第三方评估,来测量其客户满意度。理想情况下,可以通过质量信息系统中的数据来衡量,但是,一些酒店经理发现,员工经常专注于客户安抚,一旦缺陷得到纠正并且客户满意,员工就不会报告缺陷。这让公司不能确定每个缺陷的根本原因,影响是双重的:首先,由于厉思可能因为这种不知道的服务缺陷而失去客户;其次,它破坏了酒店积极改善服务的能力。因此,质量信息系统不能作为测量客户满意度的唯一标准。厉思使用了每个酒店房间留下的意见卡提供的信息。但是,随着时间的推移,此信息并不符合随机抽样标准,在统计上是无效的。虽然厉思继续使用意见卡来获取客户的及时反馈,但它更依赖于电话调查。调查公司收集信息并提供月度报告,其中包括滚动的三个月平均值和本年至今的平均信息。

调查公司生成的报告用于识别客户不满意程度高的流程。如果发现有缺陷的流程,调查公司会通知厉思总部,总部会将此信息传输到相应的酒店,然后要求每个店进行质量改进。因此,管理层不仅仅使用内部数据源来推动变革,而是越来越依赖外部收集的措施。

分析下列问题:

(1) 服务质量与产品质量有什么不同?豪华酒店与经济型酒店的服务质量有什么区别?

(2) 厉思酒店的质量系统有什么特点?它能取得卓越服务质量,其成功的主要经验有哪些?

(3) 厉思酒店采取了哪些质量控制措施?

12.2 习题答案与案例教学说明

一、简述题

1. 简述质量的概念。

答:质量是反映产品或服务满足明确或隐含需要能力的特征和特性的总和。

2. 什么是工作质量?

答:工作质量一般指与质量有关的各项工作,对产品质量、服务质量的保证程度。

3. 简述质量管理的概念。

答:确定质量方针、目标和职责,并通过质量体系中的质量策划、质量控制、质量保证和质量改进来使其实现的所有管理职能的全部活动。

4. 什么是质量保证?

答:为使人们确信某实体能满足质量要求,在质量体系内所开展的并按需要进行证实的有计划和有系统的全部活动。

5. 什么是质量控制?

答:为满足质量要求所采取的作业技术和活动。

6. 简述质量体系的内容。

答:为实施质量管理的组织机构、职责、程序、过程和资源。

7. 什么是全数检验?

答:对全部产品逐个地进行测定,从而判定每个产品合格与否的检验。它又称全面检验、100% 检验,其处理对象是每个产品。这是一种沿用已久的检验方法。

8. 什么是抽样检验?

答:按照规定的抽样方案和程序仅从其中随机抽取部分单位产品组成样本,根据对样本逐个测定的结果,与标准比较,最后对检验批做出接受或拒收判定的一种检验方法。

9. 简述计数抽验方案。

答:根据规定的要求,用计数方法衡量产品质量特性,把样本中的单位产品仅区分为合格品和不合格品(计件),或计算单位产品的缺陷数(计点),据其测定结果与判定标准比较,最后对其做出接收或拒收而制定的抽验方案。

10. 简述计量抽验方案。

答:凡对样本中单位产品的质量特性进行直接定量计测,并用计量值作为批的判定标准的抽验方案称为计量抽验方案。

11. 什么是一次抽样?

答:从批中只抽取一个大小为 n 的样本,如果样本的不合格品个数 d 不超过某个

预先指定的数 c,判定此批为合格,否则判为不合格。

12. 简述质量认证的内容。

答:质量认证包括产品质量认证和质量体系认证等。产品质量认证是依据产品标准和相应技术要求,经认证机构确认并通过颁发认证证书和认证标志来证明某一产品相应标准和相应技术要求的活动。

13. 质量过程包括哪些内容?

答:产品和服务质量从形成过程来说,包括设计过程质量、制造过程质量和使用过程质量及服务过程质量,分述如下:

(1) 设计过程质量。指设计阶段所体现的质量,也就是产品设计符合质量特性要求的程度,它最终通过图样和技术文件质量来体现。

(2) 制造过程质量。指按设计要求,通过生产工序制造而实际达到的实物质量,是设计质量的实现;是制造过程中操作工人、技术装备、原料、工艺方法以及环境条件等因素的综合产物。也称符合性质量。

(3) 使用过程质量。指在实际使用过程中所表现的质量,它是产品质量与质量管理水平的最终体现。

(4) 服务过程质量。指产品进入使用过程后,生产企业(供方)对用户的服务要求的满足程度。

14. 通常说的影响工序质量的"4M1E"具体指哪些内容?

答:指操作者(man)、机器设备(machine)、原材料(material)、操作件及检测方法(method)和环境(environment)这五大因素,即"4M1E"。

15. 全面质量管理有哪些特点?

答:全面质量管理的特点就体现在"全面"上,"全面"有以下四方面的含义。

(1) 全面质量管理是全面质量的管理。所谓全面质量就是指产品质量、过程质量和工作质量。全面质量管理不同于以前质量管理的一个特征就是其工作对象是全面质量,而不仅仅局限于产品质量。全面质量管理认为应从抓好产品质量的保证入手,用优质的工作质量来保证产品质量,这样能有效地改善影响产品质量的因素,达到事半功倍的效果。

(2) 全面质量管理是全过程质量的管理。全过程是相对制造过程而言的,就是要求把质量管理活动贯穿于产品质量产生、形成和实现的全过程,全面落实预防为主的方针。逐步形成一个包括市场调研、开发设计直至销售服务全过程所有环节的质量保证体系,把不合格品消灭在质量形成过程之中,做到防患于未然。

(3) 全面质量管理是全员参加的质量管理。产品质量的优劣,取决于企业全体人员的工作质量水平,提高产品质量必须依靠企业全体人员的努力。企业中任何人的工作都会在一定范围和一定程度上影响产品的质量。显然,过去那种依靠少数人进行质量管理的方法是很不得力的。因此,全面质量管理要求不论是哪个部门的人员,也不论是厂长还是普通职工,都应具备质量意识,都应承担具体的质量职能,积极关心产品质量。

(4) 全面质量管理是全社会推动的质量管理。所谓全社会推动的质量管理,指的是要使全面质量管理深入持久地开展下去,并取得好的效果,就不能把工作局限于企业内部,而需要全社会的重视,需要质量立法、认证、监督等工作,进行宏观上的控制引导,即需要全社会的推动。全面质量管理的开展要求全社会推动这一点之所以必要,一方面是因为一个完整的产品,往往是由许多企业共同协作来完成的,例如,机器产品的制造企业要从其他企业获得原材料,由各种专业化工厂生产零部件等。因此,仅靠企业内部的质量管理无法完全保证产品质量。另一方面,来自全社会宏观质量活动所创造的社会环境可以激发企业提高产品质量的积极性和认识到它的必要性。例如,通过优质优价等质量政策的制定和贯彻,以及实行质量认证、质量立法、质量监督等活动以取缔低劣产品的生产,使企业认识到,生产优质产品无论是对社会还是对企业都有利,而质量不过关则企业无法生存发展,从而认真对待产品质量和质量管理问题,使全面质量管理得以深入持久地开展下去。

16. 什么是 PDCA 循环? 它有哪些特点?

答:在质量管理活动中,要求把各项工作按照做出计划、计划实施、检查实施效果,然后将成功的纳入标准,不成功的留待下一循环去解决的工作方法进行,这就是质量管理的基本工作方法,实际上也是企业管理各项工作的一般规律。这一工作方法简称 PDCA 循环。其中 P(plan)是计划阶段,D(do)是执行阶段,C(check)是检查阶段,A(action)是处理阶段。PDCA 循环是美国质量管理专家戴明博士最先总结出来的,所以又称戴明环,有如下特点:

(1) PDCA 循环一定要顺次形成一个大圈,接着四个阶段不停地转。

(2) 大环套小环,互相促进。如果把整个企业的工作作为一个大的 PDCA 循环,那么各个部门、小组还有各自小的 PDCA 循环,就像一个行星轮系一样,大环带动小环,一级带一级,大环指导和推动着小环,小环又促进着大环,它们有机地构成一个运转的体系。

(3) 循环上升。PDCA 循环不是到 A 阶段结束就算完结,而是又要回到 P 阶段开始新的循环,就这样不断旋转。PDCA 循环的转动不是在原地转动,而是每转一圈都有新的计划和目标。犹如爬楼梯一样逐步上升,使质量水平不断提高。

17. PDCA 循环的应用有哪些步骤?

答:

(1) P(计划)阶段有四个步骤:

① 分析现状,找出所存在的质量问题。对找到的问题要提三个问题:这个问题可

不可以解决？这个问题可不可以与其他工作结合起来解决？这个问题能不能用最简单的方法解决而又能达到预期的效果？

② 找出产生问题的原因或影响因素。

③ 找出原因（或影响因素）中的主要原因（影响因素）。

④ 针对主要原因制定解决问题的措施计划。措施计划要明确采取该措施的原因（why），执行措施预期达到的目的（what），在哪里执行措施（where），由谁来执行（who），何时开始执行和何时完成（when），以及如何执行（how），通常简称为要明确5W1H问题。

(2) D（执行）阶段有一个步骤：按制定的计划认真执行。

(3) C（检查）阶段有一个步骤：检查措施执行的效果。

(4) A（处理）阶段有两个步骤：

① 巩固提高，即把措施计划执行成功的经验进行总结并整理成为标准，以巩固提高。

② 把本工作循环没有解决的问题或出现的新问题，提交下一工作循环去解决。

18. 质量控制图有哪两类错误？其带来的问题是什么？

答：控制图是判断异常因素是否出现的一种图形化的检验工具。由于控制图的控制界限是基于 3σ 原则，从正态分布理论可知，当工序质量特性值的均值和标准差在工序生产过程中并未发生变化时，仍有一定的概率使质量检测的点超出控制界限而发出工序异常的不正常信号，称这种不正常虚发信号为控制图的第Ⅰ类错误。由第Ⅰ类错误引起不必要的停产检查，将导致相应经济损失。同样，当系统因素影响工序生产过程使均值和标准差发生变化时，据正态分布性质，有部分检测点仍在控制界限之内而不能及时发出报警信号，视工序正常，称这种不能及时发出报警信号的错误为控制图的第Ⅱ类错误。第Ⅱ类错误使生产过程继续下去，从而导致大量废品产生。

19. 什么是生产者风险？什么是使用者风险？

答：由于抽样检验是根据样本的合格品数决定批的接收或拒绝接收，因此就存在着两种风险，或两种错误。第一种错误，就是可能把合格批判为不合格批。第一种错误对生产者是不利的，所以又称为生产者风险。第二种错误是把不合格批判为合格批，这显然对消费者不利，所以称为消费者风险。这一点告诉我们，既然采用抽样检验，就必须承认和允许生产方与使用方都承担一点风险，我们就是要通过适当的选取方案，把这种风险控制在适当的程度。

20. 质量体系认证的主要内容是什么？

答：

(1) 质量体系认证的依据是ISO9000系列标准或其等同标准。目前，各国开展质量体系认证，均趋向采用ISO9000系列标准，以利于质量体系认证工作的国际统一交流与合作。这也正是ISO国际标准化组织所提倡的。

(2) 审核的对象是供方的质量体系。主要是产品质量认证与质量体系审核，即产品形式试验加上对工厂质量体系的审核。质量体系认证范围往往与所申请认证的产品有关。

(3) 供方选择资信度高、有权威的认证机构审核。一般都选择世界上先进工业国家中历史悠久、有影响的独立的第三方认证机构。

(4) 单独的质量体系认证采取注册、发给证书和公布名录的方式。这是对被审核单位已通过质量体系认证的有效证明，能扩大获证单位的社会影响。

21. 质量认证对企业提高质量管理水平有何意义?

答:推行质量认证制度对于有效促使企业采用先进的技术标准，实现质量保证和安全保证，维护用户利益和消费者权益，提高产品在国内外市场的竞争能力，以及提高企业经济效益，都有重大意义。

(1) 质量认证有利于促使企业建立，完善质量体系。企业要通过第三方认证机构的质量体系认证，就必须充实、加强质量体系的薄弱环节，提高对产品质量的保证能力。通过第三方的认证机构对企业的质量体系进行审核，也可以帮助企业发现影响产品质量的技术问题或管理问题，促使其采取措施加以解决。

(2) 质量认证有利于提高企业的质量信誉，增强企业的竞争能力。企业一旦通过第三方的认证机构对其质量体系或产品的质量认证，获得了相应的证书或标志，则相对其他未通过质量认证的企业，有更大的质量信誉优势，从而有利于企业在竞争中取得优先地位。特别是对于世界级企业来说，由于认证制度已在世界上许多国家尤其是先进发达国家实行，各国的质量认证机构都在努力通过签订双边的认证合作协议，取得彼此之间的相互认可，因此，如果企业能够通过国际上有权威的认证机构的产品质量认证或质量体系认证(注册)，便能够得到各国的承认，这相当于拿到了进入世界市场的通行证，甚至还可以享受免检、优价等优惠待遇。

(3) 质量认证可减少企业重复向用户证明自己确有保证产品质量能力的工作，使企业可以集中更多的精力抓好产品开发及制造全过程的质量管理工作。

二、单项选择题

答案:1~5　DBBDD　6~10　ABDDB　11~15　ABABB　16~20　CBADB

三、判断题

答案:1~5　ABABA　6~10　AAAAB　11~15　BAAAA　16~20　BABAA

四、计算题

1. 依据题意画出直方图，如图 12-1 所示。

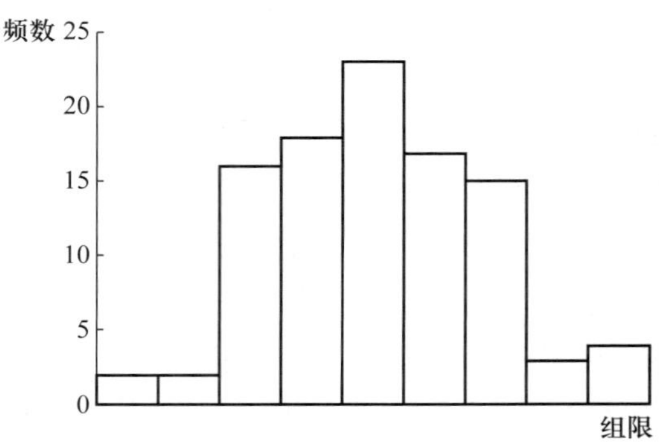

图 12-1 直方图

顶峰位于中间，左右两侧大体呈对称排列，因此认为其正常。

2. 本题是一次抽样问题。

由题可知，批量 N=5 000，样本容量 n=100，合格判断数 c=2。

因为 $\frac{n}{N}=\frac{100}{5\ 000}=0.02$ 小于 0.1，并且不合格率 p=1%，2%，3%，4%，5% 均小于 10%，所以可用泊松概率近似代替超几何概率。从而可用下式计算 OC 函数值 $L(p)$。

$$\mu = np$$

$$L(p) \approx \sum_{d=0}^{C} \frac{\mu^d}{d!} \cdot e^{-\mu}$$

将不同的不合格率 p 代入上式，即可得所求的 OC 函数值：

$L(0.01)$=0.920 6，$L(0.02)$=0.676 7，$L(0.03)$=0.419 8，$L(0.04)$=0.232 1，$L(0.05)$=0.118 3，$L(0.06)$=0.056 6。

画出 OC 曲线（图 12-2）：

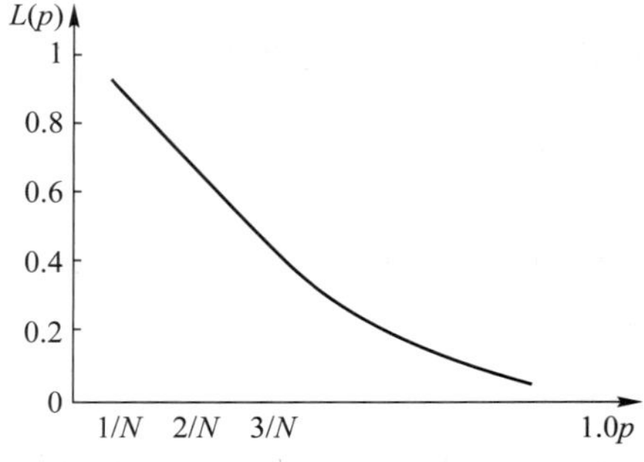

图 12-2 OC 曲线

3. 解：由题意知，$\alpha=0.05$，$\beta=0.10$，从有关质量管理手册可查得，$p_0=2.5\%$，$p_1=19\%$时，所对应的$n=25$，$c=2$。

4. 由题意知，该批交验产品中共有$m=NP=50\times0.06=3$件不合格产品，则可以利用以下公式求出不合格数d的概率：

$$P(X=d)=\frac{C_{N-m}^{n-d}C_m^d}{C_N^n}$$

分别将$N=50$，$n=5$，$m=3$及$d=0,1,2,3$代入公式，可得：$P(d=0)=0.723\ 98$，$P(d=1)=0.252\ 55$，$P(d=2)=0.022\ 96$，$P(d=3)=0.000\ 51$。

5. (1) 0.012 4；

(2) 24.35 磅和 24.65 磅。

6. (1) LCL：0.996 升，UCL：1.004 升；

(2) 失去控制（请读者自己画出质量控制图）。

7. 解：$\overline{\overline{X}}=\frac{1}{20}\sum_{i=1}^{20}\overline{X_i}=9.204$　　$\overline{R}=\frac{1}{20}\sum_{i=1}^{20}\overline{R_i}=1.505$

查控制图界限系数表，当$n=3$时，$A_2=1.023$，$D_4=2.575$，$D_3=0$，这样有：

$\overline{x}$控制图（图 12-3）的控制界限为：

$UCL=\overline{\overline{x}}+A_2\overline{R}=9.204+1.023\times1.505=10.743\ 6$

$LCL=\overline{\overline{x}}-A_2\overline{R}=9.204-1.023\times1.505=7.664\ 4$

$CL=\overline{\overline{x}}=9.204$

R控制图（图 12-3）的控制界限为：

$UCL=D_4\overline{R}=2.575\times1.505=3.875\ 4$

$LCL=D_3\overline{R}=0$（不考虑）

$CL=\overline{R}=1.505$

8. (1) 每个样本的不合格品率分别为 0.020、0.010、0.025、0.045。

(2) 2.5%。

(3) 均值 =0.025，标准偏差 =0.011。

(4) $LCL=0.001\ 1$，$UCL=0.048\ 9$。

(5) 0.045 6。

(6) 处于控制状态。

(7) 均值 =0.02，标准偏差 =0.01。

(8) $LCL=0$，$UCL=0.04$。

9. (1) 34.46%；

(2) 2.28%。

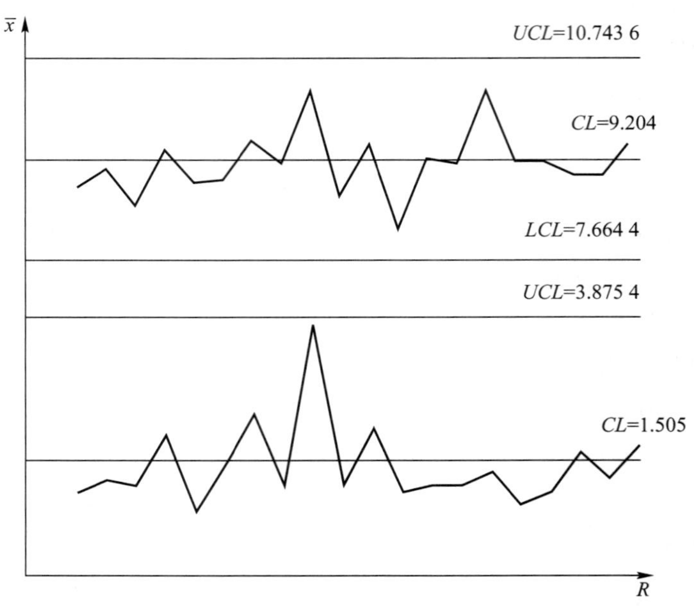

图 12-3 $\bar{x}-R$ 控制示意图

10. 由题中硫酸浓度测定值得：

数据的最大值 x_{max}=10.85

最小值 x_{min}=8.0

极差 $R=x_{max}-x_{min}$= 10.85−8.0=2.85

题中数据个数 N=100，查分组数 K 参考值表，得组数 K=10，从而可得组距 h：

$$h=R/K=2.85/10=0.285 \approx 0.3$$

由题中测定值可知，测量单位为 0.1，所以第一组的下界值为：

最小值 x_{min} − 测量单位 /2=8.0−0.1/2=7.95

第 1 组上界值 =7.95+0.3=8.25

第 2 组上界值 =8.25+0.3=8.55

依次可得，第 3 组到第 10 组的上界值为：8.85，9.15，9.45，9.75，10.05，10.35，10.65，10.95。

根据题中测定值，分别记录各组中的数据，计算各组的中心值，最后整理成频数表，可得表 12-4。

表 12-4　统计结果表

组号	组界值	组中值 x_i	频数 f_i	变换后组中值 u_i	f_iu_i	$f_i u_i^2$
1	7.95~8.25	8.1	6	−4	−24	96
2	8.25~8.55	8.4	9	−3	−27	81
3	8.55~8.85	8.7	15	−2	−30	60
4	8.85~9.15	9.0	19	−1	−19	19
5	9.15~9.45	9.3	24	0	0	0
6	9.45~9.75	9.6	10	1	10	10
7	9.75~10.05	9.9	7	2	14	28
8	10.05~10.35	10.2	4	3	12	36
9	10.35~10.65	10.5	3	4	12	48
10	10.65~10.95	10.8	3	5	15	75

可得图 12-4，顶峰位于中间，左右两端大体呈对称排列，因此可以认为正常。

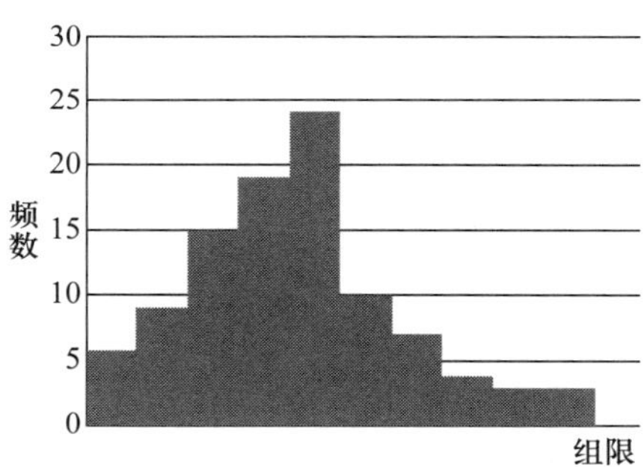

图 12-4　统计直方图

11. 由题意知，k=30，n=4，$\sum_{i=1}^{k}\overline{x}_i=44.682$，$\sum_{i=1}^{k}R_i=0.114$，从而可得 $\overline{\overline{x}}$ 和 $\overline{R}$。

$$\overline{\overline{x}}=\frac{1}{k}\sum_{i=1}^{k}\overline{x}_i=\frac{44.682}{30}=1.489$$

$$\overline{R}=\frac{1}{k}\sum_{i=1}^{k}R_i=\frac{0.114}{30}=0.0038$$

查控制图界限系数表可知，当 n=4 时，A_2=0.73，D_4=2.28，D_3=0，这样，$\overline{x}$ 控制图的控制界限为：

$$UCL=\overline{\overline{x}}+A_2\overline{R}=1.489+0.73\times0.0038=1.492$$

$$LCL = \overline{\overline{x}} - A_2\overline{R} = 1.489 - 0.73 \times 0.0038 = 1.486$$

$$CL = \overline{\overline{x}} = 1.489$$

R 控制图的控制界限为：

$$UCL = D_4\overline{R} = 2.28 \times 0.0038 = 0.0087$$

$$LCL = D_3\overline{R} = -\text{（不考虑）}$$

$$CL = \overline{R} = 0.0038$$

五、案例教学说明

1. 教学目的

(1) 了解服务质量与产品质量的区别。

(2) 了解质量体系的复杂性和重要性。

(3) 了解服务质量控制的方法。

2. 分析思路

(1) 要求学生阅读案例资料。

(2) 分组讨论问题,形成小组意见。

(3) 组织全班讨论。

3. 问题分析参考要点

(1) 分析不同档次酒店的服务质量区别。

(2) 分析服务质量系统的构成,厉思酒店服务质量模块之间的相互关系。

(3) 引导学生列举质量数据的使用方法。

(4) 分析讨论内部质量控制系统与第三方评估的不同与互补关系。

第十三章　精细生产

13.1　习题与案例

一、简述题

1. 论述精细生产与业务过程重构的关系。
2. 简述准时生产制(JIT)的含义。
3. JIT 的目标有哪些?
4. 试述组织准时生产的条件。
5. JIT 理念中,浪费包括哪些?
6. 有哪些消除浪费的方法?
7. 简述推式系统和拉式系统。
8. 看板分为哪几种?
9. 大野耐一是如何解决快速换模问题的?快速换模对实行精细生产有什么意义?
10. 福特大量生产 T 型车,为什么开始能够取得成功,后来又面临困境?

二、单项选择题

1. (　　)不是手工生产方式的特点。

A. 工人具有高超的操作技术　　B. 使用简单的通用设备加工零件

C. 生产的零件具有互换性　　D. 零件制造分散

2. 以下活动中能够增加价值的是(　　)。

A. 加工零件　　B. 点数　　C. 搬运　　D. 质量检查

3. 持续改进是(　　)。

A. 跃进式的进步　　B. 只需要少数人的聪明才智

C. 过程不连续　　D. 连续的进步,需要全体员工的努力

4. (   )不是 JIT 系统的好处。

A. 库存减少
B. 空间需要减少
C. 质量提高
D. 设备满负荷运转

5. 建立 JIT 系统的障碍是(   )。

A. 缺少领导层的承诺
B. 缺乏工人的配合
C. 供应商抵制
D. 以上都是

6. (   )反映了 JIT 哲理。

A. 库存是资产
B. 批量通过 EOQ 公式优化决定
C. 卖方是合作共事者
D. 排队等待是必要的投资

7. 以下各项造成库存浪费的原因的是(   )。

A. 调整准备时间长
B. 设备故障多
C. 供应不及时
D. 以上都是

8. 零部件多样化主要是由(   )造成的。

A. 领导者决策
B. 销售部门要求
C. 产品设计
D. 工艺部门的限制

9. (   )属于 JIT 的思想。

A. 在需要发生之前提前生产
B. 加大工人的工作负荷,以充分利用劳动力
C. 不断降低库存,以暴露管理问题
D. 使运行时间最短

10. (   )在 JIT 系统中是不会出现的。

A. 具有柔性的生产系统
B. 最少的库存
C. 浪费最小化
D. 在制品大量堆积

11. (   )属于 JIT 概念。

A. 是精细生产方式在生产现场的体现
B. 没有等待加工的零部件
C. 没有闲置的工人
D. 以上都是

12. 传送看板用于发出的信号是(   )。

A. 下道工序需要进行的工作
B. 本道工序的任务已经完成,需要传到下道工序
C. 工人已经加工完了某一个零件
D. 机器发生了故障

13. (   )不是 JIT 系统实行小批量生产的好处。

A. 在制品库存显著减少　　B. 各种产品的生产频率不高

C. 维持库存费减少　　D. 工作地不凌乱

14. 按照 JIT 哲理,理想的批量是(　　)。

A. 经济订货批量　　B. 经济生产批量

C. 1 件　　D. 标准容器的大小

15. 实施 JIT 生产时,减少以至消除成品库存需要采用的方法是(　　)。

A. 平准化的作业计划　　B. 催促顾客运走产品

C. 准时供应　　D. 保证产品质量

16. (　　)对降低调整准备时间没有贡献。

A. 调整准备工具的标准化

B. 调整设备标准化

C. 对要加工的每种零件采用专门的调整方法

D. 利用多功能设备和工艺装备

17. JIT 系统中能够维持低库存运行的条件是(　　)。

A. 建立拉式系统　　B. 改进设备管理

C. 从源头保证质量　　D. 以上都是

18. 在 JIT 系统中,(　　)不是预防维护的特点。

A. 维持设备处于良好状态

B. 在失效前更换零件

C. 由操作工人维护其操作的设备

D. 消除配件供应商

19. 关于供应商,JIT 系统需要(　　)。

A. 在正常时间间隔期内大量地交付

B. 由买方检查产品和原材料

C. 多源采购

D. 与供应商建立长期合作关系

20. 按精细生产思想选择供应商,(　　)不是主要考虑因素。

A. 质量　　B. 实施准时生产的打算

C. 价格　　D. 按期交货情况

三、判断题

1. 手工方式生产的产品是顾客定制化的产品。　　(　　)

A. 正确　　B. 错误

2. 实施大量生产的技术关键是零件的互换性和装配的简化。　　(　　)

A. 正确　　B. 错误

3. 顾名思义,无库存生产方式就是完全没有任何库存的生产方式。（　　）

A. 正确　　B. 错误

4. 不为最终顾客创造价值的活动都是浪费。（　　）

A. 正确　　B. 错误

5. 精细生产是由于资源短缺引起的。（　　）

A. 正确　　B. 错误

6. 精细生产系统综合了大量生产和手工生产的一些优点。（　　）

A. 正确　　B. 错误

7. 只要为最终顾客创造价值的活动,一定不是浪费。（　　）

A. 正确　　B. 错误

8. 在生产过程中物料总是要不断移动的,因此消除移动浪费是不可能的。（　　）

A. 正确　　B. 错误

9. 即使是创造价值的活动,所用的资源超过了“绝对最少”的界限,也是浪费。（　　）

A. 正确　　B. 错误

10. 实行精细生产的第一步,是确定顾客真正想要的是什么。（　　）

A. 正确　　B. 错误

11. 点数、走动、搬运等活动消耗了工人的体力,所以这些活动都属于生产活动,是创造价值的。（　　）

A. 正确　　B. 错误

12. JIT 生产意味着在产品需求发生之前生产,以便消除顾客等待。（　　）

A. 正确　　B. 错误

13. JIT 的典型应用是非重复性制造。（　　）

A. 正确　　B. 错误

14. 制造企业用机器人完成枯燥乏味的或例行工作,使员工专注于改进工作。（　　）

A. 正确　　B. 错误

15. 提前完成任务和超额完成任务应该受到肯定和表扬。（　　）

A. 正确　　B. 错误

16. 按照 JIT 思想,工人是资产而不是成本。（　　）

A. 正确　　B. 错误

17. 不必要的加工是指加工设备和工具不当造成的不合格的加工。（　　）

A. 正确　　B. 错误

18. “满负荷工作法”充分利用了设备和人工,应该大力提倡和推广。 ( )

A. 正确 B. 错误

19. 尊重人(如工人)是日本制造企业实施改善思想的关键。 ( )

A. 正确 B. 错误

20. JIT 成功应用于服务领域的方法之一是提升质量。 ( )

A. 正确 B. 错误

四、计算题

1. 假如 1 只容器完成 1 次循环(移动、等待、倒空、返回、装满)的时间是 90 分钟,1 只标准容器装 84 个零件,求解每小时耗用 100 个零件的工作间所需容器数。当前使用的效率因子是 0.10。

2. 管理者想确定将于下月安装的看板系统的容器数。加工过程每小时耗用量 80 片。因为过程是新的,管理者就把效率因子定成了 0.35。每个容器装 45 片,完成 1 次循环平均耗时 75 分钟,应该使用多少容器?

3. 某 JIT 系统用看板卡片授权物料的生产和移动。系统某部分的工作中心在运行过程中,平均每小时使用 100 个零件。管理者规定该中心的效率因子为 0.20,每个标准容器的设计装载量为 72 个零件,零件容器的循环时间为 105 分钟,需要多少个容器?

4. 一家计量仪器供应商使用看板系统控制物流。计量仪器盒一次可以运送 5 件仪器,生产中心大约每小时生产 10 件仪器。仪器盒的循环时间大约为 2 小时。因为加工时间是变化的,管理者决定,安全库存为所需数量的 20%。需要多少套看板卡?

5. 每次向生产线运送 4 个变速器,运送时间间隔为 1 个小时。大约每小时有 4 辆汽车生产出来,管理者确定保持期望需要的 50% 作为安全库存,需要多少套看板卡?

五、案例

江铃汽车精益生产系统的实施

江铃汽车集团公司是中国汽车行业重点骨干企业和国家汽车整车出口基地企业。从 1999 年江铃开始引入精益生产理念。公司首先聘请福特汽车公司精益生产专家 Mike Patrick 和 Michael Geng 为公司中高层和精益生产体系的主要推进人员进行相关的培训,然后在公司各个工厂培训一批培训师,由培训师再对各工厂工人进行培训,让公司所有人对精益有所了解。公司还对精益的工具应用和衡量指标进行了大面积调整,为真正实施精益生产方式奠定了基础。

1. 十大要素

为了实施江铃的精益生产系统，公司针对生产系统进行了全面的分析，从生产系统的人、机、料、法、环出发提出建立和实施江铃精益生产系统的十大要素。

(1) 管理。制定一套江铃生产系统管理体制，包括安全、卫生及环境管理等方面。为实现更有效的资源应用，采取整合式的系统评价，将以上各项组合在一起。

(2) 安全与健康评估 。安全与健康评估的目的是评价安全与健康的表现，以防止伤害事故和疾病，并提供安全的工作环境。

(3) 工作小组。在车间基层贯彻实施基于工作小组的组织结构，通过利用精益工具及衡量指标，消除浪费。整个组织机构应与工作小组的工作相协调，以持续改进业务成果及员工满意度。

(4) 培训。涉及厂内所有培训的培训程序和体系制度，其目标在于为支持所有要素的培训要求提供一套综合性的程序。

(5) 工业物料。工业物料就是生产中使用的类似手套、小工具、化学品等的商品。工业物料要素目标是建立程序和供货基地，由商品供应商管理工业物料，以降低或消除厂内库存。

(6) 同步物流。物流同步化，要求建立能够保证物料和产品连续流动的程序或系统。该系统应按固定、有序、均衡、灵活的生产计划和精益生产的概念来运作(小批量、多批次的发货，使库存降低、浪费减少)，其目标是通过消除浪费，减少库存来降低成本，同时应适应市场要求的变化，提高灵活性。

(7) 工位过程控制。包括可视化工厂、差错杜绝、质量控制卡、快速切换等。其目标是通过防止制造缺陷的发生及传递，来保证生产质量及减少浪费。

(8) 全面生产性维护。即所有员工共同努力，提高他们工作区域内的设备效率和工艺。其目标是通过改进工作使车间基层的设备安全性、有效性和全寿命费用达到最优化，同时支持其制造和质量目标。

(9) 制造工程。制造工程包括精益制造系统设计、项目审查和供应商(承包商)管理、可靠性和可维护性、能耗管理，其目标是保证设施、设备及工艺设计的安全环保、有效、高效及可靠。

(10) 环保。包括整合到生产体系后的环境系统的有效性和持续性，以及各厂特定的环境保证项目。

2. 五大工具

为了构建和实施江铃精益生产系统，公司提出采用“五大工具”来帮助江铃实施精益生产系统。

(1) 可视化工厂。可视化工厂是指利用可视控制手段使每个人能立刻知道标准是什么，并能注意到任何与标准之间的偏差。

(2) 快速切换。快速切换是工作组用于分析和减少调整和转换时间的一种方法。切换时间是指上一批次生产的最后一件合格产品与下一批次生产的第一件合格产品的时间间隔。

(3) 差错杜绝。采用防错设计来防止特定缺陷的发生。

(4) 全面生产性维护。设备综合效率为目标,以设备时间、空间全系统为载体,全体人员参与基础的设备保养、维修体制。

(5) 质量工艺卡。即工艺描述卡,不是由主管或其他管理人员制定,而是由工作小组成员制定,要放在工作地点的显著位置,以便工作小组成员能够看到。它并非是静止的;它是一个活的文件,随工作小组成员不断改进其操作而不断变化。它不仅仅是工作卡,也是一套可以记录生产操作中的实际工作情况的系统。

分析下列问题:

(1) 江铃汽车从哪些方面实施精益生产?

(2) 江铃汽车使用哪些工具来实施精益生产?

(3) 案例中描述的实施精益生产的方法,是否可以移植到其他行业?

13.2 习题答案与案例教学说明

一、简述题

1. 论述精细生产与业务过程重构的关系。

答:实行精细生产的第一步是通过与顾客沟通,为特定顾客以特定价格提供具有特定功能的产品和服务,即定义价值,确定顾客真正想要的是什么。第二步,确定按最终顾客的价值设计的产品和服务的总体价值流,即创造价值的一系列相互关联的活动,绘制价值流图(value stream mapping,VSM),消除提供产品和服务过程中的明显浪费,保留创造价值的活动以及目前技术上不可避免的浪费活动。第三步,使保留下来的、为最终顾客创造价值的各种活动形成流水生产。第四步,实行“拉动”(Pull)方式。第五步,通过不断降低库存进行持续改善,追求“完美”,提高准时性。从这里可以看出实行精细生产,必须按顾客要求对业务过程进行重构。VSM 为业务过程重构指明了方向,业务过程重构为实现精细生产提供了保证。

2. 简述准时生产制(JIT)的含义。

答:JIT 指的是将必要的零件以必要的数量在必要的时间送到生产线,并且只将所需要的零件,只以所需要的数量,只在正好需要的时间送到生产线。这是为适应 20 世纪 60 年代消费需要变得多样化、个性化而建立的一种生产体系及为此生产体系服务的物流体系。

3. JIT 的目标有哪些?

答:JIT 生产方式将“获取最大利润”作为企业经营的最终目标,将“降低成本”作为基本目标。为了消除浪费,相应地产生了适量生产、弹性配置作业人数以及保证质量这样三个子目标。

4. 试述组织准时生产的条件。

答:减少准备时间、从源头保证质量、准时采购、建立 U 形生产单元、管理保证。

5. JIT 理念中,浪费包括哪些?

答:过量生产浪费、等待浪费、移动浪费、库存浪费、加工浪费、动作浪费、缺陷浪费。

6. 有哪些消除浪费的方法?

答:建立拉式系统,逐步实行准时制生产,以消除过量生产浪费;实行均衡生产、实现工序同期化,适当扩充生产或服务能力,建立 U 形生产单元,以消除等待浪费;改变或减少物料存储点,变机群式布置为流水线布置,建立 U 形生产单元,实行 5S,改善作业计划,以消除移动浪费;进行准时制生产、实行准时采购,减少原材料库存,实行平准化生产减少成品库存,以消除库存浪费;完善工艺设计,加强工具管理和员工技术培训,以消除加工浪费;实行定置管理、5S 管理和可视化管理,以消除动作浪费;从根源上保证质量,向零缺陷挑战,以消除缺陷浪费。

7. 简述推式系统和拉式系统。

答:由计划部门根据市场需求,按零部件展开,计算出每种零部件的需要量和各生产阶段的生产提前期,确定每个零件的投入产出计划,按计划发出生产和订货的指令,每一个工作地、每一个生产车间和生产阶段都按照计划制造零部件,将实际完成情况反映到计划部门,并将加工完的零部件送到最后一道工序和下游生产车间,不管最后一道工序和下游生产车间当时是否需要。实行这种推式方法的生产系统称为推式系统。

从市场需求出发,由市场需求信息牵动产品装配,再由产品装配牵动零件加工,每道工序、每个车间和每个生产阶段,都按照当时的需要,向前一道工序、上游车间和生产阶段提出要求,发出工作指令,上游工序、车间和生产阶段完全按照这些指令进行生产。这种方式称为拉式方法,实行拉式方法的生产系统,被称为拉式系统,日本丰田汽车公司的生产系统就是拉式系统。

8. 看板分为哪几种?

答:看板分为传送看板和生产看板。传送看板用于指挥零件在前后两道工序之间移动；生产看板用于指挥工作地的生产。

9. 大野耐一是如何解决快速换模问题的？快速换模对实行精细生产有什么意义？

答：在汽车生产中，需要大量的冲压件。冲压件的加工需要在压力机上配备重达数吨的模具，压制不同的零件需要不同的模具。当时在美国的汽车公司，换一次模具常常需要 1~2 天时间。为了提高效率，一些汽车制造厂常常数月甚至数年才更换一次模具。这样大量生产冲压件，在制品库存相当高。而且，一旦工序失控，会产生大量不合格品，造成大量报废、大量返工。

为了解决换模问题，大野耐一花了十多年时间研究出一种快速换模方法。他利用滚道送进送出模具，采取一种一般操作工人可迅速掌握的调整办法，使换模时间减到 10 分钟以内。于是，可以进行多品种小批量生产。小批量生产使在制品库存大大降低，使加工过程的质量问题可以被及时发现，避免了大量返修。而且一机多用，降低了固定成本。这样使得每个零件的制造成本比大量生产的还低。

快速换模使精细生产突破了“批量小，效率低，成本高”的逻辑，使成本更低，质量更高，能生产的品种更多。

10. 福特大量生产 T 型车，为什么开始能够取得成功，后来又面临困境？

答：福特的大量生产有一个根本的缺陷，那就是缺乏适应品种变化的能力。福特因创造了大量生产而成为“汽车大王”。但后来正是由于他顽固坚持生产 T 型车一个车型，而使他的公司陷入困境。消费者一般先要解决“有没有”的问题。福特汽车公司推出 T 型车，正好适应了当时一般人的要求：要拥有一辆车，只要价廉、耐用就行。当这个要求满足之后，人们就要追求式样美观、舒适、省油等，即使价格高一点也不在乎。这时，朴素、坚固、价廉的 T 型车就不受欢迎了。但福特公司庞大的专用机器体系完全是为了永远生产 T 型车而建立的，它不能生产别的车种。改变原有的设备，不仅耗资巨大，而且要停产一年，这是一个不能轻易作出的决策。专用、高效、昂贵的机器设备缺乏柔性，使大量生产者拒绝开发新品种。为了使高的固定成本分摊到尽可能多的产品上，生产线不能停工。而为了保证不间断生产，就需要各种缓冲：过量的库存，过多的供应厂家，过多的工人，过大的生产场地。这种缺陷在能源紧张、原材料价格上涨、工资提高、消费多样化的时代，显得格外突出。

二、单项选择题

答案：1~5　CADDD　6~10　CDCCD　11~15　DABCA　16~20　CDDDC

三、判断题

答案：1~5　AABAA　6~10　ABBAA　11~15　BBBAB　16~20　ABBAA

四、计算题

1. 需求率 D=100 个零件 / 小时

一个容器完成一次循环所需要的时间 T=90 分钟(1.5 小时)

一个容器的容量 C=84 个零件

安全系数 X=0.10

所需容器数 $N=\frac{DT(1+x)}{C}$=1.96,即 2 个容器

2. 所需容器数 N=(80 × 1.25 × 1.35)/45 = 3 个容器

3. 所需容器数 N=(100 × 1.75 × 1.2)/72 = 2.92,即 3 个容器

4. 5 套

5. 2 套

五、案例教学说明

1. 教学目的

(1) 理解精益生产的重要性,特别是对提高企业竞争力的作用。

(2) 加深学生对精益生产的内容及其决策问题的理解。

2. 分析思路

(1) 要求学生阅读案例资料。

(2) 分组讨论,形成小组意见。

(3) 组织全班讨论,引导学生发表意见。

3. 问题分析参考要点

(1) 管理;安全与健康评估;工作小组;培训;工业物料;同步物流;工位过程控制;全面生产性维护;制造工程;环保。

(2) 可视化工厂;快速切换;差错杜绝;全面生产性维护;质量工艺卡。

(3) 可移植到传统制造业、快消品行业等。

第十四章　其他先进生产方式

14.1　习题与案例

一、简述题

1. 简述 TOC 解决管理问题的主要思路。
2. TOC 有效产出会计的绩效衡量指标有哪几个?
3. 简述 TOC 有效产出会计的作业指标与财务指标之间的关系。
4. 简述 DBR 系统的原理以及“鼓”“缓冲”和“绳子”的含义。
5. 运用 DBR 进行生产系统计划与控制的基本原则有哪些?
6. 简述 DBR 系统的计划与控制步骤。
7. 叙述关键链项目管理方法的主要思想。
8. 简述关键链项目调度方法的具体实施步骤。
9. 简述人的行为因素对项目工期的影响。
10. 简述关键链项目管理中缓冲的含义及作用。
11. 简述生产系统中缓冲的分类。
12. 为什么非瓶颈资源获得的一小时节约是毫无意义的?
13. 在 TOC 中,为什么坚持要平衡物流,而不是平衡生产能力?
14. TOC 为什么不用生产率,而用产销率?
15. TOC 中瓶颈和非瓶颈工序的主要区别是什么?
16. 在提前期上,TOC 与 MRP 有什么不同?
17. 按照 TOC 的观点,影响项目工期的因素有哪些?
18. 简述 TOC 和 JIT 在生产计划与控制方面的主要异同点。
19. 为什么在项目管理中局部最优不能达到整体最优?

二、单项选择题

1. (　　)不属于 OPT 的 9 条原则。

A. 转运批量可以不等于加工批量

B. 瓶颈控制了库存和产销率

C. 平衡物流,而不是平衡能力

D. 瓶颈资源的利用程度不是由它本身决定的,而是由其他资源决定的

2. (　　)是应用约束理论关键的一步。

A. 识别瓶颈　　B. 减少系统约束

C. 强化系统约束　　D. 支持系统约束工程

3. 按照约束理论,(　　)是衡量企业赚钱能力的财务指标。

A. 销售收入　　B. 产销率　　C. 净利润　　D. 库存

4. 按照约束理论,(　　)是衡量企业盈利能力的作业指标。

A. 销售收入　　B. 产销率　　C. 运行费　　D. 单位成本

5. 约束理论所定义的运营费包括(　　)。

A. 原材料费　　B. 零部件费用

C. 固定资产折旧　　D. 按计件工资支付的人工费

6. 按照约束理论,改善系统绩效时,追求的目标是(　　)。

A. 有效产出最大化　　B. 成本最低

C. 能力平衡　　D. 投资最小

7. 应用约束理论改善系统绩效的关键是(　　)。

A. 减少系统约束　　B. 识别系统约束

C. 强化系统约束　　D. 增大设备利用率

8. 在约束理论所定义的指标体系中,(　　)是衡量企业目标的财务指标。

A. 销售收入　　B. 产销率　　C. 现金流　　D. 成本

9. 按照约束理论,(　　)的说法不对。

A. 转运批量可以不等于加工批量

B. 平衡物流,而不是平衡能力

C. 瓶颈控制了库存和产销率

D. 要使产销率尽可能大,应当降低瓶颈上的加工批量

10. 生产系统的生产能力,往往取决于(　　)。

A. 瓶颈环节生产能力　　B. 类设备生产能力

C. 关键设备生产能力　　D. 装配能力

11. (　　)不是 TOC 生产系统中的作业指标。

A. 产销率　　B. 投资收益率　　C. 运营费　　D. 库存

12. 产品加工要依次经过 A、B、C、D 机器。若市场需求每周 30 个单位；机器 A 的生产能力为每周生产 25 个单位；机器 B 的生产能力为每周生产 20 个单位；机器 C 的生产能力为每周生产 35 个单位；机器 D 的生产能力为每周生产 15 个单位。根据 TOC 理论，（　　）为瓶颈。

A. 机器 A　　B. 机器 B　　C. 机器 C　　D. 机器 D

13. （　　）会导致 *NP*、*ROI* 和 *CF* 增加。

A. 当 *T* 增加，*OE* 也同步增加时　　B. 当 *OE* 增加，*T* 和 *I* 不变时

C. 当 *I* 增加，*T* 和 *OE* 不变时　　D. 持续减低 *I*

14. （　　）不属于 TOC 按其功能分类的缓冲。

A. 瓶颈缓冲　　B. 库存缓冲　　C. 出货缓冲　　D. 装配缓冲

15. （　　）可以控制在制品库存。

A. 鼓　　B. 绳子　　C. 时间缓冲　　D. 库存缓冲

16. （　　）属于精细产品的特征。

A. 在制造过程中资源消耗少　　B. 在使用过程中能源消耗少

C. 产品质量好、使用寿命长　　D. 以上都是

17. 绿色制造涉及产品整个生命周期的所有问题，包括（　　）。

A. 绿色设计　　B. 工艺规划　　C. 材料选择　　D. 以上所有

18. 绿色设计采用的三种方法是（　　）。

A. 资源重复利用设计　　B. 产品可拆卸设计

C. 产品再制造设计　　D. 以上都是

19. OPT 的计划与控制是通过（　　）系统实现的。

A. ABC　　B. DBR　　C. AHP　　D. 精益

20. 约束理论的提出者是（　　）。

A. 高德拉特　　B. 戴明　　C. 大野耐一　　D. 泰勒

三、判断题

1. 瓶颈只是局部，但限制了整个系统的产出。（　　）

A. 正确　　B. 错误

2. 产销率就是单位时间内生产的产品数量。（　　）

A. 正确　　B. 错误

3. 按照约束理论，瓶颈是任何能力超过需求的资源。（　　）

A. 正确　　B. 错误

4. 按照约束理论，计算有效产出时，可变成本包含材料费用和直接人工费用。（　　）

A. 正确　　B. 错误

5. 按照约束理论,非瓶颈资源就是任何能力小于需求的资源。（　　）

A. 正确　　B. 错误

6. 瓶颈前面的缓冲库存被称为时间缓冲。（　　）

A. 正确　　B. 错误

7. 从 TOC 的观点看,企业的目标就是要在增加产销率的同时,降低库存和运行费。（　　）

A. 正确　　B. 错误

8. 按照约束理论,运营费用包含有直接劳务费、间接劳务费和固定资产。（　　）

A. 正确　　B. 错误

9. 降低库存有利于直接提高产销率。（　　）

A. 正确　　B. 错误

10. 根据 TOC 的原理,瓶颈资源的上游工序应加大批量,以防瓶颈工序缺料。（　　）

A. 正确　　B. 错误

11. 瓶颈控制了库存和产销量。（　　）

A. 正确　　B. 错误

12. 瓶颈上损失一小时,则是整个系统损失一小时。（　　）

A. 正确　　B. 错误

13. TOC 管理理念是以减少成本为目标。（　　）

A. 正确　　B. 错误

14. 如果购买的设备不是瓶颈,那么会导致库存增加。（　　）

A. 正确　　B. 错误

15. 持续降低库存可以一直降低运营费用。（　　）

A. 正确　　B. 错误

16. DBR 系统中的“绳子”的作用之一是减少在制品库存。（　　）

A. 正确　　B. 错误

17. 资源的“利用”就是“活力”。（　　）

A. 正确　　B. 错误

18. 与 MRP 不同,DBR 的提前期是作业计划的结果,而不是预定值。（　　）

A. 正确　　B. 错误

19. 根据 TOC,将会计方法计算得出的总成本和产品售价做比较以做出定价决策。（　　）

A. 正确　　B. 错误

20. 根据 TOC 的原理,瓶颈资源上的加工批量是最大的,而瓶颈资源的上游工序则是小批量多批次的。（　　）

A. 正确　　B. 错误

四、计算题

1. 某工厂生产 M、N 两种产品,每周的需要量为 120 件 M 和 35 件 N。两种产品的售价、原材料成本、加工时间如图 14-1 所示。机器 A、B、C 各有一台,每台机器每次只能完成一项加工任务。每台机器每周的可利用时间为 2 400 分钟。假设系统不会出现故障,设备调整准备时间为零,市场需求为常数,每周的总运营费用为 12 000 元,原材料成本不包含在运营费用内。根据以上条件,回答下列问题:

(1) 该工厂的约束资源是什么?

(2) 以每周的净利润最大为目标,确定产品组合,并计算相应的净利润。

(3) 若规定每周一种产品的最大销售量与另一种产品的最低销售量之比不应超过 5 : 1,在此条件下,以每周的净利润最大为目标,确定产品组合,并计算相应的净利润。

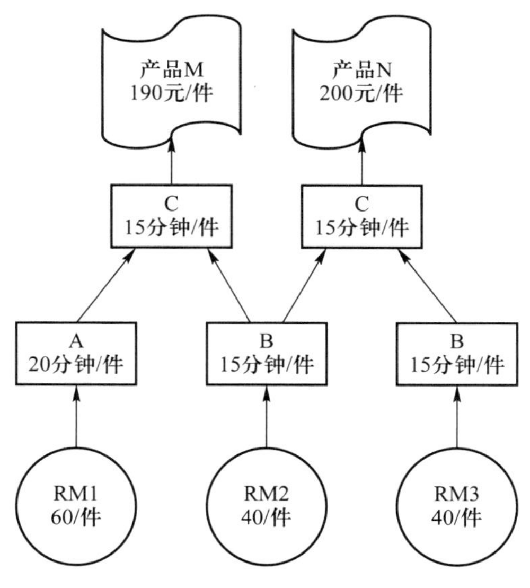

图 14-1　产品 M、N 的工艺路线图

2. 两个产品 P 和 Q,每周的需要量为 100 件 P、50 件 Q,售价分别为 90 元 / 件、100 元 / 件。有 4 个工作中心:A、B、C、D,每个工作中心都有一台机器,每周运行 2 400 分钟。需要 3 种原材料,原材料的成本及加工路线见图 14-2。求利润最大的生产组合。

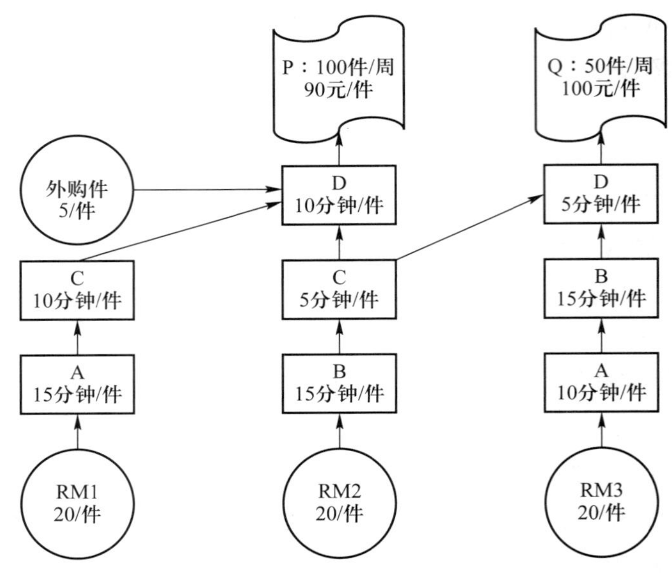

图 14-2　产品 P、Q 的工艺路线图

3. 某工厂有 8 名工人，每名工人每小时可以生产 25 件产品。每件产品的原材料成本为 60 元，正常销售价格为每件 110 元。工人每天的正常工作时间为 8 小时，工人工资每小时 40 元，企业按照一天 8 小时支付工资。工人加班工资为每人每小时 80 元。工厂每天其他的间接费用为 15 000 元。回答下列问题：

(1) 若正常情况下，市场需求为每天 1 000 件，试确定工厂每天的生产数量，并计算相应的有效产出和净利润。

(2) 每天除了按正常销售价格销售 1 000 件外，若另有一客户愿意以每件 70 元的价格每天购买 600 件产品，你是否接受该订单？为什么？若接受，计算工厂的有效产出和净利润。

(3) 每天除了按正常销售价格销售 1 000 件外，若另有一客户愿意以每件 62 元的价格每天购买 1 200 件产品，你是否接受该订单？为什么？若接受，计算工厂的有效产出和净利润。

五、案例

武汉钢铁公司生产进度与客户需求之间的矛盾

武汉钢铁股份有限公司（以下简称武钢）是由武汉钢铁（集团）公司控股的上市公司，是武钢集团的核心钢铁主业。武钢股份拥有当今世界先进水平的炼铁、炼钢、轧钢等完整的钢铁生产工艺流程，形成了以冷轧硅钢片、汽车板、高性能工程结构用钢、精品长材四大战略品种为代表的一批精品。钢材产品共计7大类、500多个品种。主要产品有冷轧薄板、冷轧硅钢、热轧板卷、中厚板、大型材、高速线材、棒材等，总生产能力1 000万吨。

武钢主要生产工艺有炼钢、热轧和冷轧。其具体工艺流程如图14-3所示。

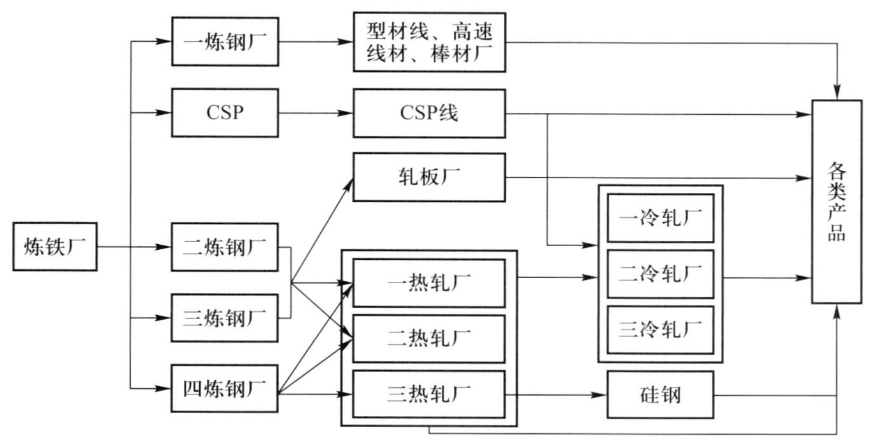

图14-3 武钢生产工艺流程

实际中，排产采取正排（排产从炼钢开始）的方式，从炼钢到轧制都是利用库存来保证产线的正常生产。就各环节工艺要求而言，最复杂的是冷轧，其次是热轧，炼钢相对简单。总体排产，是先确定各个厂的产能总量，再选出符合条件合同进行生产安排。下游轧制工序根据给定的炼钢总量，确定每天的具体生产品种、计划，然后根据轧制的排产，转化成炼钢断面需求，再返给炼钢工序，若有不一致的地方，经微调后，确定具体的炼钢和轧制生产计划。

1. 炼钢生产计划管理

炼钢工艺流程如图14-4所示。

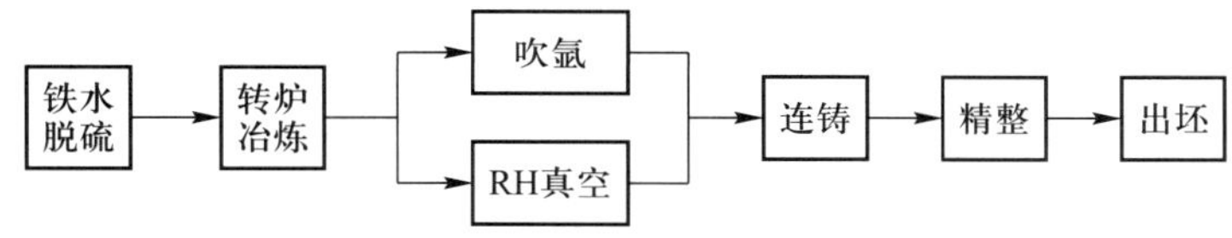

图14-4 炼钢工艺流程

铁水是生产最终产品的单一原料，所以当一个月的合同确定之后，铁水需求多少则会根据总量反推出来。所以总体上讲，铁水是根据计划进行生产的，生产基本保持均衡，所以不受具体合同影响。铸机有三台，一号铸机不可调宽，二号铸机可停机调宽，三号铸机可在线调宽，每台铸机有自己的轧制宽度范围。由于铸坯批量的大小会影响铸坯成本（使用一次性铸坯耐热材料),所以在这一环节主要的问题就是如何进行合批(相同宽度合批和不同宽度合批),以使成本最小化。另外,铸坯耐热材料有最大使用炉数的限制。

炼钢要保证生产的连续性,保证产能的利用率,生产组织要方便。小批量要考虑在哪个时间段排好。第一看交货期,第二看生产周期,第三看热轧、冷轧的需求。对一个合同来说:下游的冷轧、热轧先排产,向炼钢提需求,炼钢考虑冷轧、热轧需求以及合同总交期,再制定炼钢生产计划。一天生产钢水的品种有十多种。只要能够保证两台机器始终在浇铸,另外一台机器则可以换断面,这样可以保证浇铸的效率。目前,实际的排产首先考虑的是如何最大化浇铸效率,其次是尽量满足合同交货期。

炼钢主要看和下游之间的缓冲库存的量,根据每个月每个品种合同的总量,均衡供应。炼钢要根据热轧、冷轧、硅钢各自缓冲库存的量的大小决定产能的分配,库存多的会少分配一些产能。先给定下游每天的总量,在此总量的基础上,再定具体的半成品品种。

炼钢的工艺要求:决定批次大小——批次大,成本低(一个批次,很多成本是一样的);有些品种是不能够进行合炉的。每天炼出来的铁水必须炼成钢,炼出的钢不一定轧制,可作为中间缓冲。

炼钢计划是根据合同,对冷轧、热轧的需求进行反推得来的。为有效发挥炼钢的产能,轧制和炼钢环节需要反复沟通,以确保轧制需求和炼钢产能进行匹配,如果出现不匹配,则改变所选取的合同。

2. 热轧生产计划管理

热轧生产排程时,首先必须满足热轧约束条件,即设备状况、生产轧制状况、板坯库的库存状况、炼钢与冷轧中间库的库存大小。根据铁水供应情况,综合库内可排程的板坯情况,有选择地排产。在满足生产条件的情况下,尽可能把合同交期在前的优先安排生产。如果设备、后续物流发生变化,生产计划也会被迫改变。原来的做法是把较难处理的品种尽量在20日之前优先生产,剩下的时间则可以作为补交的缓冲。而现在的按周交货没有缓冲,执行起来有难度,产品质量得不到保障。以二炼钢厂为例,该厂负责多种高品质钢种的生产,其生产特点即为“多品种、小批量”,在目前生产中,质量问题时常会发生。同时根据库内的原料的状况,决定哪些板坯可用来满足哪些合同,在满足各种限制条件的基础上制定生产计划。

热轧排产主要的目的是在满足限制条件的情况下,尽可能满足合同交货期的要求。但所面临的限制条件较多,包括厂里的要求(库存、产能满足)、质量的要求、发货的要求(各种运输方式要均衡)以及销售的要求等,所以排产难度和复杂度较大。

3. 冷扎生产计划管理

与客户签订合同以后,经过系统处理,即将销售合同变成生产合同。根据合同反推到冷轧、热轧一直到炼钢,确定每一个机台的原料。在具体排产的过程中,先检查前后工序库存,再检查已有可排的钢卷,并考虑工艺要求,综合考虑之后进行排产。冷轧排产考虑因素的次序依次是:机台生产率、合同的量、生产工艺要求。宏观上,一般排 2~3 天生产计划;微观上,需要安排这几天内各机台生产计划和原料准备。需要考虑的排产限制条件有:合同交货期、生产平衡(考虑各条轧机生产线的平衡,品种和产能之间的平衡)、各工厂之间的平衡。目前轧制时间相对稳定,每道大工序前面都有一个缓冲库存。

排产需要考虑的因素较多。要考虑每条线的连续运转(第一位);考虑交货期;关键工序不能缺料(不允许因生产不平衡导致的缺料)。要使三轧的后续工序满负荷生产。生产量可以在设定的范围内波动,并实时调控。一冷轧车间品种单一,计划相对简单一些。二冷轧车间和三冷轧车间的要求较高,且排产复杂。另外,交叉的工序很多,前后工序之间不同机台的生产匹配是一个难点。

工艺要求方面,浇铸板坯宽度应遵循"由窄到宽再到窄"的原则,厚度的跨度不能超过 150 mm;高工艺要求的汽车板应尽量一起做,但高强钢不能一起做,热卷不能直接上机。

武汉钢铁生产计划的问题,导致生产进度难以满足客户的需求,不能按时交货。

分析下列问题:

(1) 武汉钢铁的生产计划是如何制定的?

(2) 武汉钢铁生产计划存在哪些问题?

(3) 关于先进生产方式的理论,哪些可以用在武汉钢铁排产上?

14.2　习题答案与案例教学说明

一、简述题

1. 简述 TOC 解决管理问题的主要思路。

答:TOC 解决管理问题遵循 5 步法:

第一步,找出系统约束。

第二步,决定如何利用系统约束。

第三步,使企业的所有其他活动服从第二步做出的决定。

第四步,打破系统约束。

第五步,重返第一步,发现新的瓶颈,持续改善。

2. TOC 有效产出会计的绩效衡量指标有哪几个?

答:三个财务指标:

(1) 净利润(net profit,NP),表示一个企业赚多少钱的绝对量。

(2) 投资收益率(return on investment,ROI),表示一定时期的收益和投资比。

(3) 现金流量(cash flow,CF),表示短期内收入和支出的钱。

三个作业指标:

(1) 产销率(throughput,T),也被称为有效产出,是指企业单位时间内生产出来并销售出去的产品数量。

(2) 库存(inventory,I),是一切暂时不用的、用于将来目的的资源。它不仅包括为满足未来需要而准备的原材料、加工过程的在制品和一时不用的零部件、未销售的成品,而且包括扣除折旧后的固定资产。

(3) 运营费(operating expenses,OE),是生产系统将库存转化为产销量过程中的一切费用,包括所有的直接费用和间接费用。

3. 简述 TOC 有效产出会计的作业指标与财务指标之间的关系。

答:指标间的计算关系如下:

$$有效产出\ T = 销售收入 - 可变成本$$

$$净利润\ NP = 有效产出 - 运营费用$$

$$投资收益率\ ROI = NP/I$$

三个作业指标与财务指标 NP、ROI、CF 的关系如下:

当 T 增加,I 和 OE 不变时,显然 NP、ROI 和 CF 都将增加;当 OE 减少,T 和 I 不变时,也会导致 NP、ROI 和 CF 增加。然而,当 I 减少,T 和 OE 不变时,情况就不那么简单。I 降低使库存投资减少,当 T 不变时,ROI 将提高。同时,I 降低可以加快资金周转,使 CF 增加。但是,I 降低,T 和 OE 不变时,NP 却不会改变,因而能否使企业赚钱还不清楚。

通常,I 降低可以导致 OE 减少。而 OE 减少,将导致 NP、ROI 和 CF 增加,从而使企业赚钱。但是,通过降低 I 来减少 OE 的作用是随着 I 降低的程度而减弱的。当 I 较高时,减少 I 可以明显减少维持库存费,从而减少 OE。然而,当库存降到一个较低水平时,再继续降低 I,则对减少 OE 作用不大。

4. 简述 DBR 系统的原理以及“鼓”“缓冲”和“绳子”的含义。

答:DBR,即“鼓(drum)—缓冲(buffer)—绳子(rope)”,是 TOC 在生产计划与控制中的应用,它是根据系统的制约因素确定生产计划,使整个系统的有效产出最大化、库存最小化的生产计划方法。

“鼓”是一个企业生产系统的“瓶颈”所在。“瓶颈”控制着企业同步生产的节奏,即“鼓点”。在 TOC 中缓冲并不是以在制品数量来表示,而是将这些在制品的数量转换成为需要在此进行资源加工或装配的总时间,因此可将其称为时间缓冲(time buffer)。如果说“鼓”的目标是使有效产出最大,那么,“绳子”的作用则是使库存最小。“绳子”控制着企业物料的进入,使得瓶颈资源前的非瓶颈资源均衡生产。

5. 运用 DBR 进行生产系统计划与控制的基本原则有哪些?

答:运用 DBR 进行生产系统计划与控制的基本思想具体体现在以下 9 条原则上:

(1) 平衡物流,而不平衡能力。

(2) 非瓶颈资源的利用程度不是由它们自己的潜力决定的,而是由系统约束决定的,系统约束就是瓶颈。

(3) 资源的“利用”(utilization)和“活力”(activation)不是同义词。

(4) 瓶颈上一小时的损失则是整个系统一小时的损失。

(5) 非瓶颈获得的一小时是毫无意义的。

(6) 瓶颈控制了库存和产销率。

(7) 转运批量可以不等于(在许多时候应该不等于)加工批量。

(8) 加工批量应是可变的,而不是固定的。

(9) 安排作业计划应同时兼顾所有的约束,提前期是作业计划的结果,而不应是预定值。

6. 简述 DBR 系统的计划与控制步骤。

答:

(1) 识别瓶颈。这是控制物流的关键,因为瓶颈制约着企业的产出能力。

(2) 基于瓶颈的约束,建立产品出产计划,并按有限能力,用顺排方法对关键资源排序,制定瓶颈资源上的详细生产计划。

(3) “缓冲”的管理与控制。为了对瓶颈进行保护,使其能力得到充分利用,一般要设置一定的“时间缓冲”。

(4) 控制进入非瓶颈的物料,平衡企业的物流。进入非瓶颈的物料应被瓶颈的产出率即“绳子”控制。

7. 叙述关键链项目管理方法的主要思想。

答:

(1) 以 50% 可能完成的概率,重新估计活动执行时间。

(2) 消除多任务,以项目工期最短、在制品最小为目标。

(3) 同时考虑活动的紧前关系和资源约束,构建网络图,按活动最晚开始时间制定项目基准计划,将最长的路径作为关键链。关键链制约了整个项目的工期。

(4) 估计缓冲大小,在网络图中插入缓冲,通过缓冲来应对项目执行环境的不确定性,保持项目基准计划的稳定。

(5) 按“接力赛”机制执行项目,并在项目执行过程中,建立基于缓冲消耗的预警机制,实施进度控制,以保证整个项目按期完工。

8. 简述关键链项目调度方法的具体实施步骤。

答:

第一步,识别关键链。

第二步,确定各非关键链。

第三步,在关键链末尾加入项目缓冲,在各非关键链与关键链的汇合处插入汇入缓冲,并根据紧前关系及资源约束前推相应活动的开始时间,按活动最晚开始时间制定关键链调度计划。

第四步,执行关键链调度计划时,采用接力赛策略,即除了每条链的初始活动外,其他活动在其前续活动完成且满足资源约束的情况下尽早开始,且关键链活动具有优先执行权。

第五步,在项目执行过程中,定期或者不定期地检查项目进度及缓冲消耗量,根据缓冲消耗情况制定相应的行动策略,以此在项目执行中进行动态控制。

9. 简述人的行为因素对项目工期的影响。

答:

(1) 人们对于活动时间的保守估计。由于项目执行环境不确定性因素的存在,人们无法确定准确活动时间,只能估计活动时间。通常活动时间呈偏态分布特性,为了应对不确定性因素,人们在估计活动时间时,会加入相当程度的安全时间。

(2) 学生症候状。实际上,在项目管理中,由于不确定性的存在,将大量工作推迟到临近完工日期去做,往往会来不及,最后不仅浪费了活动中的安全时间,还会导致延迟完工。

(3) 帕金森定律。根据帕金森定律,在项目管理中,富余时间多半都会被无效益地消耗掉。也就是说,人们即使提早完工了,也不会报告。这样就不利于整个项目的按期完工。

10. 简述关键链项目管理中缓冲的含义及作用。

答:关键链方法采用活动平均工期(50% 的完成概率)制定项目基准计划,并将关键链上所有活动的安全时间集中在一起,放置在项目网络的最末端,称为“项目缓冲”,来保证整个项目而非个别活动的如期完成。

在完成关键链的进度安排后,还需要保证所有关键链上的任务不受其他非关键任务的影响,以保证项目能够按计划及时完成。具体的做法是把非关键链上活动的安全时间集中起来,放置于非关键链与关键链汇合点前的非关键链活动之后,称为“汇入缓冲”(feeding buffer,FB),并用它们来保护关键链。

以上两个步骤在具体操作的时候可以归结为“插入缓冲”。关键链项目管理方法正是通过设定和插入缓冲来消除不确定性因素对项目计划执行的影响,从而保护系统的制约因素,即关键链。

11. 简述生产系统中缓冲的分类。

答:缓冲按照其功能可分为三种:

(1) 瓶颈缓冲(constraints buffer)是用来保护瓶颈资源,使其不因为缺料而闲置,一般是对物料从开始加工处到瓶颈资源处所需时间的大致估计。

(2) 出货缓冲(shipping buffer)是用来保证订单能如期交货,一般是对物料从瓶颈资源处到产成品加工完毕所需时间的大致估计。

(3) 装配缓冲(assembly buffer)是用来保证瓶颈资源所完成的工件能顺利被装配。

按照其性质不同缓冲又可分为“时间缓冲”和“库存缓冲”:“库存缓冲”是指在制品安全库存,其位置、数量的确定原则同“时间缓冲”;“时间缓冲”是指将所需的物料比计划提前一段时间提交,以防随机波动,以瓶颈上的加工时间长度作为计量单位。

12. 为什么非瓶颈资源获得的一小时节约是毫无意义的?

答:因为生产系统的产出是由瓶颈资源决定的。在非瓶颈资源上的生产时间除了加工时间和调整准备时间之外,还有闲置时间,节约一小时的时间并不能增加产销率,而只能增加一小时的闲置时间,并不能增加系统的产出。当然,如果在非瓶颈资源上节约了一小时的加工时间和调整准备时间,则可以减少加工批量,加大批次,以降低和缩短在制品库存和生产提前期。

13. 在 TOC 中,为什么坚持要平衡物流,而不是平衡生产能力?

答:TOC 主张在企业内平衡物流,认为平衡能力实际是做不到的。因为波动是绝对的,市场每时每刻都在变化,生产能力总是相对稳定的。一味追求做不到的事情将导致企业无法生存。所以必须接受市场波动及其引起的相关事件这个现实,并在这种前提下追求物流平衡。所谓物流平衡就是使各个工序都与瓶颈工序同步。

14. TOC 为什么不用生产率,而用产销率?

答:生产率是根据单位工时的产出量来衡量的,但是这个指标不能确保企业赚钱。在判别生产率是否提高的时候还要考虑:该行为是否提高了产销率? 是否降低了库存? 是否减少了运营费用? 产销率也被称为有效产出,是指企业单位时间内生产出来并销售出去的产品数量。这里的产销率不是一般的通过率或产出率,它反映了企业将产品销售给顾客后获取金钱的速率。尽管在生产的每个阶段都会计算在制品或者产出品的数量,但这些数字并不直接有助于我们盈利目标的实现,而只有那些最终实现了销售的产出品才会真正给企业带来利润。有效产出衡量的正是企业在单位时间内能够出产、销售产品而最终获利的能力。

15. TOC 中瓶颈和非瓶颈工序的主要区别是什么?

答:TOC 认为,对于任何一个由多阶段构成的系统来讲,如果其中一个阶段的产出取决于前面一个或几个阶段产出的话,那么,产出率最低的环节决定着整个系统的产出水平。这就好比一个链条的强度是由它最薄弱的环节来决定的,这个最薄弱的环节就是系统的“瓶颈”,其余的就为“非瓶颈约束”。瓶颈工序只有准备时间和加工时间,而非瓶颈工序除了上述两种时间以外,还有空闲时间。并且瓶颈上一小时的损失是整个系统一小时的损失，而非瓶颈约束获得一小时是毫无意义的。

16. 在提前期上，TOC 与 MRP 有什么不同？

答：在 TOC 中，提前期是批量、优先权和其他许多因素的函数，是一个变量。而在 MRP 系统中，提前期一般都是预先制定的，是一个确定的量。

17. 按照 TOC 的观点，影响项目工期的因素有哪些？

答：

(1) 不确定性因素：由于市场环境快速变化，项目特别是大型工程项目所涉及的不确定性因素日益增多，例如活动时间估计得不准确、交货期改变等情况，这些不确定性因素的存在会对项目的按期完工造成影响。

(2) 人的行为因素对项目工期的影响主要表现在以下几个方面：人们对于活动时间的保守估计；学生症候状；帕金森定律。

(3) 局部最优并不能达到整体最优：由于不确定性的存在，有些活动的延迟不可避免，加上活动之间的相依性，很难保证项目整体按期完工，难以达到整体最佳。

(4) 资源有限：项目所需资源是有限的。传统的关键路径方法，在制定调度计划时只考虑了任务相依性，而没有考虑资源相依性。

18. 简述 TOC 和 JIT 在生产计划与控制方面的主要异同点。

答：相同点：① 按需求组织生产；② 不断降低库存；③ 消除制造过剩造成的浪费。

不同点：① JIT 只对总装线下计划，其他环节依靠看板拉动生产。而 TOC 强调瓶颈，制定产品交货计划、瓶颈资源的生产计划和投料计划。② JIT 强调消除各个工序的库存，而 TOC 认为应当为瓶颈资源及其后的关键资源设定库存。

19. 为什么在项目管理中局部最优不能达到整体最优？

答：传统项目管理方法强调的是，努力使项目中的每一个任务或活动准时完成，这是追求局部最佳的方法。由于不确定性的存在，有些活动的延迟不可避免，加上活动之间的相依性，很难保证项目整体按期完工，难以达到整体最佳。TOC 认为，项目管理的关注点不应该是每一个活动准时完成，而应该是整个项目准时完成。

二、单项选择题

答案：1~5　DACBC　6~10　ABCDA　11~15　BDDBB　16~20　DDDBA

三、判断题

答案：1~5　ABBBB　6~10　AABBB　11~15　AABAB　16~20　ABABA

四、计算题

1. (1) 计算一周内生产 120 件产品 M 和 35 件产品 N 所需的负荷，见表 14-1。

表 14-1 负荷计算表

机器	加工时间(分钟)		负荷 / 周	能力 / 周	负荷率
	产品 M	产品 N			
A	2 400	0	2 400	2 400	100%
B	1 800	1 050	2 850	2 400	118.80%
C	1 800	525	2 325	2 400	96.90%

可见,机器 B 是工厂的约束资源。

(2) 加工一件产品 M,资源 B 对净利润的贡献为 6 元 / 分钟。而加工一件产品 N,资源 B 对净利润的贡献为 4 元 / 分钟。所以资源 B 应尽可能用于加工 M。由此得到利润最大的产品组合为每周 120 件 M 和 20 件 N。相应地,每周最大的利润为:

$$(190-100)\times 120+(200-80)\times 20-12\ 000=1\ 200\text{ 元}$$

(3) 由于利用资源 B 生产 M 对净利润的贡献更大,所以为实现净利润最大,应尽量多生产 M。但受到规定的约束,所生产的产品的比例应当为 5M ∶ 1N。

B 资源每周的可利用时间为 2 400 分钟,假设 N 的产量为 Q,则 M 的产量为 $5Q$。生产一件 M 消耗 B 机器 15 分钟,而生产一件 N 消耗 B 机器 30 分钟,所以 Q 的取值应满足:

$$15\times 5Q+30\times Q=2\ 400$$

求得:$Q=22.8$

由于最大销售量与最低销售量之比不能超过 5 ∶ 1,所以求得各种产品的产量为:

M:114 件, N:23 件

每周的净利润为:

$$(190-100)\times 114+(200-80)\times 23-12\ 000=1\ 020\text{ 元}$$

2. 各资源每周的负荷如表 14-2 所示。

表 14-2 各机器负荷计算表

资源	每周工作时间(分钟)		加工负荷 / 周	可用时间 / 周	负荷率 / 周
	P	Q			
A	1 500	500	2 000	2 400	83
B	1 500	1 500	3 000	2 400	125
C	1 500	250	1 750	2 400	73
D	1 000	250	1 250	2 400	52

可见，资源 B 为瓶颈资源。生产单位产品 P 和 Q，资源 B 的贡献值如表 14-3 所示。

表 14-3　瓶颈资源利用价值计算表

产品	P	Q
销售价格（元 / 件）	90	100
材料成本（元）	45	40
贡献（元）	45	60
时间（资源 B，分钟）	15	30
贡献（元 / 分钟）	3	2

所以，应先生产 P（100 件），消耗 B 的 1 500 分钟，剩下的 900 分钟用于生产 Q，只能生产 30 件 Q。

3. (1) 工厂每天可以生产：25 × 8 × 8=1 600 件。由于市场需求为 1 000 件 / 天，所以工厂内部不存在瓶颈，应当是需要多少生产多少，故工厂的生产数量应当为 1 000 件 / 天。

有效产出 T=（110−60）× 1 000=50 000 元

运营费用 OE=40 × 8 × 8+15 000=17 560 元

净利润 NP=50 000−17 560=32 440 元

(2) 工厂每天可以生产：25 × 8 × 8=1 600 件。每天销售 1 000 件后，还有 600 件可供销售。由于运营费用不变，只要销售价格大于材料成本 60 元，就可以增加有效产出。现客户出价每件 70 元，故可接受该订单。

有效产出 T=（110−60）× 1 000+（70−60）× 600=56 000 元

运营费用 OE=40 × 8 × 8+15 000=17 560 元

净利润 NP=56 000−17 560=38 440 元

(3) 工厂每天可以生产：25 × 8 × 8=1 600 件。每天销售 1 000 件后，还有 600 件可供销售。要满足 1 200 件的需求，需要加班生产 600 件。由于加班会增加直接人工成本，只要增加的有效产出大于增加的直接人工成本，就可以接受该订单。

增加的有效产出 ΔT=（62−60）× 1 200=2 400 元

增加的直接人工成本 =（600 ÷ 25）× 80=1 920 元

所以可以接受该订单。这时：

有效产出 T=（110−60）× 1 000+（62−60）× 1 200=52 400 元

运营费用 OE=40 × 8 × 8+15 000 + 1 920=19 480 元

净利润 NP=52 400−19 480=32 920 元

五、案例教学说明

1. 教学目的

(1) 理解先进生产方式的重要性。

(2) 加深学生对先进生产方式的内容及其决策问题的理解。

2. 分析思路

(1) 要求学生阅读案例资料。

(2) 分组讨论，形成小组意见。

(3) 组织全班讨论，引导学生发表意见。

3. 问题分析参考要点

(1) 排产采取正排(排产从炼钢开始)的方式，从炼钢到轧制都是利用库存来保证产线的正常生产。总体排产，是先确定各个厂的产能总量，再选出符合条件合同进行生产安排。下游轧制工序根据给定的炼钢总量，确定每天的具体生产品种、计划，然后根据轧制的排产，转化成炼钢断面需求，再返给炼钢工序，若有不一致的地方，经微调后，确定具体的炼钢和轧制生产计划。

(2) 产能没有精细控制，产能不能均衡释放，库存，小批量问题，生产计划的协调性，生产计划不能动态调整等。

(3) TOC、JIT、敏捷制造、精益生产等。

第二篇 综合实验

2

实验项目一　需求预测实验

1. 实验目的及要求

(1) 实验目的。

通过实验使学生理解市场需求预测的基本原理、定量预测方法，能够根据实际情况合理选用预测方法。

(2) 基本要求。

① 根据给定的产品需求信息，进行预测前的数据清洗。

② 选择预测方法和预测误差度量方法。

③ 以 Excel 为辅助工具，按选定的预测方法分别进行预测。

④ 比较不同预测方法的结果，确定建议的预测方法，给出最终预测结果。

⑤ 总结需求预测的一般过程及关键点。

2. 实验环境

个人计算机、Excel 软件。

3. 实验基本原理与功能

需求预测是根据企业过去和现在产品或服务的需求状况以及影响市场需求变化的因素，利用一定的预测模型、技术方法和经验判断，估计消费者要购买的产品或服务的数量的活动。不仅给出了企业的产品和服务在未来一段时间里的需求期望水平，而且为企业的计划和控制决策提供了依据。

预测方法有定性预测方法和定量预测方法。时间序列模型和因果关系模型是两种主要的定量预测方法。本实验的内容为时间序列模型。时间序列模型以时间为独立变量，利用过去需求随时间变化的关系来估计未来的需求。常用的时间序列预测方法有：

(1) 简单移动平均法。

$$SMA_{t+1}=\left(\frac{1}{n}\right)\sum_{i=t+1-n}^{t}A_i$$

式中：SMA_{t+1} 为 t 周期末简单移动平均值，它可作为 $t+1$ 周期的预测值；

A_i 为 i 周期的实际需求；

n 为移动平均采用的周期数。

(2) 一次指数平滑法。

$$SF_{t+1}=\alpha A_t+(1-\alpha)SF_t$$

式中：SF_{t+1} 为 $t+1$ 期一次指数平滑预测值；

A_t 为 t 期实际值；

α 为平滑系数，表示赋予实际数据的权重($0\leqslant\alpha\leqslant1$)。

(3) 线性季节预测模型。

$$SF_t=T_tSI_i$$

式中：SI_i 为相应时间段的季节系数；

T_t 为 t 期的趋势值。

4. 实验内容与实验任务

(1) 深入了解需求预测的含义及定量预测方法。

(2) 分析、清洗给定产品的历史需求数据。

(3) 运用 Excel 实现上述三种预测方法。

(4) 运用三种预测方法进行预测，对比预测结果。

(5) 完成实验报告。

5. 实验步骤与要求

(1) 学生分组：2 人一组

(2) 数据清洗。

应用时间序列进行需求预测，首先要尽量保证数据的准确性，为此要对历史需求数据进行清洗，确保历史数据尽可能准确地反映客户需求。能反映客户需求的数据包括：

客户订单数据：订单日期、要什么、要多少、什么时候要、什么时候发货。

延迟交货信息：要货数量与日期、对应的补货数量与日期。

集中发货信息：定期集中发货信息与对应的订单信息。

分批交付信息：一个大的订单对应多批次交货的信息。

退货信息：如果退货可以再销售，就抵消需求历史。

促销信息：促销产生的需求不可重复，需要在需求历史中剔除。

(3) 需求预测。运用 Excel 工具，运用上述三种预测方法，按小组进行需求预测，计算预测误差，对比分析三种预测方法的结果，确定相对较优的预测方法，给出预测结果。

(4) 编写实验报告。实验报告的主要内容包括:需求预测方法简介、产品历史需求数据、数据清洗、预测结果对比分析等。

附:产品历史需求数据

某公司是一家瓶盖生产商,其生产的瓶盖主要销售给啤酒厂。瓶盖需求量受季节影响较大,通常每年 4—10 月是啤酒、饮料的畅销季节,对瓶盖的市场需求量大,尤其在 7—8 月达到最高峰。而在 11 月至次年 3 月由于气候转凉,啤酒、饮料消费量减少,对瓶盖的需求也随之减少,在 1—2 月降到低谷,其变化比较有规律。表 1 列出了 2016—2022 年每个月从仓库给客户的发货信息。公司的主要客户分别在 2018 年 7 月和 2021 年 8 月进行过啤酒促销活动。2020 年 7 月的发货量中,有 1 000 万个是 2020 年 6 月的延迟交付量(表 1)。

表 1　瓶盖月度需求量表(单位:万个)

年 \ 月	1	2	3	4	5	6	7	8	9	10	11	12
2016	642	1 546	2 138	3 612	1 796	4 817	4 233	5 242	4 985	4 463	3 200	1 810
2017	316	2 252	4 116	4 356	4 402	4 532	3 968	4 202	3 870	3 695	3 607	3 150
2018	1 460	800	3 898	4 756	3 827	5 165	11 620	8 078	6 613	5 043	5 408	1 674
2019	1 466	4 690	4 433	7 821	5 331	6 455	7 865	8 294	5 907	4 485	3 392	3 337
2020	2 269	2 994	4 942	7 623	7 270	5 731	9 306	8 097	6 460	5 270	4 781	5 359
2021	4 730	4 697	5 854	6 577	8 464	7 458	8 768	13 712	8 500	7 000	7 000	5 121
2022	3 875	2 818	6 260	8 568	7 666	8 690	10 025	10 753	8 957	7 385	6 505	5 041

试预测该公司 2023 年的瓶盖需求量(细化到每个月)。

实验项目二　动态库存控制实验

1. 实验目的及要求

(1) 实验目的。

① 理解库存管理的基本概念和知识;

② 掌握库存水平、库存成本、库存周转率的计算方法;

③ 掌握定期补货模式下动态库存控制方法。

(2) 基本要求。

① 根据给定的产品需求信息和补货信息,运用定期补货模式,对相关参数进行决策。

② 以 Excel 为辅助工具,进行补货决策。

③ 根据需求的动态变化,对有关参数进行动态决策。

④ 统计计划期与补货相关的参数,总结动态库存控制方法。

2. 实验环境

个人计算机、Excel 软件。

3. 实验基本原理与功能

定期补货系统是一种常用的库存控制策略。它是指每经过一个固定间隔期 t 就检查库存水平,并发出一次订货,订货量为将现有库存补充到最高库存水平 S,如图 1 所示。

当经过固定间隔时间 t 之后,检查当前库存量,这时库存量降到 L,随后发出订货,订货量为 $S-L$,经过订货提前期(LT)后到货,库存量增加 $S-L$。再经过固定间隔期 t 之后,又发出订货。采用这种补货模式,需要对最高库存水平 S、订货间隔期 t、每次的补货量进行决策。随着需求的变化,需要对 S 进行动态调整。在约束理论中,提出了将 S 分为三等份,进行动态监控和调整的方法。

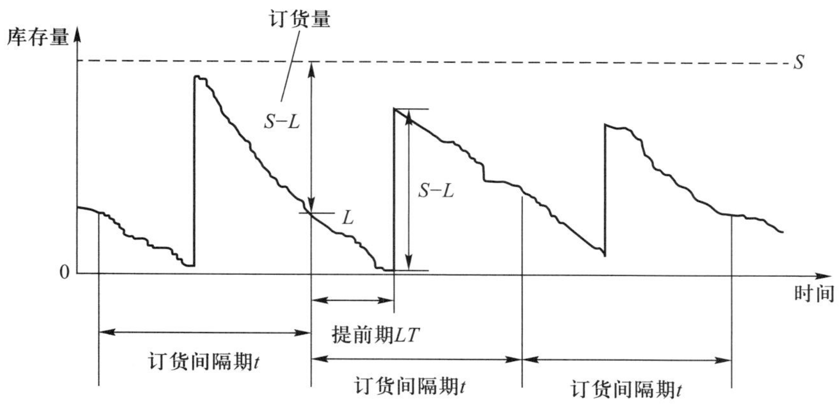

图1　定期补货系统

该补货模式不设订货点，只设固定检查周期和最大库存量。由于不需连续检查库存量，到了固定间隔期，不同货物在订货时间点可以同时订货。这样减少了管理的工作量，也节省了订货费。不同物资的最高库存水平可以不同。

4. 实验内容与实验任务

(1) 深入了解定期补货模式的含义及相关参数的决策方法。

(2) 分析给定产品的历史需求信息与补货信息，确定 S 大小。

(3) 运用 Excel，设计相关参数的计算表格，共 52 周。

(4) 进行补货决策，统计相关参数。

(5) 总结分析，完成实验报告。

5. 实验步骤与要求

(1) 学生分组。2 人一组。

(2) 运用 Excel 工具，设计相关参数的计算表格，共 52 周。表格形式如表 2 所示。各参数计算规则如下：

- 如果“期初库存”+“本期入库”大于“本期订单”，则：
  “本期出货”=“本期订单”
- 如果“期初库存”+“本期入库”小于“本期订单”，则：
  “本期出货”=“期初库存”+“本期入库”
  同时计算缺货量：
  “缺货量”=“本期订单”−“本期出货”
- “期末库存”=“期初库存”+“本期入库”−“本期出货”
- “平均库存”=(“期初库存”+“本期入库”+“期末库存”)/2

- “库存成本”= “平均库存”×0.75
- “缺货成本”= “缺货量”×2
- “期初库存”= 上一周“期末库存”

表 2

周次	期初库存	本期入库	本期订单	本期出货	采购量	期末库存	平均库存	缺货量	库存成本	缺货成本
1										
2										
3										
4										
…										
52										

(3) 根据给定的产品信息，每小组讨论、确定 S 大小，确定后将之填入第 1 周“期初库存”栏。

(4) 老师每周随机给出产品的需求数量，每组将该数量填入对应周次的“本期订单”栏。并计算相应周次的其他参数。

(5) 每偶数周，进行补货决策。每小组需讨论每次补货的数量，并将补货数量填入相应周次的“采购量”栏。同时，要根据订货提前期计算出到货日期，并将此采购数量填入到货周的“本期入库”栏。假设周末订货，相应周的周初到货。例如，第 2 周周末决定补货，采购数量为 600，则将 600 填入第 2 周的“采购量”栏，此采购量将会在第 5 周周初到货，故在第 5 周的“本期入库”栏填入 600。

(6) 依次运行 52 周（一年），统计一年的相关参数：出货量、平均库存量、库存周转率、缺货次数、缺货数量、库存成本、缺货成本、总成本。其中，库存周转率 = 出货量 ÷ 平均库存量。

(7) 进行新一轮 52 周补货决策，在补货过程中根据需求变化动态调整 S。统计 52 周的相关参数。

(8) 编写实验报告。实验报告的主要内容包括：定期补货模式简介、确定 S 的方法及其动态调整方法、每次补货量决策方法、二轮决策过程中相关参数的计算结果、二轮统计数据对比分析等。

附:产品历史需求信息与补货信息

全新的 SKU,通过仓库库存发货来满足客户订单。预计该产品每周的需求量服从正态分布,平均值为 600,标准差为 200。库存持有成本为 0.75 元 /(件·周),缺货成本为 2 元 / 件,订货提前期(工厂生产 + 运输时间)为 2 周。

假设某年度第一周开始使用仓库库存来满足客户需求。产品库存控制采用定期补货模式,每 2 周补一次货(给工厂下订单补货),约定偶数周补货。

实验项目三　牛鞭效应实验

1. 实验目的及要求

(1) 实验目的。

① 理解牛鞭效应的概念及产生原因；

② 掌握控制牛鞭效应的方法。

(2) 基本要求。

① 给定由多级节点构成的供应链，进行角色扮演。

② 根据给定的产品需求信息，各节点进行补货决策。

③ 统计相关参数，总结牛鞭效应现象。

2. 实验环境

个人计算机、Excel 软件。

3. 实验基本原理与功能

牛鞭效应是供应链运作环境下的一种需求波动放大现象，即在一个多级节点构成的供应链系统中，当需求信息从最终客户端向上游供应商逐级传递时，如果无法有效地实现信息共享，信息将被扭曲，需求的波动将逐级放大，这种需求波动放大现象在图形上好像一根甩起的牛鞭，因此被形象地称为牛鞭效应。可以将处于上游的供应方比作梢部，下游的客户比作根部，一旦根部抖动，梢部就会出现很大的波动。牛鞭效应的产生有非常复杂的原因，它会影响供应链运作的整体收益。

本实验模拟某种产品的供应链运作。该供应链由制造商、分销商、批发商、零售商 4 个环节组成，每个节点需要决定向上游订货和向下游发货的数量，决策目标是要使自己所在节点的成本尽量小。通过这一实验来揭示牛鞭效应现象。对实验环境做如下假设：

(1) 只有单一产品。

(2) 终端市场的客户需求具有不确定性。

(3) 原材料供应商产能充足,能满足制造商的任何订货要求。

(4) 各节点之间的关系是直线递阶式的联系,上游只能通过下游的订单来获得需求信息。

(5) 各个节点的订货提前期都为 2 周,订单处理期 1 周。

(6) 各个节点的收货、发货与补货决策都在各周的周初进行。

(7) 各个节点的库存持有成本为 1 元 / 件,缺货成本为 3 元 / 件(缺货量需要在后期补交),工厂生产成本为 1 元 / 件,利润为 4 元 / 件。

(8) 供应链总成本为各个节点成本之和。

(9) 供应链的初始状态:各个节点的初始库存和初始资金在实验平台软件中给出。初始状态如图 2 所示。

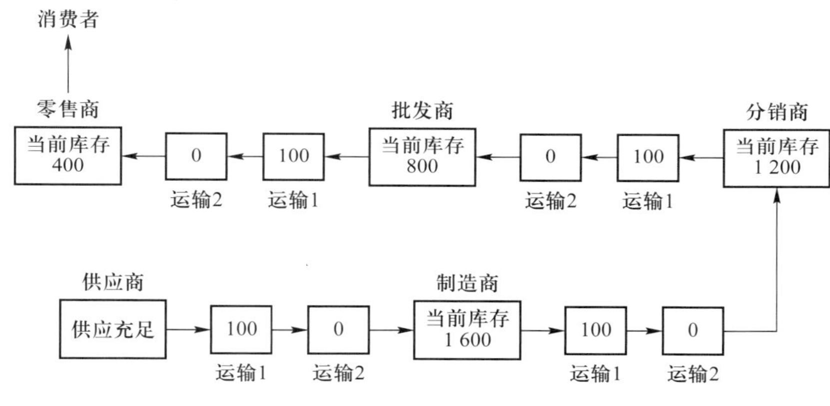

图 2　供应链初始状态

4. 实验内容与实验任务

(1) 了解牛鞭效应的含义及多级供应链运作相关决策方法。

(2) 进行三轮多级供应链运作,每轮 20~30 周。

(3) 总结分析,完成实验报告。

5. 实验步骤与要求

(1) 学生分组。按供应链分成若干大组,每一大组代表一条供应链。每一大组分成四个小组,分别扮演零售商、批发商、分销商和制造商,每一小组由 2~3 人组成。消费者由教师扮演。

(2) 模拟供应链运作,总共模拟三轮,每轮 20 周。

第一轮,订货提前期 2 周,信息不共享。

第二轮,订货提前期 1 周,信息不共享。

第三轮，订货提前期 1 周，信息共享，各节点可以共享需求与库存信息。

(3) 总结分析。

① 每轮运作完后，统计每一条供应链各节点的相关信息。

② 三轮运作完后，进行如下操作：

- 对比同一供应链各节点三轮的需求、库存等数据。
- 对比同一供应链三轮总订单按时完成率、总库存成本、总缺货成本、供应链总成本。
- 对比同一供应链三轮的需求标准差。
- 总结牛鞭效应产生的原因，分析抑制牛鞭效应的方法。

(4) 编写实验报告。实验报告的主要内容包括：牛鞭效应简介、实验背景、三轮运作的数据及统计结果、同一供应链内部的比较分析、总结牛鞭效应产生的原因及其抑制方法等。

实验项目四　制造业设施设备规划

1. 实验目的及要求

(1) 实验目的。

通过实验使学生体验设施设备规划过程;理解设施设备规划的目的和原则;理解几种典型的布局形式以及对应的应用场合;掌握设施设备规划的基本方法。

(2) 基本要求。

① 了解仿真软件的基本功能。

② 学习设施设备规划和布置的理论、方法。

③ 根据给定的产品生产信息和车间环境,对设施设备进行规划和布置。

④ 运用仿真平台,对规划方案进行仿真。评估规划与布置方案。

2. 实验环境

个人计算机,能连接互联网。

3. 实验基本原理与功能

设施设备布置是指根据企业的经营目标和生产纲领,在给定的空间场所内,按照企业的运作需求,对系统物流、人流、信息流进行分析,将人员、设备、物料等所需的空间作最适当的分配和最有效的组合,以实现期望目标。设施布置应遵循的基本原则是工艺专业化和对象专业化原则。常用的布置形式有按产品布置(对象专业化布置)、按工艺过程布置(工艺专业化布置、按功能布置或机群式布置)、按成组制造单元布置、U 形制造单元布置、固定式布置。

设施布置的定量分析方法有:

(1) 作业相关图法,是根据企业各个部门之间的活动关系密切程度布置其相互位置。首先将关系密切程度划分为 A、E、I、O、U、X 六个等级,然后列出导致不同程度关系的原因。使用这两种资料,将待布置的部门一一确定出相互关系,根据相互关系的重要程度,按重要等级高的部门相邻布置的原则,安排出最合理的布置方案。

(2) 从至表法，是一种常用的生产和服务设施布置方法。利用从至表列出不同部门、机器或设施之间的相对位置，以对角线元素为基准计算各工作点之间的相对距离，从而找出整个单位或生产单元物料总运量最小的布置方案。这种方法比较适合于多品种、小批量生产的情况。其基本步骤如下：① 选择典型零件，制定典型零件的工艺路线，确定所用机床设备。② 制定设备布置的初始方案，统计出设备之间的移动距离。③ 确定出零件在设备之间的移动次数和单位运量成本。④ 用实验法确定最满意的布置方案。

本实验将选定要生产的产品若干种，给出车间环境及相关信息，要求学生对产品的工艺流程和所需设备等资源进行分析，运用设施布置优化方法，对产品生产线进行规划与布置，达到以经济的方式完成生产目标任务。

4. 实验内容与实验任务

(1) 学习设施设备规划和布置的理论、方法。

(2) 了解仿真软件的基本功能。

(3) 根据仿真平台给出的信息，制定设施设备规划与布置优化方案。

(4) 对优化方案进行仿真，评估优化方案。

5. 实验步骤与要求

(1) 学生分组。实验按小组进行，每个小组 1~2 人。

(2) 产品工艺流程与生产目标分析。

(3) 设施设备规划与布置优化方案的制定。

(4) 优化方案仿真。

(5) 仿真结果分析，根据要求完成实验报告。

实验项目五　学习曲线验证实验

1. 实验目的及要求

(1) 实验目的。

通过实验使学生了解生产过程中学习效应的含义;掌握测定学习曲线的方法。

(2) 基本要求。

① 根据给定的产品,按照给定工艺组装产品。

② 测定组装每台产品的时间,并有序记录该时间。

③ 分析组装的产品数量与单件产品组装时间的关系,并绘制学习曲线图。

④ 总结学习曲线的有关参数。

2. 实验环境

(1) 装配线:排列整齐的课桌。

(2) 拆卸、装配工具:螺丝刀、镊子、尖嘴钳子、小扳手等。

(3) 秒表。

(4) 纸和笔。

(5) 结构较为简单的产品若干件,如乐高产品等。

3. 实验基本原理与功能

学习曲线也称为经验曲线。其含义是:随着产品的累计产量增加,单位产品的劳动需求(物料、时间、损耗)会按一定的比例下降。学习曲线(Learning Curve)是描述单位产品生产时间与所生产产品累计数量之间关系的一条曲线,如图 3 所示。

经过研究发现,生产累计数量与单位产品所需的劳动量之间呈指数关系:

$$Y_x = KX^n$$

式中:X——生产的产品累计数量;

Y_x——生产第 x 个产品所需的直接劳动时间;

K——生产第 1 个产品所需的直接劳动时间；

$n=\lg b/\lg 2$，b 为学习曲线比例。

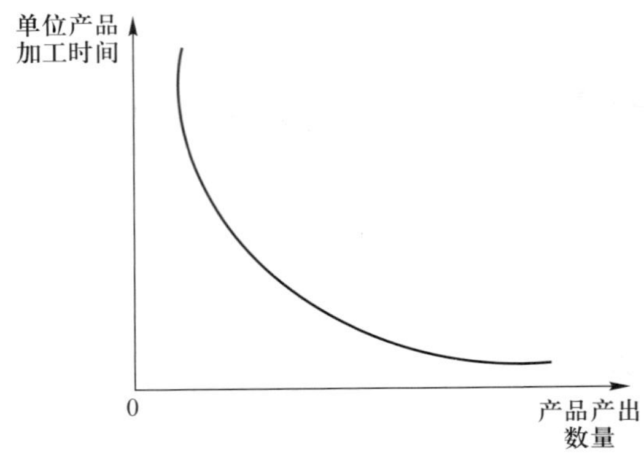

图 3 学习曲线图

生产加工过程中，随着生产组装时间的推移，工人的熟练度也逐渐增加，单位产品加工时间也会随之降低，这个阶段就是生产的学习阶段。当加工时间达到一定的阶段，产品的组装时间也相对固定，这个阶段是产品的标准产出阶段。研究学习曲线，可以帮助企业估计对生产能力的需求，在生产达到标准阶段时，制定生产的标准工时。同时，可以帮助企业制定产品成本的降低计划，分析未来成本目标等。

本实验将选定适宜拆卸和组装的产品若干件，要求学生按照给定的工艺完成产品组装，并测定和记录组装每件产品的时间，对学习效应进行评估。

4. 实验内容与实验任务

(1) 深入了解学习曲线的含义及测定方法。

(2) 分析给定产品的装配工艺。

(3) 组装产品，测定并记录作业时间。

(4) 分析实验数据，确定学习曲线比例。验证学习曲线图，找出曲线标准阶段。根据标准阶段实验工时，制定标准工时。

(5) 完成实验报告。

5. 实验步骤与要求

(1) 学生分组。2 人一组，1 人组装，1 人测时、记录、检验产品质量、拆卸产品。

(2) 产品分析。描述产品的主要功能和性能，并确定如何对产品性能进行检验，分析组装过程对产品功能、性能的影响，指出组装注意事项，确保产品组装后能实现其功能，达到一定性能指标。熟悉产品的组装工艺。

(3) 产品组装。按小组组装产品，要求至少组装 10 件。测定并记录组装每件产品的作业时间，检查并记录其质量（合格、不合格），再把装好的产品拆卸成零件。

(4) 编写实验报告。实验报告的主要内容包括：产品简介、产品结构、产品装配工艺、组装产品信息（作业时间、质量）、学习曲线分析等。

实验项目六　作业动作优化实验

1. 实验目的及要求

(1) 实验目的。

通过实验使学生了解生产过程中改善双手动作和作业工具可以提高生产效率;掌握提高作业效率的方法。

(2) 基本要求。

① 深入学习动作分析的基本原理及动作优化方法。

② 分析给定产品的装配工艺。

③ 组装产品,观察、测定、记录作业动作的相关信息。

④ 进行动素分析,归纳、总结存在的问题,提出改善动作的措施。

2. 实验环境

(1) 装配线:排列整齐的课桌。

(2) 拆卸、装配工具:螺丝刀、镊子、尖嘴钳子、小扳手等。

(3) 秒表。

(4) 纸和笔。

(5) 结构较为简单的产品若干件,如乐高产品等。

3. 实验基本原理与功能

(1) 概述。动作分析是作业方法研究的重要内容,主要研究、分析人在进行各种操作时的身体动作,找出并消除多余动作,减轻劳动强度,使操作简便且更有效,从而制定出最佳的动作程序。

生产活动实际上是由人和机械设备对材料或零部件进行加工或检验组成的,所有的检验或加工都是由一系列的动作所组成,这些动作的快慢、多少、有效与否,直接影响了生产效率的高低。

一般将动作定义为工艺流程和作业的具体实施方法，指为寻找、握取、移动、装配必要的目的物，操作者身体各部位的每一个活动。动作可大致分为下面四类：

加工——改变目的物形状和装配目的物的动作。

移动——改变目的物位置的动作。

握持——保持目的物形态的动作。

等待——无作业手空闲着的动作。

动作分析研究的实质是研究分析人在进行各种工作操作时的细微动作，删除无效动作，使操作简便有效，以提高工作效率。其内容为：发现操作人员的无效动作或浪费现象，简化操作方法，减少工人疲劳，在此基础上制定出标准的操作方法，为制定动作时间标准作技术准备。动作分析方法主要包括动素分析和影像分析。动素分析更为常用。

(2) 动素分析。它是指通过观察手、足动作和眼、头活动，把动作的顺序和方法与两手、眼的活动联系起来，详尽地进行分析，用动素记号记录和分类，找出动作顺序和方法存在的问题、单手等待以及不合理动作、浪费动作等问题并加以改进的一种分析方法。

吉尔布雷斯将以手、眼活动为中心的基本动作总结为 18 种动素，并分成三类：① 第一类为有效动素，共 9 种：伸手、握取、移物、定位、装配、拆卸、使用、放开、检查。这类动素改善的重点是如何缩短其持续时间。② 第二类为辅助动素，共 5 种：寻找、发现、选择、思考、预置。改善的重点是尽量取消此类动素。③ 第三类为无效动素，共 4 种：拿住、不可避免的延迟、可避免的延迟、休息。此类动素不进行任何工作，是要设法取消的动素。

动素分析的目的在于：区别必要动作、辅助动作和不必要动作，找出产生后两类动作的原因，确认各动作的合理性，找出存在的浪费、不合理性和不稳定性，为下一步的动作改善提供依据。其基本分析方法是多次观察作业，按作业顺序记录相应的双手活动，把各要素作业以动素为单位分解，在动素分析表中标记相关结果。

(3) 基于动作经济原则的动作优化。在观察、记录现有作业方法的基础上，通过动素分析，分析双手动作的平衡情况，找出第二类、第三类动作所占的比例。当第二类、第三类动素较多时，存在着动作浪费，有必要改善动作。

动作经济原则是以人、机器和物料为生产三要素，以最低限度的疲劳获取最高的效率、寻求最合理的动作作业时应遵循的原则，具体有四条：

① 减少动作数。

- 是否有多余的搜索、选择、思考和预定？
- 是否便于抓取和装配？
- 对第二、三类动作，必须考虑减少和取消的改进措施。

- 对第一类动作，应探讨通过使用夹具、改变动作顺序来缩短动作时间。

② 双手同时作业。对于简单作业，可以同时使用双手和足，既可以提高工作效率，又可以保持身体的平衡，减少疲劳。

③ 缩短动作距离。是否存在不必要的大动作来进行作业？特别是取放物品的距离是否过大？

④ 轻松作业。

- 能否减少基本动素数？
- 是否处于难于操作的不合理姿势？
- 是否需要大力气的动作？
- 改进动作不仅要提高作业效率，还必须考虑作业的舒适性。

再结合动作三要素：动作方法、作业现场布置、工夹具与机器，归纳出动作优化要点，见表 3。

表3 动作优化

基本原则 / 要点 / 要素	1. 减少动作数	2. 双手同时动作	3. 缩短动作距离	4. 轻快动作
	是否进行多余的搜索、选择、思考和预置	某一只手是否处于空闲等待或拿住状态	是否用过大的动作进行作业	能否减少动素数
1. 动作方法	(1) 取消不必要的动作 (2) 减少眼的活动 (3) 合并两个以上的动作	(1) 双手同时开始、同时完成动作 (2) 双手反向、对称同时动作	(1) 用最适当的人体部位动作 (2) 用最短的距离动作	(1) 尽量使动作无限制轻松地进行 (2) 利用重力和其他力完成动作 (3) 利用惯性力和反弹力完成动作 (4) 连续圆滑地改变动作方向
2. 作业现场布置	(1) 将工具物料放置在操作者前面固定位置处 (2) 按作业顺序排列工具物料 (3) 工具物料的放置要便于作业	按双手能同时动作布置作业现场	在不妨碍动作的前提下作业区域应尽量窄	采用最舒适的作业位置高度

续表

基本原则 / 要点 / 要素	1. 减少动作数	2. 双手同时动作	3. 缩短动作距离	4. 轻快动作
	是否进行多余的搜索、选择、思考和预置	某一只手是否处于空闲等待或拿住状态	是否用过大的动作进行作业	能否减少动素数
3. 工夹具与机器	(1) 使用便于抓取零件的物料箱 (2) 将两个及以上的工具合为一件 (3) 采用动作数少的联动快速夹紧机构 (4) 用一个动作操作机器的装置	(1) 利用专用夹持机构长时间拿住目的物 (2) 使用专用装置完成简单作业或需要力量的作业 (3) 设计双手能同时作业的夹具	(1) 利用重力或机械动力送进或取出物料 (2) 机器的操作位置要便于用身体最适当的部位操作	(1) 利用夹具或滑轨限定运动路径 (2) 抓握部的形状要便于抓握 (3) 在可见的位置通过夹具轻松定位 (4) 使操作方向与机器移动方向一致 (5) 用轻便操作工具

本实验将选定适宜拆卸和组装的产品若干件，要求学生按照给定的工艺完成产品组装，并观察、记录作业动作，经过动素分析，对动作进行优化。

4. 实验内容与实验任务

(1) 深入学习动作分析的基本原理及动作优化方法。

(2) 分析给定产品的装配工艺。

(3) 组装产品，观察、测定、记录作业动作的相关信息。

(4) 进行动素分析，归纳、总结存在的问题，提出改善动作的措施。

(5) 按改善后的动作再次组装产品，测定、记录相关信息，分析动作改进后的效果。

(6) 完成实验报告。

5. 实验步骤与要求

(1) 学生分组。分成两大组，每个大组内再按产品装配工艺分小组。每个小组 2 人：1 人组装，1 人观察、测时、记录。

(2) 产品分析。描述产品的主要功能和性能，并确定如何对产品性能进行检验，分析组装过程对产品功能、性能的影响，指出组装注意事项，确保产品组装后能实现其功能，达到一定性能指标，同时熟悉产品的组装工艺。

(3) 产品组装。每一大组模拟一条装配流水线，组内的每一小组完成相应工位的作业,并记录作业动作信息。要求至少组装 15 件产品,检查并记录其质量(合格、不合格)。

(4) 动作优化。根据所记录的作业动作的相关信息,进行动素分析,归纳、总结存在的问题,提出改善动作的措施。

(5) 再次组装产品。按改善方案,再次组装产品,测定、记录相关信息,分析动作改进效果。

(6) 编写实验报告。实验报告的主要内容包括:产品简介、产品结构、产品装配工艺、动素分析信息、作业动作存在的问题、改进措施、改进效果等。

实验项目七　产品结构分析、组装工艺规划与装配线平衡实验

1. 实验目的及要求

(1) 实验目的。

通过实验使学生了解产品功能分析与性能分析的方法;掌握分解功能结构与组装关系的基本手段;学习产生组装作业任务及紧前关系约束的方法;实践装配线平衡与优化的过程。

(2) 基本要求。

① 了解实训平台的设施设备及其功用。

② 根据给定的产品,对产品结构进行分析,对组装工艺进行规划。

③ 根据产品结构和工艺规划对装配线进行平衡。

④ 运用实训平台提供的设备和条件,对产品进行组装。评估装配线平衡与优化方案。

2. 实验环境

(1) 装配线:排列整齐的课桌、节拍可调的产品装配线。

(2) 拆卸、装配工具:螺丝刀、镊子、尖嘴钳子、小扳手等。

(3) 秒表。

(4) 纸和笔。

(5) 结构较为简单的产品若干件,如乐高产品等。

3. 实验基本原理与功能

装配线平衡又称工序同期化,是对于某装配流水线,在给定流水线的节拍后,求出装配线所需工序的工作地数量和用工人数最少的方案。也可表述为:对于特定的产品,给定工作地数量,求出使流水线节拍最小的配置方案。这两种表述方式都是使各工作

地的单件作业时间尽可能接近节拍或节拍的整数倍。

装配线平衡的目的是使人员之间或机器之间尽量平衡，这样装配线的产出才能达到要求的水平。装配线平衡与否直接影响到制造系统的生产率。装配线平衡问题是一个与设施规划相关的问题，其任务是将所有基本的操作任务分派到各个工作站，以使每个工作站在节拍（相邻两产品通过装配线尾端的间隔时间）内都处于繁忙状态，完成最多的操作量，从而使各工作站的未工作时间（闲置时间）最少，同时使各个工作站的负荷尽量相近。

流水线节拍指流水线上连续出产两件相同制品的时间间隔。

节拍(r)= 计划期有效工作时间 / 计划期内计划产量

装配线平衡是装配线设计与管理的一个重要问题，因为装配线平衡与否直接影响到制造系统的生产率。在过去的几十年里，人们对装配线平衡问题进行了大量的研究，已得到了大量的理论成果。

本实验将选定一种适宜拆卸和组装的产品若干件，要求学生对产品的功能和性能进行分析，对产品进行拆分，分析产品结构及其组装关系，描述产品结构树，确定产品组装作业及其紧前关系，对装配线进行平衡与优化。在装配线上完成产品组装，进而根据实际操作结果对装配线平衡方案进行评估。

4. 实验内容与实验任务

(1) 学习产品功能分析与性能分析的方法，深入了解产品 BOM 的含义及类型与表示方法，熟悉装配线平衡的方法。

(2) 对产品进行拆卸，分析其组装关系，构建 BOM 表。

(3) 产生组装作业任务，确定其紧前关系约束，测定作业时间。

(4) 制定装配线平衡与优化方案。

(5) 实践产品组装过程，评估优化方案。

5. 实验步骤与要求

(1) 学生分组。分成两大组，每个大组内再按产品装配工艺分 8 个小组。每个小组 2 人，1 人组装，1 人观察、测时、记录。

(2) 产品功能与性能分析。每个大组选出一种目标产品若干件，产品应易于拆卸和组装。根据选定的产品，进行如下分析：

① 产品主要功能和辅助功能分析与描述；

② 产品性能指标描述，并确定如何对产品性能进行检验；

③ 分析组装过程对产品功能、性能的影响，指出组装注意事项，确保产品组装后能实现其功能，达到一定性能指标。

(3) 拆分产品并描述产品功能结构与组装关系。

① 对产品进行拆卸分解，直至最底层零件与部件；

② 从实现功能的角度描述产品结构，建立产品功能结构树；

③ 从组装关系的角度描述产品结构，建立产品组装结构树，生成 BOM 表。

(4) 分解组装作业任务并确定紧前关系。通过对产品反复拆装，描述组装过程中的各个组装作业任务，以及作业任务之间的紧前关系。这里应包括完成组装后的功能检查和性能检验，以及对单件产品的包装。对每一个组装作业任务确定合理的作业时间(秒表计时并留出合理余量)，完成工艺流程分析，绘制作业表。在测定作业时间时，可借助秒表等设备进行记录分析，通过秒表法进行时间研究，确定标准时间；采用多人多次测量，取平均值以确保数据准确。

(5) 组装线平衡与优化。

① 在确定组装作业任务列表与紧前关系图的基础上，按照装配线平衡方法将组装作业任务分配到组装线的 8 个工作站。计算组装线的节拍时间与效率。

② 找出影响组装线效率的关键任务作业，研究将其进一步分解的方法，并重新进行线平衡，得到优化的节拍时间与组装线效率。

(6) 根据要求完成实验报告。实验报告的主要内容包括：产品结构分析及装配工艺规划(产品选取与产品功能介绍、产品装配结构树与 BOM 表、产品组装工艺程序分析和流程分析、装配作业任务及操作时间分析、装配注意事项等)、装配线平衡(建议将装配任务分配给 8 个工位，各小组自定节拍，使生产率尽可能高)、生产运行(人员安排与分工、生产运行结果)、质量检验、各工位操作总结、存在的问题与改进建议等。

参考文献

[1] 陈荣秋,马士华 . 生产与运作管理 [M]. 5 版 . 北京:高等教育出版社,2021.

[2] 马士华,陈荣秋,崔南方,等 . 生产运作管理 [M]. 北京:清华大学出版社,2015.

[3] 苏尼尔·乔普拉,彼得 . 迈因德尔 . 供应链管理 [M].6 版 . 陈荣秋,等,译 . 北京:中国人民大学出版社,2017.

[4] 李·克拉耶夫斯基(Krajewski L J),拉里·里茨曼(Ritzman L P). 运营管理:流程与价值链 [M]. 7 版 . 刘晋,向佐春,译 . 北京:人民邮电出版社, 2007.

[5] 迈克·罗瑟(Mike Rother),约翰·舒克(John Shook). 学习观察:通过价值流图创造价值、消除浪费 [M]. 赵克强,等,译 . 北京:机械工业出版社,2013.

教学支持说明

建设立体化精品教材，向高校师生提供整体教学解决方案和教学资源，是高等教育出版社"服务教育"的重要方式。为支持相应课程教学，我们专门为本书研发了配套教学资源——综合模拟试题，并向采用本书作为教材的教师免费提供。

为保证该教学资源仅为教师获得，烦请授课教师清晰填写如下开课证明并拍照后，发送至邮箱：jingguan@pub.hep.cn 或 liurong@hep.com.cn，也可通过 QQ：46104652 或 234904166 进行索取。

咨询电话：010-58581020，编辑电话：010-58581783

证　明

兹证明__________大学__________学院/系第______学年开设的__________课程，采用高等教育出版社出版的《生产与运作管理案例习题实验》（作者：崔南方）作为本课程教材，授课教师为__________，学生______个班，共______人。授课教师需要与本书配套的相关资源用于教学使用。

授课教师联系电话：__________ E-mail：__________

学院/系主任：________（签字）

（学院/系办公室盖章）

20____年____月____日

读者意见反馈

为收集对教材的意见建议，进一步完善教材编写并做好服务工作，读者可将对本教材的意见建议通过如下渠道反馈至我社。

咨询电话 400-810-0598

反馈邮箱 gjdzfwb@pub.hep.cn

通信地址 北京市朝阳区惠新东街 4 号富盛大厦 1 座
高等教育出版社总编辑办公室

邮政编码 100029